〔清〕俞樾 著
杭州西湖风景名胜区岳庙管理处（连横纪念馆） 主编

# 春在堂日记

【手稿本】

浙江摄影出版社

俞曲園紀念館

# 前言

俞樾（1821—1907），字荫甫，号曲园，浙江德清人，通览古今书籍，精于治经，重校勘，通训诂，旁及诸子及史学，兼能诗词、杂文及笔记小说等。其志在殚心著述、启迪后进，一生主讲于苏州紫阳、杭州诂经、上海求志、德清清溪等书院，两浙学士受业于其下，成长为通材者不可胜数，章太炎、徐花农、吴大澂、吴昌硕等都曾拜其门下。

《春在堂日记》共两册，为俞樾自清同治六年（1867）至光绪二年（1876）期间的手写稿日记。日记内容简约，主要涉及待客访友、读书治学、校勘考释、执教讲学及家事应酬等事务，前后另有大儒、门人、后辈等观后题识六篇。日记可见俞樾起草刊刻《诸子平议》《群经平议》等著作时的情形，亦可管窥俞樾与晚清政、学两界人士的交流互动，同时又不乏往来苏杭间途中见闻、家庭寻常事等，于砥砺学术间增添不少烟火气。

1999年，俞曲园纪念馆在杭州孤山俞楼旧址重建，11月，俞成代表俞樾后裔将世代珍藏的《春在堂日记》无偿捐赠给纪念馆，以供后人观摩学习。日记所记十年，正值俞樾掌教诂经精舍之期，亦颇有因果。

《春在堂日记》，距今已逾百年，实为珍罕。手稿一句一字皆出于先生自记，杭州西湖风景名胜区岳庙管理处（连横纪念馆）不敢使明珠蒙尘，亦不敢有所增损，而稍失其真，所以全帙影印出版以示来者，同时也全俞平伯先生『苟能以原稿刊布，则于来学宁无观感』之夙愿。出版《春在堂日记》，是以『经世致用』之精神践行『让收藏在博物馆里的文物、陈列在广阔大地上的遗产、书写在古籍里的文字都活起来』的伟大使命，让古籍焕发时代魅力，丰富西湖文化遗产内涵。

杭州西湖风景名胜区岳庙管理处（连横纪念馆）党委书记、主任

**陈月星**

二〇二四年一月

俞樾字蔭甫号曲園浙江德清人晚清著名文學家教育家
丁亥衛民畫於錢塘武林

# 目录

# 春在堂日记·册一

册一封面（俞陛云题签）

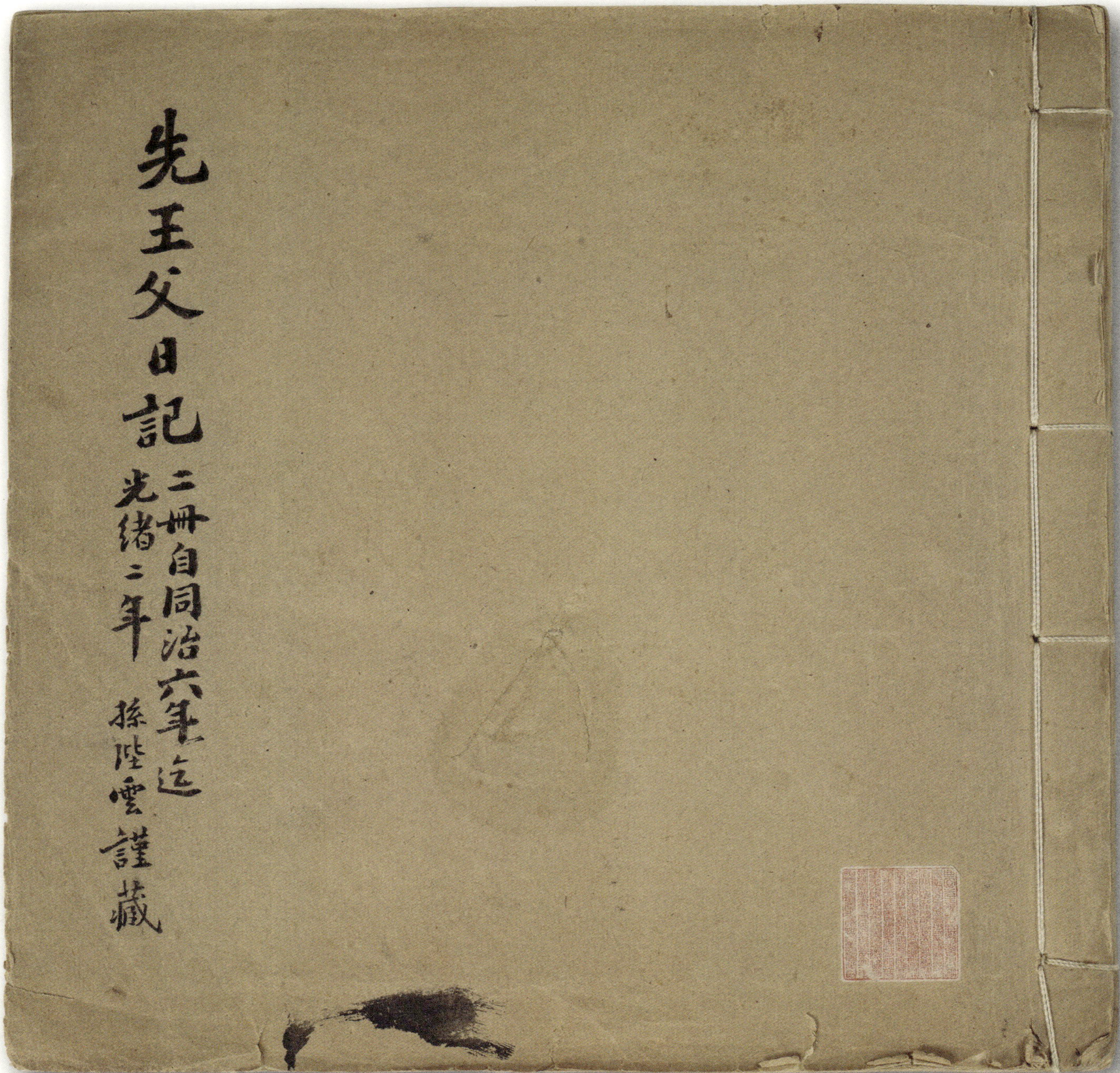

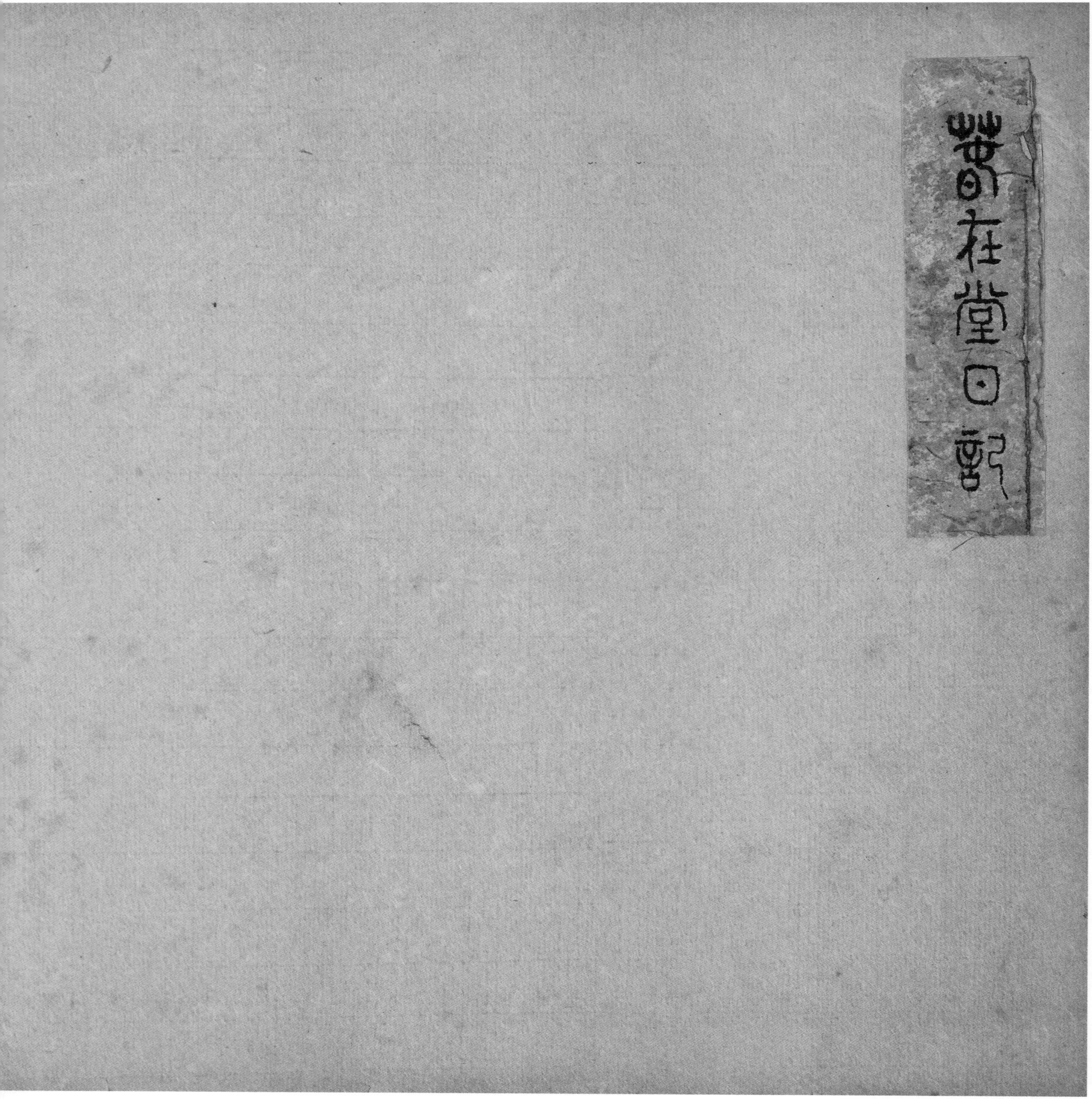

春在堂日記

同治六年歲陽在強圉歲陰在單閼　强圉亦作彊梧單閼亦作蟬焉

正月小盡　終陬　陬亦作聚

二月大盡　極如

三月小盡　畢寎　寎亦作窉

四月小盡　橘余　橘亦作𦢊

五月大盡　修皋　皋亦作高

六月小盡　圉且

七月小盡　厲相

八月大盡　則壯

九月小盡　窒玄

十月大盡　塞陽

十一月大盡　終辜

十二月大盡　極涂　涂亦作荼

正月

丙辰晴高雲山清嵒嚴来凡客来不見則不書是日始
艸墨子平議

丁巳雨

戊午晴

己未不書晴雨與上日同也凡晴雨與上日同不書是日出
拜客見汪柳門庶常暨姚松泉舅氏其餘不見不
見則不書

庚申雨旋霽終日陰蒯蔗農觀察来是夜雨

辛酉微雨旋霽終日陰是日于先高祖以下畫像
前設祭行禮禮畢敬撤吾家故事于除夕縣先
世畫像至正月十有八日而撤之余以流寓四方不能如
故事故縣六日而撤[redacted]亦不備禮也是日墨子平議弟
一卷成

壬戌陰已而大雪姚松泉舅氏来曹平之均李元楨子明来
兩生皆肄業書院者也應敏齋觀察来

癸亥雪霽出拜客見蒯蔗農潘玉泉兩觀察

甲子晴潘濟之祖謙和甫祖均来得汪儀卿鴻逵[redacted]十二月
九日書又得王康侯文壻十二月廿九日書是夜雨

乙丑雨與王補帆暨康侯書

丙寅雨霽夜復雨是日墨子平議弟二卷成

丁卯雨霽已而復雨得馬穀山撫部書杜小舫觀察書
不書月日書無月日也得王補帆正月八日書沈韵初樹
鏞餽酒食

戊辰陰潘玉泉觀察來
己巳陰曰閒見得康侯正月十日書觀傀儡戲松泉舅
氏來
庚午陰曾君表之撰饋酒肉是日墨子平議弟三卷成
辛未晴惲仲清頌孫叔來佐孫來皆惲次山同年之子也出
拜客見吳平齋觀察陳小舫太守楊敏齋刺史許星叔
鴻臚來未見往拜亦未見未見而書以自遠來也凡四方
君子自遠而來雖未見書焉是日得王甫兄十二月十
四日書
壬申晴許星叔來汪柳門來曾君表來得楊石泉方伯
書得應敏齋觀察十五日書
癸酉閔小園寶樑來與應敏齋書與周慕陶及少雲
書與姚魯卿書
甲戌閔小坡以戴士衡暘谷及其子坳清荆卿來吳承潞
廣盦來王曉蓮方伯來李薇生太守來得戴子高正
月七日書
乙亥出拜客見勒少仲廉訪得李肅毅伯正月十一日書勒少
仲來
丙子微雨登舟赴上海命家人送姚祖詒入塾讀書祖詒
乃吾舅氏平泉公之孫外弟幼泉之子而于内子則姪也亂後
母子二人寄食村閭無以為生余曰吾舅氏無它孫止此一脈矣
吾外王父蘭皋公無它曾孫亦止此一脈矣乃于五年正月使
人取其母子來而今歲命入塾焉蓋已七齡矣祖詒余
所命名也其冠也即字之曰穀孫詩不云乎君子有穀詒

三

孫子以吾平泉公之盛德其忌無後乎斯名斯字所以識也
是日泊漁亭舟中始草删子平議
丁丑雨且風不可行既飯而後行泊昆山更鼓再嚴矣是日
余有疾不夕食
戊寅晴泊黃渡
己卯雨至上海拜應敏齋觀察見遂如南園見賈雲階履
上李小雲曾祐艾靜洲德瑩王子言恩溥姚潤圭元滋
賈鼓雲襄余遂宿于南園之湛華堂得兒子紹
萊正月二十三日書内有戴子高十四日書蔡厚齋甥
十四日書
庚辰[redacted]應敏齋觀察來王竹侯廉訪來沈雒安大令來王蓮
塘大令來胡治卿廣文來張欣木王熙來費若農培鎮[redacted]
毛對山祥麟鄭蓮君德鍾劉子宣燦俱來是夜會飲于
來與我同有事于修志局也是夕會飲于湛華堂作家書
辛巳晴王蓮塘大令來郁正卿熙繩江馨山承桂趙建侯
豫升莫爾嘉肇辰俱見出拜客見應敏齋蒯蔗
農兩觀察暨王大令
壬午鍾子勤文烝來戴芙鴻儒來上　太恭人書與壬
甫兄書并寄去茶葉二瓶
附記寄福建書託上海小東門外潮州會館對門豐興
棧李自西瑞岐轉寄時李君回閩交付其友也又或交
永裕厚會票局寄福州本局毋璧如轉交齊哥
閩寓在渡雞裏湓仁坊
癸未姚靜巖壽基來侯徠山廷松來程歎卿咸焯來沈叉亭

兆元来郭日長德炎来出拜客見蔣心香德馨鍾子勤文
烝是夕敏齋觀察招飲于絜園
甲申徐子喈鳳鳴趙二川晉榮見出拜客見徐伯蕃
司馬得兒子紹萊正月二十七日書知次女繡孫自京師
歸至于蘇州喜之故書
二月
乙酉郭學汾儒棟見至王仁伯家見日本國人倉敦〻
字松窗與之語以筆墨代喉舌馬得紹萊書內
有許子原女壻書作家書并與王補帆親家書
丙戌至 文廟大成殿觀祭器樂器明日上丁有事于 文廟故
先陳馬遂登尊經閣閣之下祀字祖經師余嘗言于應
敏齋觀察周太史籀為大篆之祖秦太史令胡毋敬御史程
邈為小篆之祖今並增入矣又至豫園〻故明潘恭定公所葺
也公名恩字允端明史有傳其經營此園垂三十年亭榭水
石之勝甲于一郡今為城隍廟之西園賈人債居而列肆焉
又嘗為西兵所據嘉木拔怪石仆流泉淤勝地不常是可感
矣作家書并與許子原女壻書
丁亥雨倪述亭學稱徐汀舟恩灝見
戊子陰虞映溪慶瀾来吾浙東陽令也以補帆書来
己丑晴尹子銘鑒恩来侯徠山来
庚寅至龍門書院見張欣木尹公杰黄協卿師虞来
應敏翁来嚴伯雅司馬錫康来得紹萊二月四日書
辛卯金溦莊鳳清来陳子莊其元来蔣心香德馨来出拜
客見溦莊及馮介安觀察是日海運局文来羣經
平議喜之故書應敏翁以日本人安井仲平衡管

四

子箴詰贈
壬辰馮少渠渭来徐伯蕃元錫来作家書
癸巳金瀲芷来馮介安觀察禮藩来出拜客見敏齋
觀察是日徐伯蕃司馬招飲
甲午陳作梅元燮来得張少渠豫立書
乙未買舟還蘇州艤舟于新閘候潮至而夜行不知其
行幾里泊何地也或曰距黄渡蓋九里是日復艸列
子平議
丙申泊崑山是日删子平議成
丁酉還蘇州
戊戌出拜客見郭遠堂中丞王曉蓮方伯勒少仲
廉訪李徵生太守與應敏齋書子原書
己亥王曉蓮方伯潘季玉觀察来潘濟之和甫来得常
地山侍郎書
庚子郭遠堂中丞来曾君表之撰来朱采蓀冕群
以沈吉齋夢嚴書来吉齋著題榴盦詩集二十
五年前曾爲作序久不通問矣今得其書乃知其
譔述甚富有廿二史襍說尚書彙解內諧匹夫小
史古韻通叶庚癸一家言等書其內諧體例與
王李蒙求相類匹夫小史記常言俗事庚癸一
家言則學記學賦之難也余閱其窮老著書
不克自見于世故存其大略于此戴列卿翊清来
辛丑馮聽濤松生来郭遠堂中丞招飲是日
出拜客見吳平齋觀察遇雨而歸其夜雨甚
壬寅晴吳平齋来得徐孝廉士駢書得姚魯卿書并

餽兒子祖仁藥即作復書并與謚笙書是日紹莱赴杭州齎去致許信臣中丞書子原女壻書

癸卯胡緩若有陟來俞勁叔剛來高雲山來陶升甫來

甲辰郭遠堂中丞王曉蓮方伯勒少仲廉訪咸至書院具柬請開[redacted]課遂至講堂與行交拜禮并受諸生拜見如儀中丞饋酒食與李肅毅伯書趙小霞際清來小霞舊曾受業于門者也師竹庵觀察榮光來是夜雨

附記　二月望課詩文題君子一言以爲知三句賦得春入長洲草又生得洲字

乙巳雨旋霽終日陰張丈應昌來暢齋同年之季父也所著有春秋屬辭辯例六十餘卷舊曾刊版今燬于兵火擬寫本進之　朝未知果否又著南北史識小錄補正吳仲宣制府刻之于杭州又著　國朝正氣集未刻也其年已七十餘嘉慶庚午舉人亦吾鄉之魯靈光矣徐賓子觀昭殷培厚李垚陶錫雲壽嘉棟均來見皆肄業于書院者也得周慕陶二月十三日書與王補帆親家康侯女壻書許子原女壻書

丙午晴江藝卿來出拜客見張仲甫丈應昌以所著彝壽軒詩鈔寄庵襍著煙波漁唱見贈又見葉涵溪

丁未陸鍾山連逵來閱小園實樑來得王康侯女壻十八日書

戊申嚴緇生辰來得許子原女壻書得紹莱書歸

王氏長女錦孫至自杭州得親家王補帆廉訪書
己酉與補帆書吳曉帆觀察照来
庚戌鄒著閣在衡来得兄子鮮堂正月廿二日書得談仲修
獻二月廿三日書與宗地山侍郎書應敏齋觀察書
汪儀卿工部朱伯華刑部書是日閱定望課卷發
監院校官榜示于門
坿記二月望課超等前二十名
張潤福　曹應震　朱寬群　李士瓚
鄭曾棪　胡元濬　陶嘉棟　曹均
殷詒穀　周齡　趙鈞　蕭應鷺
沈規　徐觀昭　吳斯當　殷李垚
馮芳植　曹毓俊　林祖禹　吳文桂
辛亥陰柳質卿商賢来得康侯廿四日書
壬子晴是夜雨大雷電
癸丑雨得戴子高望二月二十日書姚魯卿餽兒
子祖仁藥
甲寅晴得應敏齋同年二十一日書
三月
乙卯雨是日清明余久客四方不克上先人冢即于
寓齋設祭行禮焉與王補帆書坿去羣經
平議刻本應改正者二百廿五葉又與周慕陶書
談仲修書兒子紹莱書又與蔡駿甫書
丙辰晴與馬穀山中丞書杜小舫觀察書戴子高
書蔡厚齋舅氏書均託王曉蓮方伯又與沈吉
齋書坿去賓萌外集一部託朱采蘇

坿記子高庽金陵南門外掃帚巷江南製造礮局 劉公巳、

丁巳始草淮南子平議

戊午張心泉潤福李玉舟士瓚鮑竹孫晟来

己未以石刻姜白石道人像搨本贈勒少仲同年

庚申出拜客見郭遠堂中丞王曉蓮方伯

辛酉淮南子平議弟一卷成

壬戌

癸亥得王補帆親家書內有與倪載軒觀察寶璜書即送其處又得康侯女壻書得壬甫大兄二月廿二日

甲子紹萊至自杭州得許信臣前輩書勒少仲廉訪来

乙丑出拜客見唐鶴安明府刻 奏定文廟祀典記成得杜小舫觀察書徐誠菴送来惲萃農禮部彥琦書朱伯華刑部書

丙寅與王補帆親家康侯女壻書得馬穀山撫部書鮑竹孫来是日淮南子平議弟二卷成

丁卯雨

戊辰晴惲次山撫部来方廣文其洪包廣文桂生来唐鶴安大令翰題来丁雨生方伯来潘濟之和甫来得康侯書

己巳徐誠菴本立来戴列卿来與應敏齋同年書王康侯女壻書

庚午出拜客見丁雨生方伯勒少仲廉訪惲次山撫部王曉蓮觀察是日先游惲撫部小園有池一泓精廬數椽頗有疏爽之致久坐忘返及至王曉蓮處其所處即拙政園也清流怪石古樹扶疏雖屋久不葺其勝故在與曉蓮流連其閒不知日

六

之西晲也此園官已出京三千貫得之若即以作紫陽書院鄙人得暫為名園作主人何幸如之行當與郭中丞丁方伯謀此不知其成否也是夜雨

辛未雨王曉蓮觀察来彭孝廉福保来得李肅毅伯三月六日周家口行營書得許子原女壻書

壬申晴楊鹿岑廣文壽孫来楊芝與廣文詩臣来是日課諸生於院淮南子平議弟三卷成馮景庭前輩来

坿記三月望課題予曰文莫吾猶人也一節賦得天香夜染衣得衣字

癸酉閔小圃来趙惠甫烈文来程韻泉寶璐来韻泉能醫請為長女治疾也與徐蘂生孝廉士駢書與郭中丞書是日鬀頭自此以前皆失記記鬀頭始此

甲戌徐賦秋誦芬来汪子和曰誠来孫潤之澤清来得王補帆親家許子原女壻書即作覆書寄之

乙亥戴子高望自金陵来出拜客見趙惠甫

丙子汪小樵来得汪蓮府書

丁丑

戊寅柳質卿来王璞臣丙来

己卯閱定望課卷發監院校官榜示于門

附記三月望課超等前二十名

錢國祥　顧鵬　貝遵義　潘壽祺

劉傳福　吳慶咸　胡元濬二　朱昊羣二

俞剛　惲保孫　司馬淦　柳商賢

鮑晟　徐有珂　劉傳霖　王啟甲

陶嘉棟二　尤家炳　戴元章　徐觀昭二

又有張憲章主注延說文不甚佳要是服古之士列超等末坿記于此
庚辰楊敏齋錫麒来朱璞山守和来
辛巳張芑湄来得姚訪槑女枏書得周少雲書鬀頭
壬午遣二女歸杭州蔡厚齋舅氏来沈韵初来
癸未得王補帆書朱佐君元輔来出拜客見徐誠菴
四月
甲申與王補帆書孫琴西書
乙酉朱守和璞山師長樂仲覺来戴子高去如金陵
丙戌
丁亥微雨是日淮南子平議弟四卷成
戊子晴得應敏齋觀察書蔡駿甫書鬀頭
己丑張碩甫廷彥来侯崍山来與蔡駿甫書出拜客見吳
曉帆觀察得兒子黼堂二月十五日書王康侯初三日書
庚寅上太恭人書與王甫兒書與兒子黼堂書與應敏
齋書上曾滌生師相書吳曉帆来得崇地山侍郎
書張福至自杭州得王補帆親家許子原女壻書
辛卯先府君忌日設祭行禮潘玉翁来陳子莊其元来
與戴子高書王補帆親家書王康侯許子原兩女壻
書
壬辰雨鄒蓉閣在衡来
癸巳晴高雲山来
甲午上太恭人書并附呈茶葉二瓶豚肩一具因王友梅之
便也勤少仲廉訪来孫潤之来與張子青前輩書
乙未孫潤之以醫韓生来治兒子祖仁疾勤少仲廉訪以書

院朔課卷屬爲校定
丙申校定朔課卷歸之廉訪得康矦女壻及女錦孫
書彭弟頭陶升甫来
丁酉與王補帆親家康矦女壻書孫潤之以醫韓圭来陸鍾山連遠
来是夜雨
戊戌得王補帆書并刊正羣經平議三百廿五葉即作覆書
孫潤之来是日作吳縣武帝廟碑文一篇
己亥侯峡山来郭中丞送邸報来
庚子雨吳文江鑑明来爲内子治耳疾
辛丑晴課諸生于院
卅記四月望課題不踐迹三句賦得綠油翦翦葉蒲新長
得蒲字
壬寅[redacted]得子原女壻繡孫次女書得戴子高書
癸卯雨吳文江来矦峡山来
甲辰晴上曾滌生師相書與應敏齋同年書陳子莊其元
書許子原女壻書并與次女藥得陳子莊書
乙巳許緣仲太夫人之喪自揚州来往弔遂拜客見馮
景庭前輩陳小舫慶溥朱璞山守和鄒蓉閣
在衡許星卡鴻臚来
丙午汪少安孝廉蔭穀来彭弟頭
丁未雨得俞勁叔書
戊申晴與應敏齋書
己酉得王康矦書應敏齋書賈云階書萬瑞卿大令来
吳平齋觀察来是日閲定望課卷發監院校官榜示于門

附記四月望課超等前二十名

吳恩熙　府晉蕃　胡元濬三　沈規二

朱晃群三　胡有陟　王有贊　陸潤庠

徐有珂二　戴兆春　潘錫爵　龐鐘瑚

貝遵義二　殷福麟　汪朝模　蕭應鷺二

張敬熙　林雄　劉傳福二　戴嫁清

庚戌得子高四月十九日書出拜客見郭遠堂中丞丁雨生方伯是日李薇生太守来

辛亥雨

壬子晴與李少荃前輩書託丁方伯寄戴列卿来

五月

癸丑是夜雨

甲寅晴得王君慶勳書又得吳和甫同年前輩書又得談仲修書又得黃元同式三書并所著經禮通詁及其先德薇香先生論語後案元同定海佳士和甫學使書来曾及之其所著有十翼後錄詁徵季禩著諸書得朱伯華比部四月九日書

乙卯雨貝柳孫遵義来

丙辰晴潘玉翁来戴列卿来得王康侯許子原書

丁巳晴馮少渠渭及其子聽濤松生来姚珊洲經烈来得姚補笙書并以枇杷餽

戊午勒少仲廉訪来

己未余登舟如上海泊進義其地距崑山二十里

庚申泊趙屯港距黃渡三十里是日編定賓萌集

六卷曰論篇一曰説篇二曰釋篇三曰議篇四曰襍
篇五曰圖篇六
辛酉陰日加申遂雨泊曹家渡
壬戌大雨至上海拜應敏齋觀察見遂如南園宿于湛華
堂曹海林樹珊鄭蓮君德鍾見
癸亥晴出拜客見蒯蔗農馮介安兩觀察王竹矦廉
訪陳子莊刺史嚴伯雅國司馬王蓮塘大令鍾子勤
山長上太恭人書與大兒書兒子黼堂書八并寄
書一部託李君自西寄又與兒子紹萊書鬌頭
甲子陰日加酉遂雨王竹矦來嚴伯雅來蒯蔗農來
張欣木來胡治卿來鄧正卿見
乙丑雨陳子莊來得兒子紹萊書朱元輔佐君書張
豫立少渠書
附記朱佐君住嘉定城内席家柵北口
丙寅鍾子勤來馮介安來徐伯蕃來是日晴
丁卯陳元燮竹湄來俞勁赤來寄家書
戊辰陰有小雨張欣木來姚靜嵓嚴來
己巳應敏齋同年來王蓮塘大令來
庚午王竹矦同年來與兒子紹萊書寄去媽了性藥
酒出拜客見蒯蔗農王蔭齋兩觀察王名曾樾
辛未蒯蔗農王蔭齋兩觀察來陳子莊來蔣心香來
壬申出拜客見楊子芳徽猷遂登威林密火輪船
如金陵同行者王曾樾蔭齋觀察嚴伯雅
錫康司馬是船乃釐捐局中船管帶者李樹

勳振名總戎具饌甚豐是日登舟大雨

癸酉

甲戌

乙亥至金陵下關易小船而至水西門又乘肩輿至評事街之三升棧遂至節署謁曾滌生師相并見[redacted]趙惠甫烈文錢子密應溥師相留宿節署

丙子拜節署諸客見無錫薛叔耘福成衡州王子雲香倬甯國屠晉卿楷宜興任棣香伊海寧陳小浦方坦祥符孫字農育均吾師莫府聚天下英才故詳誌之俾勿諼焉又有袁子廣徐翰卿徽垣皆王家子也又見曾栗誠紀鴻吾師次子也其長君名紀澤字劼剛時未見也是日出拜客見李雨亭方伯宗羲龐[redacted]省三觀察際雲涂朗齋太守宗瀛杜小舫觀察文瀾周緩云李小湖兩前輩莫子偲友芝己而倪豹岑文郁来

丁丑李方伯龐觀察杜觀察王蔭齋觀察涂太守来鄭楚生司馬興爔来夢白中丞之孫也潘伊卿觀察鴻壽来是日曾師招飲與會者周緩雲前輩倪豹岑比部莫子偲友芝唐端甫仁壽李壬叔善蘭張嘯山文虎劉伯山毓崧劉叔俛恭冕劉[redacted]開生翰清汪梅村士鐸趙惠甫烈文錢子密應溥皆東南名下士也是日大雨有寒意

戊寅與紹棠書王曉蓮觀察来

己卯出拜客至飛霞閣書局見李壬叔張嘯山遂

九

同至文廟大成殿一觀甚壯麗適遇微雨未克久留
又至勸農局見陳卓人前輩立甫又至礮局見劉治
卿太守佐禹是日李方伯王雁杜三觀察招飲
庚辰李壬叔劉伯山劉叔俛劉開生汪梅村来戴子高来李
小湖陳卓人兩前輩来劉治卿来
辛巳奉陪湘鄉師游妙相庵李方伯王雁二觀察為主人庵有
泉石之勝樹木陰翳池蓮方開且有高閣可以眺遠
湘鄉師樂甚酒後復登鼓樓所見更空闊是日晴
雨相半歸途復至後路糧臺見陳作梅前輩鼒
壬午陳作梅来錢怡甫華榮新甫詒元来是
日大雨
六月
癸未大雨凌筱南觀察煥来劉開生戴子高来潘辛
芝觀保来
甲申晴
乙酉陳卓人来劉叔俛来彭麗崧申甫来乃陶文毅之壻
也文毅督兩江曾在其署至今将三十年矣是日劉
治卿太守招飲
丙戌李薇生太守来
丁亥出拜客遇雨見王曉蓮觀察周縵雲前輩曉
蓮来
戊子出拜客遇雨見王曉蓮周縵雲曉蓮来戴子高来
己丑
庚寅龎省三觀察来汪柳門庶常来

辛卯周縵雲前輩來與紹棠書是日威林密輪船至
[redacted]自湖北
壬辰倪豹岑來與予密偕至淩筱南處見
癸巳奉陪湘鄉師相暨莫府諸君及彭麗崧同登
太平門樓觀沅浦中丞由地道攻克金陵故迹其缺口
已修補而湘鄉公紀事碑亦甚簡略末有銘曰
窮天下力復此金湯苦哉將士來者無忘可見當時
力戰之難同游者有趙惠甫曾劼剛在行間予
雨花臺望見之云是日為同治三年六月十六日黎
明微雨旋霽日中又雨大聲忽發磚石齊飛倏忽之
間雨煙[redacted]氣迷漫不見天日及煙散則見城中龍廣山上萬
蟻蠕蠕蓋皆人也時我大兵已由缺口入城矣俄而旌旗
盡開四面俱下而賊所据偽府同時火起矣又言我
兵未入城時其上有黑雲大數畝許歷久不變及我兵
長驅入而黑雲亦與之俱是殆有神助乎觀畢復出城至
元武湖湖方十餘里徧種荷花各乘小舟穿花中而過
清香襲人紅衣翠蓋亭亭可愛已而入神策門飯于
妙相庵遂辭湘鄉師偕麗崧同出儀鳳門登威林
密輪船同行者尚有錢元之塘子密從兄子衡之同
年梠之弟也是日晴雨各半
甲午雨
乙未至上海日已莫矣因雨未登岸
丙申登岸拜應敏齋蒯蔗農兩觀察見遂如南
園復出拜客見王竹旉同年嚴伯雅司馬李樹

勤揔戎得紹萊五月廿六日六月朔日書是夜大雨
丁酉應敏公羽来劉庸齋前輩熙載来王竹庾来壬子
言来廖養泉綸来與紹萊書李樹勛揔戎饋
末利花兩盆木養和一具是日雨益甚廿霖變
爲苦雨矣
戊戌晴江海門潮来招同彭麗公羽葛蕃甫繩孝小飲于
市樓遂偕衛甯堂同觀泰西人新造屋一所并觀魯
麟洋行屋周歷其内并登其巔主人飲以酒是日
拜客見李自西姚靜嵒嚴沈雒安錢元之其夜應敏
齋招飲上太夫人書與壬甫兄書
己亥葉顧之大令廷眷来黄松舲安壽来其兩昆皆
丁酉同年也郭曰長来蒯蔗農觀察来
庚子蔡文臣觀察世俊来憶歲在壬寅見于武林其
時止十歲也沈雒安来王竹庾来王蔭齋觀察招飲
值其得暴疾其子出應客同席者蔡文臣何叔
瑞元遂拜客見黄松舲應觀察錢元之来上湘
鄉相庾書與李雨亭方伯王曉蓮廉省三杜小舫
三觀察劉治卿太守書錢子密書趙惠甫書徐
薇垣書
辛丑應敏翁来出拜客見鍾子勤蔣心香遂至新閘登
舟待潮而行三鼓始發彭麗山松仍同行
壬寅晨起已過黄渡矣泊三江口距昆山尚二十里是日与
彭君舟相失
癸卯還蘇州

甲辰彭麗山松来潘濟之和甫来

乙巳高雲山来

丙午矦峽山来

丁未閱定五月望課卷發監院校官楊示于門

坿記五月望課題子謂子貢曰女與回也孰愈一章賦得菡萏輭披得光字

超等前三十名

潘欲仁　蔣士驥　胡元濬四　王楨

張潤福二　顧榮達　潘玉鳴　曹應震二

趙鈞二　何憲祖　吳鼎生　王宗穌

周清鑒　潘成霖　貝邊義三　張兆奎

錢祿泰　朱冕群四　劉傳祁　唐復

戊申得姚魯卿書以入學告與蔡駿甫書

己酉得子原書以入學告得周慕陶同年書少雲書

庚戌

辛亥閱定六月望課卷發監院校官楊示于門是兩課余不在院五月課留題院中六月課自金陵寄題試之是夕得孫琴西書

坿記六月望課題子曰齊一變至於魯一章賦得高林翠阜相回環得亭字

超等前二十名

管純熙　胡元濬五　周希旦　潘欲仁

黃賡唐　張敬熙二　惲侯孫二　管礼耕

錢祿泰二　凌曾梅　王有贊二　石方涑

殷樹森㊁　府晉蕃二　馮芳植二　沈規三
顧治甲　錢昌穆　吳文謙　汪銘清

七月

壬子得杜小舫書
癸丑出拜客見勸少仲廉訪李薇生太守潘季玉（吳平齋）觀察得應敏齋書與王補帆親家許子原女壻孫琴西應敏齋蒯蔗農三同年書朱佐君元輔書
甲寅雨
乙卯晴汪槐堂彥增来汪子和来勸少仲廉訪来秉燭夜談及歸（去）更鼓再嚴矣
丙辰得趙惠甫書與姚魯卿書并寄贈扇一柄墨三笏
丁巳暉次山前輩来上曾侯書與錢子密趙惠甫書
戊午馮少渠来錢元之来得兄子黼堂六月十七日書徐薇垣翰臣書與劉融齋前輩書鍾子勤（文烝）書附去羣經平議各一部又與王蔭齋觀察書坿去賓萌外集一部
（坿記）聞信從正大信局来回信仍從南濠灣頭通裕局內正大信局
己未出拜客見錢元之鄒蓉閣在衡来吳平齋来女壻王康侯来得補帆親家書并羣經平議版得錢子密應溥書
（坿記）羣經平議版凡木箱四共版五百九十七片
羣字號版一百五十五片　平字號版一百七十四片
經字號版一百五十五片　議字號版一百一十三片

内有數卷尾葉坿刻他卷之末刷時須檢點
庚申錢元之来得應敏齋書戴子高書與王補帆親家書
長女錦孫書許子原女壻書又與子高書附去羣經平
議四部託潘玉翁
辛酉潘濟之和甫来得許子原女壻七月初三日書并茶葉山
查糕又得其七月五日書得周少雲七月七日書
壬戌陳子莊其元来俞勁叔来是日始纂上海縣志
坿記寄陳子莊信由信局寄周浦轉寄南匯
癸亥彭麗崧来其莫丁雨生方伯招至署與麗翁同飯
遂登其後圃中臺納涼并聽其友秦君彈琴
甲子復至方伯署與麗翁同飯并觀其所藏書得劉治
卿太守書
乙丑招彭麗崧錢元之汪柳門至廣小飲得沈夢嵒嚴吉齋
書并其子一鳴書得康侯十一日書自常州来
丙寅是日所謂中元也于廣中設家祭行禮其葬勤少仲
廉訪餽洞庭碧螺茶惠山泉水
丁卯得蒯蔗農觀察書
戊辰彭麗崧来
己巳
庚午徐誠庵来得李少荃前輩七月初六日濟甯州来書
知賊蹤尚在即墨官軍布守運河西堤進扼膠萊河為
蹙賊海隅之計與應敏齋同年書
辛未得龐省三觀察書
壬申

二十

癸酉得朱伯申書
甲戌陳小舫來唐鶚安來沈韵初來與子原書得姚少泉書姚魯卿書
乙亥
丙子雨嚴伯雅來得子原與紹棠書
丁丑
戊寅雨出拜客見唐鶚安徐誠庵錢元之沈書森陳小舫沈韵初是夕勒少仲同年招飲
己卯晴得康侯廿一日書沈書森太守來郭遠堂撫部來與錢子密書戴子高書
庚辰上太恭人書與壬甫兄書是夜雨
八月
辛巳雨
壬午晴
癸未雨上海縣志田賦三卷成與應敏齋書附去志書三卷得敏齋書并減賦新案一函
甲申晴與宋雪帆前輩李蘭生謝夢漁同年書各寄羣經平議一部與閻夢巖汝弼書平議二部共一託致祁少君也與朱伯華書平議一部賓萌外集二部與汪儀卿書外集六部均託汪柳門
乙酉汪柳門來與王補帆書內附潘少梅書周慕陶書
丙戌與應敏齋書得趙惠甫書周少雲書并綿二斤得子原初四日書
丁亥與王補帆周慕陶書

戊子得彭麗山松書
己丑丁雨生方伯送来王船山先生全書 湘鄉公所贈也書
共八函一百六十本
庚寅
辛卯
壬辰上海縣志疆域一卷成與應敏齋書并志稿一本
朱璞山来
癸巳上湘鄉公書與應敏齋書得王補帆書曾樞元書
四月十二日貴州来
甲午與王補帆書汪柳門来孫潤之来
乙未
丙申程韵泉寶璐来爲大兒婦治齒疾得應敏齋
書并志稿始知王補帆升粤藩矣與敏齋書
補帆書子原書
丁酉出拜客見郭遠堂中丞勒少仲廉訪吴平齋觀
察汪小樵封翁平齋以新刻鄧頑伯篆書弟子職贈
錢元之来得潘少楳書
坩記潘住馬市街方谷園巷口南首
裁縫店對門
戊戌朱璞山来孫駕航觀察楣来孫符卿師之孫也新任
廣東高廉道由天津航海来極危險吴文江鑑明来
爲大兒婦治喉癰
己亥得長女錦孫書吴文江来勒少仲廉訪来
庚子雨得子原書
辛丑陰與子原書潘少梅書得周少雲十八日書出拜
客見楊敏齋
坩記寄少雲書由新市西河口廣福橋堍下
敬和堂沈竹村兄轉寄

十三

得兄子黼堂八月十二日書得徐薇垣書
壬寅寄潘少梅書劉治卿書戴子高書周少雲書
得蔡厚齋舅氏書旋作覆書
癸卯
甲辰得王補帆書
乙巳潘濟之和甫来與補帆書
丙午潘玉翁来丁雨翁来
丁未與王補帆親家書并與長女錦孫書
戊申雨
己酉晴與應敏齋書王康侯女壻来
庚戌出拜客見丁雨生方伯潘玉翁王遜之親家招遜
之暨康侯至寓小飲其莫康侯辭還杭州與補帆書
九月
辛亥
壬子汪小樵来王璞臣炳来得補帆廿九日書與徐薇垣書
癸丑徐誠庵来與馮聽濤書
甲寅雨
乙卯得子原女壻書次女繡孫書得周少雲書
丙辰俞勁叔来
丁巳晴胡春波元濬来其暮又雨
戊午晴得蔡厚齋舅氏書戴子高書并書一柏
陸連達鍾山来勒少仲廉訪来
己未馮少渠来
庚申吳潤生澤来得應敏齋書康侯壻書又得劉壽

曾書知其尊甫伯山明經没于金陵
辛酉吴介山同年台壽来是莫丁禹生方伯招至署中
與介山及潘玉翁同飯并以千里鏡看月
壬戌與補帆親家書子原書出拜客見勒少仲廉訪唐
鶚安司馬陸鍾山大令昰在鶚安處見劉之美摹
刻嶧山碑牒滕鄭文寶本
癸亥吴平齋来與杜小舫書是莫雨
甲子馮林一前輩来
乙丑潘玉翁招飲同會者姚衡塘光發馮林一桂芬
兩前輩吴介山同年李薇生太守吴平齋觀察
是日拜客見丁禹生方伯汪小樵封翁莫子偲友
芝
丙寅
丁卯吴平翁招飲同會者吴介山莫子偲馮景庭潘季玉
拜客見徐誠庵得王補帆書
戊辰雨晏彤甫前輩来丁禹生方伯招飲同會者晏彤翁
吴介山莫子偲潘季玉得劉治卿書
己巳與王補帆書許子原書馬穀山中丞書楊石泉方
伯書
庚午得潘少梅周慕陶書許子原十六日書繡女書
附記寄周信從新市西河口廣福橋境敬和堂沈竹
郵轉寄亭子
辛未
壬申田幼齋大令祚来得王補帆書

癸酉潘玉翁招飲得談仲脩書即寄西復仲脩為詁經精舍監院監院二人其一為鍾仲和鸞藻時予已就詁經講席故仲修書來致聘幣焉是日閱定九月望課卷發監院校官楊示于門與康侯書

附記課題吾聞觀近臣以其所為主觀遠臣以其所主

賦得但將酩酊酬佳節得佳字

超等前二十名

胡元濬　程元璘　吳慶昇　吳鼎生　祁世璜

胡有陟　徐誦芬　徐淮　沈寶謙　潘念慈

張敬熙　潘欲仁　林雍　顧紹申　張履豫

承頡雲　張潤福　周道炳　徐家疇　張履恒

甲戌上　太恭人書與玉甫兄書與劉治卿書

乙亥王旻生楨丁吟雪有庚兩孝廉来

丙子

丁丑得徐薇垣書吳謹齋清標孝廉来

戊寅與子原書陸鍾山来董也魯[redacted]来孫藻如孝廉之鑒来

己卯集鈔胥寫上海縣志

十月

庚辰祀先與曾樞元同年書補帆書馮少渠書得康侯子原兩女婿書金溆芷書

辛巳出拜客見丁禹生方伯勒少仲廉訪王旻生蔡瑜卿

壬午得康侯二十九日書葛瑞卿大令来高雲山来

癸未董大令廷策来張少渠来松田老人餽菊
甲申雨得馮聽濤書
乙未酉與敏齋蔗農兩同年書莫子偲友芝来
丙申戌得馮少渠書
丁酉亥與康侯子原兩女壻書得王甫兄九月廿四日
書　附記閻廣在擇日街
戊戌子上　太恭書與王甫兄書均託李自西出拜客見平齋誠庵
己亥丑顧雲摶鵬孝廉来與馮少渠書聽濤書張少渠書
與應敏齋書并附去羣經平議二部得康侯初七日書周少
雲初三日書
庚子寅得王補帆書康侯書知錦女于初九日辰時舉一女又得子原書
與馮景翁書得王甫兄七月十三日書
辛丑卯與補帆書康侯書沈書森太守書
壬寅辰戴列卿来
癸卯巳潘玉翁来勒少仲同年来楊敏齋来錢慎庵太守来
甲辰午得應敏齋書與補帆親家書康侯女壻書
乙巳未得汪瘦梅書
丙申胡鳴盛来倪元卿以子高書来與應敏齋書部
曰長書楊子芳巖獻書
丁酉張香濤太史之洞来沈書森之子来是日課肄業諸
生於院
附記四書題子曰攻乎異端一節詩題風林脫葉山容瘦得林字
戊申戌沈世兄泉以書森太守書来即日西復之出拜客未見一人
徐誠庵来勒少仲同年餽菊及蟹

五十

己亥徐小豁孝廉有珂来得錢子密書得王補帆書楊石泉方伯書孫琴西同年書

庚子丁雨生方伯来

辛丑侯峡山来以四書文交其栞刻

壬寅與子原書附去朝珠記潘玉嵍得謝夢漁同年書

癸卯出拜客見丁雨生方伯蔡乂臣[redacted]觀察徐誠庵大令

甲辰與王補帆書康侯書談仲修書錢子密書得子原伉儷書錢元之来是日閱定鹽課卷發監院校官榜示于門

附記超等前二十名

胡元濬　王賡平　祝壽舜　殷詒穀　戴兆春

金振玉　顧直泰　管礼耕　馮芳植　曾之撰

孫爾戌　許誦年　劉祖延　戴翊清　凌曾梅

王有贊　方熊祥　秦綬章　柳商賢　胡國槃

乙巳得補帆廿三日書即作覆函又與子高書

丙午

丁未徐誠庵来徐蕖生来汪小樵来得郭日長書楊子芳書

戊申得康侯書姚子白檩来

己酉莫子偲来

十一月

庚戌呂庭芷同年来陳蘭田来得應敏齋書胡鳴盛書王甫兄十月五日書

辛亥與應敏齋書郭日長書楊子芳書

壬子陳藍田来得子原書潘少梅書與子原書與康侯書

癸丑出拜客見丁方伯勒廉訪莫子偲與子原書
甲寅得壬甫兄十月廿二日書
乙卯
丙辰與應敏翁書潘少梅書
丁巳得康侯書是日頒行本月望課
附記課題凡有血氣者莫不尊親詩題湯盤孔鼎有述作得
碑字
戊午與補帆書康侯書莫子偲來
己未得劉庸齋前輩書[redacted]周鶴亭來得
慕陶書
庚申得沈燦書張少渠書蔡厚齋舅氏書
辛酉得吳江大令沈問梅錫華書康侯書徐石史
夫有來
壬戌得應敏翁書尹次叔書與蔡厚翁書周少雲
書
癸亥潘玉泉觀察來得錢子密書由倪載軒觀察來即
作覆信圖書是日閱定望課卷發監院校官榜示
于門　得徐薇垣書由撫署戴金孫來
附記超等前二十名
潘欲仁　張潤庠　張敬熙　彭福保　程為炟
周道恒　龐慶麟　張佩綸　曾之撰　胡元濬
徐有珂　汪蔭穀　傅遇昌　戴翊清　華鴻模
王叔炳　顧鵬　王有贊　殷福麟　錢國祥
甲子潘濟之和甫來朱采蘇冕群來得沈吉齋夢巖

十六

書并尚書彙解二本　附記寄沈書由新市趙玉華醬園

乙丑與子原書得劉治卿太守書

丙寅得壬甫兄十月初四日書補帆十三日書子原及穉孫十二日

書譚仲脩十五日書出拜客見郭中丞吳平翁朱璞山

司馬守和戴列卿來是日鬀頭記鬀頭稀矣

丁卯得補帆十六日書即作覆書與之吳廣菴來

戊辰與錢子密書朱伯華書得周鶴亭書與沈

問梅書

己巳朱璞山來與朱伯華書得蔡厚齋舅氏書

庚午出拜客見丁禹生方伯勒少仲廉訪莫子偲朱璞山潘

濟之與錢子密書王補帆書應敏齋書上太恭人書與

壬甫兄書

辛未與內子登舟回德清泊八尺

壬申泊南潯

癸酉泊一小村落不知名

甲戌至新市登岸至西柵興和醬園見蔡月橋即乘小船至

梅林西村見蔡厚齋舅氏薄暮歸舟

乙亥至德清泊南埭見晚林三兄及族中諸兄諸子厚齋舅氏自

梅林繼至

丙子進城見裕又任蔡駿甫遂出南門至金鵝山先塋相度

晚仍泊南埭招泥水匠李繼順議定築墳

丁丑

戊寅金鵝山先塋破土興工

己卯乘小舟入城至蔡駿甫處見蔡孝廉賡年江靜軒

孝廉珍極適戴子高至自金陵得兒子紹莱書內有補
帆二十二日書劉叔俛書沈問梅書遂至金鵞山省視[redacted]雨
歸是日上太恭人書與壬甫兄書與楊石泉方伯書

十二月

庚辰戴子高秘又任來是日至西南角蔡秘雨恭人厝處
相度

辛巳大風

壬午與許子原書得蔡桂生書

癸未微雪至蔡秘雨恭人厝所致祭告遷

甲申奉移蔡秘雨恭人柩至金鵞山先朝議君之塋是日移
泊金鵞山

乙酉日晡泊西門城外嗣是每日至金鵞山莫泊西門不一一書

丙戌與紹莱書是夜雨

丁亥仍雨

戊子雪旋霽蔡厚齋舅氏至自梅林得子原書

己丑奉先朝議君暨蔡秘雨恭人之柩登刊巳刻登位是日天色
晴和

庚寅移舟入城晤秘又任是日雨

辛卯仍至金鵞山得初三日紹莱書內有壬甫兄十一月十六
日書康侯伉儷書子原書鶴庭書馮景少翁書金潄
芷書唐鷦安書是日雨甚

壬辰甚雨不止凡陰晴同上日不書以省之也

癸巳雨止大風仍陰

甲午晴

七十

乙未得補帆書
丙申周少雲来
丁酉墳事畢安土并祭告先塋植守樹焉
附記先塋面金鵞山地名汪家兜十七區二庄地保朱老二名大昌 先朝議君居正位左側蔡恭人右側嵇恭人又右則壽穴焉巽乾兼辰戌嚮
自城中往若船小則出西門船稍大須出南門櫓後進新橋又櫓後進瞞公橋前面見渡船即轉灣則汪家兜矣
若船更大則出南門空進正門橋繞城至西門方可到也
戊戌開船繞道至蘭村村故有百子堂 先祖妣戴恭人禱焉而生 先朝議君余夫婦年將五十而未有孫因亦往禱循廟中故事擕一泥孩而回泊新市
己亥泊[redacted]烏鎮
庚子泊平望
辛丑薄暮至蘇州回寓已一更矣
壬寅錢元之来上 太恭人書與大兄書與應敏齋翁書得子原書即作西復書
癸卯出拜客見丁禹生方伯勒少仲廉訪潘玉泉吳平齋
甲辰勒少仲来潘濟之和甫来吳平齋翁来得馮聽濤書
乙巳汪小樵来錢元之来潘玉泉翁来朱堞山来石梅生鶴来戴列卿来得慕陶與兒子書與張少渠書
丙午出拜客見汪小樵錢元之 元之言吳江[redacted]雪港有沈翠嶺嗣聞其子字峨生且藏有活字版司馬茂悳家多藏版有昭代叢書補及國朝文徵國朝古文彙編卷袠煩重見在刷印因識于此
丁未[redacted]與沈問梅馮少渠兩明府書唐鷃安司馬

書王璞臣来

戊申雨吴廣安来是日祀神

己酉晴懸先高祖明遠公以下畫像設祭行禮是歲余行年四十有七距先朝議君棄養二十二年始克營窀穸于金鵞山之原[redacted]一大事也羣經平議剞劂告成而諸子平議亦于是年脱藁刻成者三巻酒後檢閲亦頗自喜然明年又移席浙江之詁經精舍未定寄帑之所[redacted]新正即擬回浙不勝勞薪之感矣

八十

同治七年歲陽在著雍亦作徒維歲陰

在執徐

正月小
二月大
三月大
四月小
閏月小
五月大
六月小
七月小
八月大
九月小
十月大
十一月大
十二月小

畢暇
橋如
修病
圉余
[redacted]
厲皋
則且
窒相
塞壯
終公
極陽
畢辜
橋涂

正月
庚戌晴
辛亥出拜客見勤少仲同年及姚松田舅氏其餘不見則不書從去年例也
壬子應敏齋觀察朱樸山司馬徐誠庵大令来凡客来不見不書亦去年例也戴兆春青来来文節公之孫曾肄業于書院故来見
癸丑出拜客見丁雨生中丞遂登舟赴杭州泊吴江
甲寅陰帆而行泊嘉興
乙卯晴泊石門
丙辰泊唐西姚魯卿来魯卿家于東小河而余至北小河則其賣藥處也距其家稍遠故余不往而魯卿来寄家書一託魯卿一交信局又與家晚林三兄書附去八珍糕託范月樵　坿記姚致和堂見在北小河
坿記月樵住長橋堍恆盛布店其子名培生字佩蓀
丁巳至杭州進福星橋因水淺不能行回泊得勝壩易小舟至横河橋先見許子原壻及八太夫人與繡孫女又見信臣撫部星叔季蓉子衡子祥是日宿其花廳之西屋
戊午出拜客見馬穀山制府楊石泉方伯高滋園廉訪馮介安都轉譚文卿太守高伯平均儒潘少槑承翰曹葛民薔又于伯平處見薛慰農觀察是日始陰
繼雨許子社郭来其莫信[illegible]招飲與張仲甫文偕
己未曹葛民来出拜客見薛慰農張仲甫許子社又于書局見孫子佩尚紱是日鬀頭

庚申雨濮少霞詒孫来王松溪麟書陳藍洲豪来二子皆分校子書
局者也孟蘭艇沅来詁經精舍之監院也潘少梅来與紹莱
書得紹莱書
辛酉甚雨高滋園庸訪卿培来譚文卿太守鍾麟来薛尉農
来
壬戌仍雨至岳官巷偕潘少梅看沈氏屋不當意遂拜
客見濮少霞詒孫是日楊石泉方伯来其葬馬穀山制
府招飲與許信翁及沈硯農劉聽湘兩前輩吳曉
帆觀察俱
癸亥雨止沈晶士来出拜客来見至宿舟河下看胡氏屋不當意其
葬又雨
甲子雨止仍陰邵步梅燮元来馮介安都轉禮藩来潘少
梅来施伯均補華来出拜客見沈晶士又偕少梅及曹葛
民至皇誥巷内看朱氏屋
乙丑出拜客見楊石泉方伯遂出湧金門與子原及子衡誠
哉泛舟西湖至詁經精舍周覽見馬飯于湖心亭又至
孤山時孤山新建林公祠林公名汝霖字小巖為仁和典史庚
申之變其母先縊手刃其妻與子若女朝服坐堂皇死于
賊賊退後得其屍面如生遂收其全家之骸骨葬于孤山
因其與周知端先生同姓也公妻周氏為慕陶雲笈之從兄
女余曾見之不意其克成大節為湖山生色也行當作詩
文紀之先紀其大畧如此與補帆書康侯書其葬又
雨與内子書
丙寅雨出拜客見邵步梅汪子用朱午雲吳曉帆来

丁卯飲于邵步梅家與者沈念農前輩沈晶士太守汪子用又
拜客見潘少梅其莭許八夫人以余將行治具餞焉飲畢
有龍鐙入其廳事盤旋遂出觀之憶自辛亥歲觀于臨平
不見此鐙十有八年矣是日陰
戊辰乘小舟出城至得勝壩易舟還蘇是日晴其暮大風泊
閘上
己巳泊菱塘浜距新市十八里
庚午泊烏鎮
辛未陰泊八尺
壬申日加未至蘇州得子原廿五日書知繡孫于二十日辰時舉
一女矣
癸酉出拜客見丁禹生中丞杜小舫方伯勒少仲廉訪吳平翁朱
璞山唐蕉庵程燕謀是日髮帛頭
甲戌出拜客未見一人郭遠堂制府來丁禹生中丞來朱璞山
來申薌香來王曼生來上太恭人書與王甫兄書與應敏
齋書上湘鄉公書與錢子密書徐薇垣書
乙亥杜小舫方伯來潘玉翁來吳廣盦來是日雨
丙子晴丁禹生中丞開書局延余與其事是日至局提調
官以下咸集焉飯于局中遂出拜客見楊敏齋徐誠
庵
丁丑勒少仲廉訪來楊敏齋來陸鍾山來得應敏齋書
與姚訪罧書汪瘦罧書朱伯華書均託王曼生孝
廉楨
戊寅趙惠甫烈文來

二月

己卯陰錢元以来朱添卿庚壽以譚仲修書来與吳花樓大令兆霖
書沈瞽林書

庚辰雨始雷郭遠堂前輩將之楚来告行

辛巳出拜客見趙惠甫

壬午晡後雨止大風唐鶚安来曾君表之撰李士瓚玉舟潘子昭
欲仁来與應敏齋書

癸未出拜客見潘玉翁汪小樵楊敏齋招飲于牙釐局

甲申陳子莊大令来出看屋二處不當意

乙酉晴出看屋至書局小坐見莫友芝得張少渠書即命
紹萊以其書寄周少雲得嵇又任書影宋頭朱璞山来

丙戌劉泖生履芬来程燕謀詒孫来戴列卿来

丁亥雨吳平齋来得子原與紹萊書

戊子晴出拜客見丁禹生中丞并至大倉口看屋周君世澂
来與趙惠甫書唐鶚安書

己丑丁禹生中丞来何子永慎修来與應敏齋書

庚寅雨出拜客見朱璞山與陶升甫至大儒巷看郭氏屋莫子
偲来

辛卯晴仍陰登舟如杭州過吳江小泊沈間梅大令錫華来已而
泊平望

壬辰泊新市鍾桂溪丙熙来憶自壬戌之春與別于上海至今
七年矣　附記桂溪所開醬園曰新泰即在南柵若至其家
須進西柵大船可到門首也鍾所居曰倚省堂

癸巳薄暮至杭州泊松毛場因微雨仍宿舟中

甲午雨至詁經精舍見周慕陶孟蘭艇遂下榻于其
樓與内子書
乙未晴大風欲進城不果使人以書問子原鬀頭
丙申子原與子衡周幼雲来遂與之偕慕陶步至孤山
于林公祠茗飲而回秦淡如觀察呂庭芷同年来雨
丁酉雨旋霽進城拜客見馬穀山制府譚文卿觀察吳
曉帆觀察秦澹如觀察許信臣中丞許八夫人子原壻繡
孫女得周仁甫葆昌書乃雨亭先生之孫今貧不能自存
為之憮然
戊戌晴
己亥始晴旋雨既而雨甚楊石泉方伯来許子社施伯均張
山鳴珂来許信翁及星赤来與内子書得許雷門國年書
庚子雨與慕陶步至蘇公祠
辛丑微雨邵步梅来
壬寅雨甚使人于子原
癸卯晴開課是日中丞以東来辭以目疾遂至許鄭
兩先師前行禮與慕陶蘭艇兩監院飲于寓樓
施伯均許子社王松溪来高呈甫人驥来
附記二月望課題
鄉射禮乏參侯道居侯黨之一西五步解
冕服十二章兩漢經師說與鄭義異同考
東房西室說
春秋天子之事論
晴湖不如雨湖賦以淡妝濃抹總相宜為韻

賦得如春登臺得如字
校書六詠　脫簡　錯簡　重文　衍文　誤字　壞字
購補　文瀾閣遺書議
孤山新建林公祠碑
甲辰始晴其莫雨得紹莱廿一日二書（與蔡駿甫書）秦澹如觀察来
乙巳始晴已而微雨入城拜客見陳子中太守許信公翁（書）
潘少梅邵步梅與慕陶書與應敏齋觀察與紹
莱書是日至書局見許子社施伯均其莫大雷雨風
附記寄慕陶書託臨平大陡門内姚裕昌南貨店
丙午大風其莫雨許小莱延祺来是日接馬穀山制府咨文
請總辦書局
丁未大風薛慰農觀察来丁松生丙来與馬穀山制府書
戊申子原来與步至聖因寺故址觀石刻貫休羅漢其莫雨
三月
己酉雨陳子中太守思熾来得馬穀山制府書
庚戌大雨竟日闕瑞生来
辛亥雨止得紹莱書孫子揩廣文来是日閱定望課卷發監
院校官揭示于門
附記内課十八名
王麟書　丁正　許德裕　袁建犖　潘鴻
施補華　来鳳翽　許郊　陸鯉祥　沈文元
張鳴珂　陳仁川　陳延　朱鏡清　丁立誠
衛梓材　祝桂榮　凌紱曾
壬子晴袁星苑建犖来

癸丑得吴曉帆觀察書

甲寅張仲甫文来鍾綬生　来子原壻偕子衡来與内子書與紹萊書

乙卯許藴堂德裕来周少雲来得嵇又任書是日馮介安都轉招飲與者如冠九觀察如山譚文卿觀察鍾麟兩君皆同衙門如觀察則前輩也又有陳楊兩太守不知名

丙辰始晴已而雨其莫雨甚

丁巳雨與馮介安都轉書

戊午雨得紹萊初七日書知内人于初四日病遂治裝乘舟至湧金門命從者以行李先至横河橋而自入城拜客見馬穀山制府小坐即至横河橋見子原壻繡孫女遂登舟回蘇泊菜市橋與高伯平書

己未晴遲明開船逾沈塘灣堪而至下河風不順以雙艣行泊新市更鼓再嚴矣

庚申泊平望

辛酉日加未至蘇州

壬戌湯敏齋太常修来程杏泉来爲内子治疾余有齒疾亦治焉

癸亥與子原書

甲子雨出看陳氏屋程燕謀来裴純卿瑛自金陵以子高書来

乙丑晴程杏泉来爲内子治疾是日二兒婦舉一子余始抱孫焉其姊以丑年生故乳名阿牛此子以辰年生即名之曰阿龍以星命家術推之是爲戊辰年丙辰月乙丑日壬午時

丙寅其莫雷雨
丁卯晴為阿龍洗三上　太恭人書與壬甫兄書程杏泉来為
内子治疾是日〻昃大雷雨以雹
戊辰晴朱璞山来徐誠庵来錢元之来鬀頭
己巳微雨沈義民来為内子治疾得康侯書子原書王旻生書
庚午朱璞山来與沈書森書陳子莊書是日有麗作人祖文投書
于余并所著師陸齋叢稿二冊其為學蓋篤守紫陽者其詩
則[redacted]多寄懷當代鉅公之作余不能測其為人姑識于此麗仁和
人
附記　寄陳子莊書託復茂銀號寄南匯
辛未沈義民来治内子疾
壬申葛子偲来得子原與紹棠書繡孫書
癸酉周祖蔭少鐙来汪日誠子和来沈義民来治内子疾
甲戌潘玉泉觀察来與應敏齋同年書周少雲書許子原
書
乙亥周夢漁世澂来胡鳴盛来沈義民来治内子疾
丙子遲明大雷雨與應敏齋書胡鳴盛来
丁丑胡鳴盛来程燕謀詒孫来為余僦定大倉口之屋呂本
南多保来贈條幅四并以其遠祖文穆公所書飛翠鳴玉出
入禁門[redacted]八字屬為之記
戊寅得壬甫兄二月十八日三十日書周慕陶書并詁經精舍
望課卷望課于二十日舉行余回蘇廌留題課之又得
嵇又任書
附記三月望課題

廿三

論語仍舊貫魯讀仍為仁解　鄭康成以九一什一說周人徹法辨
窗牖考　襟裾考
司馬溫公隸書家人卦賦以涑水崖碑半綠苔為韻　賦得幾時能具釣魚船得時字　雉尾蓴　貓頭筍七律不限韻
擬聞子將西湖打船啟　募栽西湖桃柳引

四月

己卯出城至積功堂見倪鑑山王星墀遂偕星墀展姚松田舅氏之殯距其殁三十五日矣遂致祭焉而還入城拜客于書局見莫子偲而飯焉又見潘季玉吳平齋朱璞山錢元之來沈義民來治內子疾吳平齋以鄧石如篆書弟子職又篆書朱晦盦與陸子靜講學事四小幅為贈得陳子莊書

庚寅辰與馬穀山制府書與應敏齋書附去志書稿得敏齋書
書鬀頭

辛卯巳得子原伉儷書得上海修志局書得高雲山書

壬午陸鍾山來朱滌卿來得汪鼎叔牧求書汪無錫人其兄堅求癸卯同年也是日熱甚衣單衣二始換涼帽

癸未雨甚寒衣綿衣三潘芝岑來

甲申閱定鑒課卷寄杭州與監院周莫慕陶孟蘭艇書少雲書是日程燕謀廣文告知大倉口之屋為人賃去余時謀還浙亦聽之也王星墀來　附記寄王星墀信交南濠如泰海貨店

附記內課十八名

吳承志　祝桂榮　陳仁川　施補華　許德裕
潘鴻　黃以周　趙銘　丁正　許郊
倪士偉　丁立誠　王禹堂　俞光組　凌紱曾

袁建埜　吴思澡　钮承怡
乙酉與應敏齋書吴平齋来程燕謀来仍為余賃定大倉
口之屋余故里無家去留俱可也
丙戌　先府君忌日設祭行禮
丁亥徐誠庵来得潘少槑書姚少泉書日足草雨
戊子得周慕陶書沈羲民来治内子疾余數日體中小不佳
亦治焉得子原書其莫大雨達旦
己丑
庚寅晴與敏齋書得敏齋書
辛丑（卯）與周慕陶孟蘭艇書附去望課題又與慕陶書附去少
泉家書馮景庭前輩来侯徠山来
附記四月望課題
如其仁如其仁解　詩有五情六際說　伏生書有册大誓考
董仲舒以論語說春秋考
河内女子壞老屋得大誓三篇賦以在漢宣帝本始元年為
韵　賦得風吹柳花滿店香得花字　湖上雨浮屠歌雷峰如
老衲寶石如美人各賦一章或合賦一章均可不限韵　漢大司
農高密鄭公像贊　重建詁經精舍記
壬寅得張少渠書
癸卯得高滋園都轉書内有王補帆親家書應敏齋同年来
許星叔鴻臚来是日至沈羲民同年處求治疾鬀頭呂本
南多保示余王右軍平安帖墨蹟與周慕陶書潘少梅書
甲辰阿龍滿月鬀頭唐鶴安劉葆孫来
乙巳與郭日長書楊子芳徽猷書金激沚書王星墀

来爲買[redacted]家具

附記 竹器店爲山塘街田祥茂每價錢一千實九百 木器店因

果巷口天森盛

丙午吴平齋来鐕茆孫来陸鍾山来

丁未與沈問梅書内附與曾樞元同年書此書去歳曾託

補帆寄黔恐未達故又寄也得子原侊儷書與子原書

戊申至沈義民處求治疾又至錢元之處小坐胡鳴盛来

爲余處一方

己酉雨

庚申晴移寓大倉口王星墀来

辛亥勤少仲来徐誠庵来得慕陶書少梅書附来兄子黼堂書

胡鳴盛来爲余處方楊見山峴来

壬寅胡鳴盛来爲余處方出拜客見丁禹生中丞杜小舫方伯勤少仲

廉訪其萁雨

癸卯浙撫李小荃中丞来

甲辰丁禹生中丞来朱璞山来

乙巳蔡芸庭来陸鍾山来沈義民来治内子疾

丙午吴蘭艭權来錢元之来與子原書潘少槑書

丁未與應敏齋同年書又與鍾子勤書得戴子高書

閏月

戊申得周慕陶書寄来關墅課卷得徐漢泉士騏書得

壬甫兄四月九日書與戴子高書杜筱舫方伯来

己酉唐鷁安来潘玉泉来徐誠庵来是日雨

庚戌雨

辛亥晴　莫子偲来出拜客見曾滌生師相及公子劼剛又見湯敏齋太常蒯子範太守陸鍾山来錢元之来是日閲定閏課卷寄杭州詁經精舍

附記内課十八名

趙銘　潘鴻　王麟書　黄以周　吴承志　袁建犖

陳仁川　洪成　孫瑛　戴果恆　袁秉彝　凌秉曾

衛梓林　吴思藻　潘承昂　許郊　陳灝　丁正

壬子趙惠甫来

癸丑曾滌生師相来

甲寅登舟奉陪滌生師相游木瀆是日杜筱舫方伯勒少仲廉訪爲主人飯于許緣仲觀察之園遂游端園登天平山小憩于無隱庵

乙卯與何子永舍人同舟至湖口遂與滌生師相登香山而觀太湖還仍飯于緣仲之園遂登舟還蘇園是役也本擬偏游東西洞庭山因是日黎明微雨有阻游興僅至香山一觀而已師相由蘇至滬余適因小疾初愈不能從也得應敏齋同年書鍾子勤書上湘鄉公書

丙辰與敏齋書蔡又臣觀察書蔡初泉書湯敏齋太常来呂本南来陸鍾山来

丁巳許子衛来得子原書與子原書汪子和来

戊午

己未得孟蘭艇書朱璞山来

庚申

辛酉上太恭人書附去書四部與壬甫兄書與姚少泉書

廿五

均寄上海託李自西與王補帆親家書康侯女壻書
壬戌蔡苕庭来陶升甫来許子原壻及繡孫女至自杭州
癸亥宋柳門来陸鍾山来
甲子微雨
乙丑雨蔡仲然國榮来張少渠来汪子和来
丙寅上海縣志成是書自上年七月始事至此畢功雖見聞淺陋于局中分纂原稿刪兩裨益然亦頗有刪定之功凡三十二卷合卷首圖說卷末序錄共三十四卷上　太恭人書與壬甫兄書附去茶葉與應敏齋觀察書附去志稿得蔡又臣觀察書是日爲許氏外孫女三多鬀頭
丁卯
戊辰潘芝岑来是日雨止
己巳蔡瑜卿来出拜客見何子永舍人楊禮南學士宋柳門吳文江鑑明来治子原女壻疾是日禮南以三蘇全集贈柳門贈鏡
庚午吳文江来治子原疾
辛未雨偕子原壻登舟還浙泊吳江
壬申大風雨帆而行泊嘉興
癸酉微雨泊石門灣
甲戌晴日加申過唐西小住與楓成兄書與紹莱書遂行至王高家莊雨泊其莫雨
乙亥大雨至杭州子原先乘轎歸余飯後易小舟至松毛場遂至詁經精舍見孟蘭艇得許莱盟書汪蓮

府書

丙子晴入城拜客見李小荃中丞何青士廉訪馮介庵都轉譚文卿觀察吳曉帆方伯夏子松詹事吳蓉圃太史又至書局見譚仲修王松溪又至横河橋見許八太夫人子原女壻潘少梅来其少君儀甫從得錫雝庭書同慕陶書

五月

丁丑鍾桂溪来蔡孝廉賡年来子原使人以書來得紹棠二十六日書有湘鄉公書應敏齋同年書胡鳴盛書

戊寅馮介安都轉来吳蓉圃太史来

己卯王清如前輩景澄来譚仲修来是日閱定閏四月塾課卷發監院校官揭示于門是課于閏月廿二日行余猶在蘇州寄題課之

附記課題

納于大麓解　塹防門而守之廣里解　毛傳訓龍爲和解　説蕧

桐葉知閏賦以桐葉可以知閏月爲韵　賦得錢唐山水接蘇臺得臺字　石首魚不限體韵

漢賦　唐詩　宋詞　元曲　各七律一首

附記内課十八名

潘鴻　王麟書　袁秉彝　鍾煦　黄以周　吴思讓

陳運常　衛梓材　孫瑛　袁運犖　許章燕　施補華

戴果恆　洪成　章廷楨　陳延　林真　朱礪金

廿六

庚辰宋姓者以王甫兄書来得紹莱月朔書子原有餽
辛巳五月廿日與監院孟蘭艇廣文飲于湖樓姚少泉来
壬午中丞行本院朔課命王清如太守来遂與飲于湖樓孟
廣文俱趙桐生銘王松溪麟書黄元同以周施均甫補華
潘儀甫鴻許子社郊吳祁甫承志俱来見與慕陶書與
内子書紹莱書内有與杜筱舫方伯應畝齋觀察書
得楊石泉方伯書是日日加申雨潘少梅有餽
癸未霖使人于少梅與周慕陶書少雲書
甲申與李小荃中丞書内有與少荃前輩書及上湘鄉
公書與錢子密書得紹莱五日書與蔡烺齋譜
楊見山贈漢碑拓本
乙酉使人于子原與内子書與紹莱書
丙戌得李小荃中丞書得吳平齋觀察書得紹莱初七日書
丁亥晴子原来
戊子夏子松詹事来邵步梅来
己丑周少雲来入城拜客見王清如沈硯農劉聽濤三前
輩張仲甫文楊見山孝廉潘少梅親家許子原女壻
至書局見王松溪陳藍洲黄元同濮少霞觀察是
日飯于見山處見陳卓人前輩
庚寅周少雲幼雲来陳生殿英楊生旦王生禹堂見王子莊
癸蔡竹孫麗雨孝廉来言高呈甫入驥来是日預行望課
日加未與少雲幼雲至武帝廟水閣小坐觀荷花啜茗而回
附記望課題
舜典考　五嶽考　主司城貞子爲陳侯周臣解　釋新舊

釋難易
子予為蠡賦以示名蛙蜃老化為蠡為韵　賦得但能心靜自身
涼得心字　珠蘭不限體韵
湖居三議　一建湖樓　二造湖樓　三製山轎
辛卯與紹葉書子原來
壬辰乘肩輿至天竺回至靈隱小坐冷泉亭周歷
一綫天金光洞玉池洞純陽洞諸勝由因圓靈隱步
至韜光望錢唐江亂是游以靈隱為甲韜光次
之韜光有方池內種金蓮花似荷花而小其色黃它
處所無也上天竺寺新建中下兩天竺則危欲圮矣
是日天晴雨有雲無炎歊之苦予游臨見頗寥也
陳桂舟殿英王藻城禹堂來得蔡駿甫書
癸巳雨
甲午得紹葉十二十六日書
乙未
丙申汪洛雅鳴球來　姚少泉來止之宿
丁酉少泉去周少雲來張子虞頌來
戊戌袁星帆來
己亥晴有小雨得楊石泉方伯書得姚魯卿書與魯卿書得紹
葉二十日書與紹葉書是日閱定望課卷發監院校官
榜示于門
附記內課十四名時學使者方按試與課者少故取不如額
黃以周　趙銘　衛梓村　王汝霖　丁立誠　李慶
沈鼎　吳承志　吳思藻　楊巳　袁建棠　高人鳳

廿七

俞光組　朱鏡清

庚子遲明有小雨旋霽黃元同来謝芹香以其兄敬齋步瀛書来徐蕖生来張漁笙璵来孟蘭艇自城中来

辛丑吳仲雲前輩来許子原誠齋周子鴻来與慕陶書是日晴大熱

壬寅吳蓉圃太史来周少雲李品三来

癸卯入城拜客見李小荃中丞楊石泉方伯吳蓉圃太史孟蘭艇遂至王清如前輩飯馬與者蓉圃沈子洛沈仲鞠飯後又拜客見潘少梅親家周少雲幼雲子鴻許子原壻又于書局見朱西泉沈彤元子洛来得姚魯卿書

甲辰謝芹香来許子原壻来得嵇又任書與馮介庵高滋園兩都轉書

乙巳肩輿至松毛場大風雨行李沾濡遂坐小舟至馬頭登舟回蘇大風不得行行里許而泊是舟也即去年余與内子共坐至德清者今船如故而已易主昔歲馬姓今歲張姓矣為之慨然

丙午晴至唐棲姚魯卿来日加申驟雨

六月

丁未乘小舟至臨平見周氏之紀綱朱姓者與慕陶書少泉書得少泉書還而坐舟仍泊唐棲與晚林兄書

戊申帆而行泊嘉興行一百八十里

己酉至蘇州得康侯書錢子密書楊子芳書高雲山書蔡厚齋舅氏書方樹人振本書（附記　方樹人回書寄蕪湖牙釐局張藹臣）

庚戌與補帆書康侯書與丁禹生中丞杜筱舫方伯書旋

得丁中丞杜方伯復書與戴子高書　徐誠庵來
辛亥與李小荃中丞書孟蘭艇書與應敏齋同年書與許子原
女壻書上　太恭人書與王甫兄書汪子和來侯味山來
壬子得高滋園擲轉書張芝田來爲大兒婦次女治疾
癸丑張少渠來
甲寅與楊子芳書其莫有僕婦自樓窗棄燼餘于下適有
布幕承之得風而熾勢甚危長子婦率僕婦童氏
力曳布幕下之始免
乙卯張芝田來爲大兒次女治疾與汪蓮府書有王聖祐者徽
州祁門縣西鄉十七都歷溪人年八十矣（因亂流落至蘇）見居閶門內高井
頭蕭家園其子金旺孫順昌添日升添麟添來均在家未
知存否爲致書問之如其子孫猶在迎之歸家亦善事也
丙辰得應敏齋書管心梅來治次女疾是日祀神以前夕之
事得神祐也
丁巳
戊午得王康侯女壻書
己未管心梅來治次女疾
庚申汪小樵封翁來得周慕陶書少雲書姚少泉書
辛酉潘芝岑來得周少雲書與周慕陶書少雲書子原
女壻書
壬戌
癸亥與許子原女壻書
甲子徐誠庵來石蒂南壽棠來治次女疾得王甫兄六月吾
書

乙丑
丙寅許子原女壻至自杭州與楊石泉方伯書潘少梅書吳文江
鑑明来治内子疾朱璞山来
丁卯日加未微雨楊敵齋来得應敏齋書與勤少仲書旋
得覆書并贈西洋藥鷄哪少許為繡女止瘧
戊辰出拜客見丁禹生中丞勤少仲廉訪潘季玉吳平齋兩
觀察錢君平大令楊敏齋剌史又至書局見潘芝岑
劉芬孫王璞臣炳彭復齋福保王曼生楨周夢漁世澂
張純卿瑛是日張芝田来治二兒婦及阿龍與三多疾
己巳雨杜小舫方伯来王曼生楨来
庚午晴勤少仲廉訪来吳平齋觀察来汪冠卿来
治阿龍疾
辛未雨張純卿周夢漁来得楊見山書
壬申雨旋霽子原還杭州與許八夫人書石芾南来治次女
疾徐小韶来
癸酉雨吳廣庵来錢君平来上湘鄉公書得潘少梅書戴
子高書
甲戌雨楊禮南學士重璋来潘季玉觀察来吳文江来治次
女疾侯峽山来吳輔卿光祖来張少渠来
乙亥出拜客見吳輔卿丁禹生中丞招飲與者楊禮南潘玉泉
吳平齋許緣仲
七月
丙子湯敵齋太常来石芾南来治大兒疾
丁丑侯茱山来得高滋園都轉書内有王補帆閏月廿六日書

附記寄粵東信託杭城珠寳巷日昇昌（在蘇則廛皋橋東　包裕前其覽事者　俟科吉字聯芳）
戊寅石芾南来治大兒及次女疾得子原朔日書杜筱舫方伯使
人以書来即復之
己卯與子原書何子永内閣来
庚辰得鍾桂溪書鄭蓮君德鍾王子原恩溥来潘玉泉
觀察招飲與者楊禮南陳達甫蒯子範吳廣盦
陳名壽圖辛田庶常前輩
辛巳得勞道生篤詮書吳輔卿来勒少仲廉訪招飲與者
楊禮南吳平齋潘季玉是日拜客見湯敬齋太常
壬午張少渠来
癸未得周慕陶初四日書
甲申吳平齋招飲與者楊礼南勒少仲潘玉泉陶莆
来
乙酉朱竹石之榛来得鍾桂溪書與周慕陶書與高
滋園都轉書使人致書子杜小舫方伯旋得其復書
丙戌楊禮南學士来告行與鍾桂溪書
丁亥出拜客見蒯子範太守與潘伯寅侍郎書與孟蘭
艇監院書與楊子芳書
戊子陳小舫来[redacted]得子原書鍾桂溪来止之宿
己丑桂溪去與譚文卿太守書楊見山書使人致書子勒少
仲同年郎得其復書汪小樵封公翁来告行
庚寅與鍾桂溪書子原書
辛卯湯敬齋太常来與馮少渠書
壬辰出拜客見杜小舫方伯汪小樵封翁

廿九

癸巳與汪蓮府書李眉生廉訪来
甲午吕本南来戴列卿来得高雲㞢書
乙未郜步梅来汪子和来其莫雨
丙申倪載軒觀察寶璜来汪槐堂来侯峽山来得慕陶書
丁酉許子衡来出拜客見李眉生勒少仲兩廉訪吴平齋
得楊子考書
戊戌惲次山撫部来石芾南来爲大兒治疾李眉生勒少仲
兩廉訪俱贈墨汪[illegible]沚荷来
己亥石芾南来治大兒疾吴輔卿光祖来周仙甫葆昌来
仁甫言高鶴亭壽昌在上海製西洋活字版未
成誒其成則就之印書籍極便也
庚子譚君克仁来石芾南来治大兒及二女疾吴廣庵来得
彭復㞢書
辛丑管心梅慶祺来治次女疾得子原書
壬寅與李少荃伯相崇地山侍郎書與應敏齋觀察書與
汪子和書與子原書得子原十九日書與沈問梅大令書陶
升甫来使人于勒少仲李眉生兩廉訪吴平齋觀察得眉生
平齋復書
附記汪子和住上海大東門内中唐家衖
癸卯管心梅来治大兒疾
甲辰阮梅孫来治大兒疾得王康侯六月廿八日書得馮少渠
書吴平齋使人以書来
八月
乙巳阮梅孫嘉澍来治大兒疾徐誠庵来

丙午朱璞山偕阮梅孫来治大兒疾得杜小舫方伯書
丁未阮梅孫来治大兒疾得子原廿九日書與子原書懸弟頭
戊申阮梅孫来治大兒疾上湘鄉相公書與錢子密書與王
補帆親家康侯女婿書得杜小舫方伯書即復之
己酉出拜客見杜方伯勒廉訪潘季玉何子永得
應敏齋書上太恭人書與壬甫兄書與李自西書
庚戌與仲英書得張豫立少渠書阮梅孫来治大兒疾
辛亥出拜客見丁禹生中丞李眉生廉訪潘玉翁吳平翁
湯敏翁汪槐堂朱樸山槐堂言有薛杏園者精于醫
住藏家橋附記于此
壬子雨與李小荃中丞書周慕陶孟蘭艇兩監院書與李
眉生勒少仲兩廉訪書與子原書阮梅孫来治大兒次
女疾
癸丑勒少仲来潘玉泉来
甲寅
乙卯
丙辰出看醋庫巷屋不當意朱璞山来李壬叔来得子原
書阮梅孫来治大兒次女疾
丁巳得子原書吳文江来治阿龍疾
戊午是日余有疾
己未余疾未愈與子原書是日雨止
庚申杜小舫方伯勒少仲廉訪来朱璞山来阮梅孫来治大
兒次女疾與子原書
辛酉日加申與勒少仲廉訪同登湖州輪船如金陵

壬戌
癸亥至金陵與少仲同至顏料坊杜小舫之寓即宿其聽事之西
偏遂出拜客見曾滌生師相李雨庭方伯龐省三王曉蓮
桂薌亭三觀察涂朗軒太守陳作梅前輩錢子密同
年李小湖前輩是日涂太守来
甲子李雨亭方伯龐省三王曉蓮桂薌亭三觀察来戴子
高来趙惠甫来出拜客見曾師相錢子密周緩雲前輩
劉治卿太守又至書局見張嘯山唐端甫戴子高
乙丑鄭司馬興墳来出至節署見滌生師相師相極意款留
余惟菰蘆伏處蒲柳早衰未卜何時何地再得登堂
亦頗有臨別黯然之意然因久離杭州有虛講席且
欲送次女歸其家亦未可久稽因是以婉辭而出然依依之
意見于言詞矣遂至湖州輪船與王曉蓮勒少仲同回
蘇州因少仲有事遲遲不来比開船則洋鐘十點下矣
丙寅至蘇州亦洋鐘十下矣以一周時行六百里詢輪船
之迅疾也歸寓得厚齋舅氏書少雲書詁經監院書
丁卯出拜客見杜小舫方伯李薇生太守馮景庭前輩
戊辰雨李薇生太守来阮梅孫来治大兒次女疾
己巳沈康禾寶耕来
庚午蔡瑜卿来張少渠来馮培之芳植来閱定七月望課卷
寄詁經精舍監院榜示諸生是課于七月二十日行余
自吳下寄題課之
附記課題
周易履霜鄭讀履爲禮解　王曰又曰解　子見南

子章釋褐　食我駕知黑白賦以張華辨鮓師曠別薪為韻　賦得人来野鴨望船鳴得鳴字　孟皮配享崇聖祠記
删詩　改詩　補詩　鈔詩各七律一首不限韻
附記內課十六名
袁秉彝　吳承志　袁運犖　潘鴻　趙毓琛
許德裕　高人鳳　黃以周　祝桂榮　陳灝
許郊　李慶　丁正　吳恩藻　王汝霖
張緒昌

辛未與蔡厚齋舅氏書　阮梅孫来治大兒疾　俞勁亦来
壬申得王康侯女壻書　與康侯書　得李小荃中丞書　與杜小舫書　即得其復書　朱璞山来　沈康禾来　王璞臣来　宋柳門来
癸酉風雨　沈康禾来　錢乙生國祥来　去歲曾選其文入紫陽課藝　以有一日之知故来見　與勒少仲書　旋得其復書
甲戌晴　謝芹香来　止之宿
九月乙亥朔　杜小舫勒少仲来　芹香去　其葬少仲招飲　與孫子佩俱
丙子偕內子攜繡女登舟　如杭州　泊八尺
丁丑泊嘉興
戊寅泊石門　過孫子佩太守舟小坐
己卯泊王家莊
庚辰至杭州　許子原女壻来舟中　迎繡女以歸　遂與內子蕖眉輿至詁經精舍　晤孟蘭艇廣文　其莫雨　蘭艇餽酒食
辛巳陰　其莫雨　謝芹香来　使人致書楊石泉方伯
壬午陰　與紹棠書　使人于潘少梅許子原得紹棠書　內有王康侯書

癸未雨鍾桂溪来周鶴亭来

甲申使人致書于李小荃中丞與丁雨生中丞書閲定望課卷發監院校官楊示于門是課爲八月課余尚在蘇寄題至精舍

附記課題

詩亡然後春秋作論　匪紹匪遊解　郭注爾雅引孟子行或尼之說　橐橐考　朝經暮史晝子夜集賦以康節先生之言可法爲韻　賦得道遠知驥得知字　擬范少伯招文種游五湖書　擬張子房招韓淮陰從赤松子游書

附記内課十六名

黄以周　潘鴻　吳承志　袁建燊　汪春林
施補華　孫瑛　趙毓琛　衛梓材　陳建常
戴果恆　祝桂榮　袁秉彝　許郊　沈贊元
丁正　吳思藻　沈鼎

乙酉與内子乘小舟游湖心亭進錦帶橋至孤山復出西泠橋進跨虹橋至岳王墳而歸

丙戌晴與紹萊書

丁亥内子入城如許氏薄莫而歸馮景庭前輩沈問梅大令及馮培之孝廉来

戊子入城拜客見李小荃中丞高滋園馮介安兩都轉譚文卿廉訪劉聽襄前輩吴曉帆觀察孫紫佩太守孟蘭艇廣文陶晴初大令

己丑黄元同施均父潘儀父来孟蘭艇来得潘少梅書姚少京書周少雲書得王甫兄七月十七日書是日潘儀父

之夫人来見内子于湖樓
庚寅入城拜客見吳仲雲前輩 許信臣前輩 潘少梅
周鶴亭 林聽孫觀察 陳雪廬年丈世鎔芝巖又至署局
見同事諸子 是日楊石泉方伯招飲 與者鄭酒船庶常
陳伯敏太守 許 太守梁紹莱書
辛卯潘少梅周幼雲来 是日内子招許八夫人作湖舫之
游
壬辰李小荃中丞来 陳雪廬丈来 高呈甫来 周鶴亭来
癸巳謝芹香来 鄭庶常嵩齡来 王叔雅明府彬来 得紹莱十
四日書 使人致書于楊石泉方伯 高滋園都轉 得子高書
甲午 行本月望課 入城拜客 見秦澹如觀察緗業 濮少
霞觀察 潘少梅 周鶴亭 又至書局 見諸同人 至珠寶
巷 諸投卷小吟巷看屋三所 是日許信臣撫部招
食魚生粥 與者陳雪廬丈 吳仲雲前輩 [redacted] 朱
益香 高古民 皆須眉皓然 余參其間 深自媿矣
得吳長祿寄来諸子平議槀本一卷
附記課題
何以舟之解 夷逸朱張解 十一月徒杠成十二月輿梁成攷
易論 詩論 霜賦以青女乃出以降霜雪爲韻
賦得粥美嘗新米得新字 賦得袍溫換故綿得溫
字 續刻皇清經解議 擬詁經精舍三集序
乙未謝芹香来 曹君墉来 高古民来 周慕陶鶴庭幼雲篤
甫来 與紹莱書 并寄諸子平議一卷與子民 吳長六
丙申 孫紫佩太守来 鍾桂溪来 是日許信臣 沈研農 劉聽

廿二

湘三前輩吳曉帆濮少霞餞譚文卿于西湖遂偕來

丁酉雨鍾桂溪來張玉珊來得紹萊十九日書

戊戌得王甫八月廿七日書

己亥吳蓉圃太史來蔡瑶圃庶常以璘來謝芹香來

庚子雨得李少荃節相六月初四日德州大營書

辛丑雨靄影弟頭

壬寅關瑞生來

癸卯與內子乘肩輿至天竺靈隱一游風日晴和流覽山光水色殊有勝致譚仲修張子虞王松溪許子社潘鳳洲來得張少渠書沈吟湖撫辰書吟湖未知何人自稱年家子當是響泉同年之子其弟字芸閣以新進士作令江右者也因四明有郭晚香孝廉求余賓萌外集故以書來是日閲定望課卷發監院校官榜示于門

附記內課十八名

王蘭　吳承志　潘鴻　許誦禾　王麟書
黃以周　黃宗業　孫瑛　袁建孳　戴果恆
趙銘　高人鳳　朱鏡清　陳灝　朱芾
俞鍾琪　丁立誠　許郊

十月

甲辰陸存齋觀察來袁星薌建孳吳泮香思藻來子原來得紹萊二十四日書

乙巳雨得紹萊廿六日書嵇文侯書杜小舫方伯書

丙午

丁未雨止入城拜客見楊見山陸存齋王清如前輩兼看

金衙莊之屋甚佳，是日濮少霞招飲，與紹棠書
戊寅 雨，使人于陸存齋得其復書，言有同鄉倪博
山往運司河下顧司馬鍾僑所，其人意中有佳屋數
區，當往訪之也。周慕陶至自亭子村　以下日辰誤
附記 陸存齋乃廣東高廉道，住湖州城中花樓橋
己卯 馮都轉行精舍課，不自來，周孟兩監院以雨具酒
食餉余于湖樓，與倪博山霖生書，李少枚大令是書，得
紹棠初三日書，丁禹生中丞書
庚辰 范兄茂來
辛巳 上太恭人書，與王甫兄書，附去荀脯，與李自西書，与
李少枚書
壬午 得李少枚書
癸未 晴，與陸存齋書，應敏齋書，楊子芳書
甲申 得張少渠書，潘少梅來
乙酉
丙戌 與紹棠書，張少渠書，姚少泉來，周少雲、幼雲來，均
止宿于諧舍，趙桐生銘來，述楊石泉方伯之意，為余刻
詩，并以寫定樣本見示，倪博山霖生來，言有吳[胡]司馬
之屋甚佳
丁亥 入城拜客，見李筱泉中丞、楊石泉方伯、潘少梅親家，與
少梅至書局，見許子社、張子虞、王松溪、陳藍洲、汪雅
潘儀甫，因飯于局中，飯後與少梅、子社、子虞至胡存齋司
馬處看屋，比還寓日曛黃矣，知汪瘦梅來待，終日不見
而去，內子見馬得蓮府書，是日周少雲、又雲去

戊子使人入城與李中丞書　張子虞書　汪瘦梅来　許子衡子原来
己丑與楊石泉方伯書　與杜蓮衢侍郎同年書　繡孫来　是日偕内子繡女坐小舟游孤山并至岳王墓　得紹棠書　得王清如前輩書
庚寅少泉去　得馬穀山制府書　胡子繼培糸来　以其從父春喬先生秉虔所著卦本圖攷　尚書序録　古韵論　説文管見　廿州成仁録見示
辛卯雨
壬辰得嵇文任書
癸巳晴　與紹棠書　得陸存齋書　惲少薇彦璋舍人来　是日行本月望課
附記課題
副笄六珈解　辰在子卯謂之疾日解　五兵考
陳灝禮記集説糾謬　書論　禮論
小言賦　賦得汀樹青紅初著霜　得初字　子午泉　不限體韵
陳仲子自於陵歸述懷　馮婦車中解嘲
齊王亡臣將之楚游留別其友　齊人至東郭墦閒書述所見
以上四題各七律一首
甲午許子原女壻来迎繡女以歸
乙未招惲次薇舍人汪瘦梅工部及瘦梅之弟符卿及慕陶飲于謂舍　遂步至岳王墓一游　得紹棠十九日書　内有九月九日至康侯女壻書
丙申與慕陶瘦梅步至蘇公祠　遂至孤山小坐而歸　瘦梅

去與張子虞孝廉書 與陳伯敏太守書 得倪博山書
劉冰如廉訪齊衙来
丁酉
戊戌得紹菜二十日書 許子社書 與紹菜書
己亥潘儀父施均父来 周少雲来
庚子雨 與李少荃協揆書 與少梅蘭艇書 得少泉書 得紹
菜廿四日書
辛丑陰 得紹菜廿三日書 是日閱定望課卷發臨院
校官楊示于門
附記内課十八名
潘鴻　施補華　王蘭　吳承志　王汝霖　許德裕
王麟書　戴果恆　丁正　吳思藻　袁建攀　許郊
林真　汪春林　陳灝　黃官業　沈鼎　袁重爽
壬寅晴 得馮介安都轉書 即復之 子原来 得汪甫兄九月廿日
書
癸卯得陸存齋書
十一月
甲辰上太恭人書 與王甫兄書 與陸存齋觀察書 與孟蘭艇
書 汪謝城書 潘少梅 周幼雲来 王魯風来
乙巳
丙午沈祖香玉林 琢香玉林兩廣文来 得其尊甫省岩廣文書
陳伯敏太守魯来 與王補帆親家 康侯女婿書 與陸存齋
書
丁未入城拜客 見劉冰如廉訪 馮介安 高滋園兩都轉 王靖如

前輩吴曉帆潘少梅得姚少泉書
戊午周慕陶孟蘭艇来謝芹香来
己未高滋園都轉餽食物
庚申馮介庵都轉来沈祖香来胡子繼来得應敬齋觀察書
辛酉沈祖香来得紹莱初三日書并食物是日雨得喬鶴儕中丞書王曉蓮觀察書
壬戌晴許八太夫人六十生日往賀之見馬并見信臣前輩與
濮少霞吴曉帆同飯雨檝又至書局見陳蘭洲黄元
同潘儀甫沈子蒙遂至小粉牆看屋又拜客見李小荃
中丞潘少梅與姚少泉書得沈研香書陸存齋書
癸亥雨上太恭人書附去鱔餅鳥腊與紹莱書林聽孫觀
察来孟蘭艇来　以上日辰俱誤書
甲申許子衡来袁孝寧秉彝来言湖人丁月湖紹慶精于校
勘之學是日内子入城祝許八夫人壽
乙酉内子自城中歸金少蓮来得王甫兄十月十四日書得嵇又任
書與慕陶書與吴曉帆書得楊石泉方伯書即復之
與馮介安都轉書是日頒行本月朔望課
附課題
成王若曰解　下武維周解　豐豊二字說　言古音諸家
分別部類異同考　以冬至爲長至辨誤
九九消寒圖賦以冬至日畫素梅一枝爲韵　賦得蹲鴟
得鴟字　擬尤西堂五九枝譚不拘數則　銷寒四詠
負暄圍爐擁裘銜杯
丙戌雨薛慰農来許八夫人来見内子于湖樓
丁亥　太恭人書與王甫兄書與楊石泉方伯書旋得其復書

與紹萊書
戊子雨雪與周慕陶書與張少渠書姚少泉来得慕陶書
己丑晴寒甚金少蓮去與壬甫兄書附去茶葉與筆
庚寅繡女来
辛卯少泉去與慕陶書曹葛民来
壬辰入城拜客見楊石泉方伯陳伯敏太守許信臣前輩潘少
梅又至慶福綢莊見顧徐二君德馨錢莊見魏君與王補帆
書與陸存齋書附去洋泉二百子原来
癸巳繡女去
甲午入城拜客見馮介安都轉吳曉帆觀察潘少梅周慕陶
又至德馨錢店見蔡烺亭孟蘭艇来
乙未偕内子登舟還蘇州泊唐西與紹萊書
丙申至德清泊南埭展　先曾祖　先祖之墓見族中諸兄諸子
丁酉移舟入城易小舟至金鵞山展　先府君墓入城見秪又
任蔡桂生兩表弟又任来趙子琴少府貽珩来蔡厚齋畢来
戊戌泊石門
己亥泊嘉興
庚子暮至蘇州回寓已上燈矣得杜小舫方伯書
辛丑汪瘦槑来朱璞山来汪植甫来治大兒疾
壬寅高雲山来汪瘦槑来出拜客見丁禹生中丞杜小舫方伯潘玉泉翁
與孟蘭艇書是日閱定學課卷寄監院楊示與陸存
齋書
附記内課十八名
趙銘　吳承志

廿五

癸卯雨得陸存齋書鄧蓉閣来汪瘦槑来汪植甫来治大兒疾

十二月

甲辰雨杜小舫方伯勒少仲廉訪来

乙巳吴庶常寶恕来李眉生吴平齋来得應敏齋書吴庶常字子實

丙午出拜客見李眉生廉訪莫子偲并至馬醫科巷看潘氏之屋得戴子高書劉叔俛書并釋穀四卷得子原書與子原書與應敏齋觀察書

丁未丁禹生中丞来潘玉小羽来陶柳門甄来張少渠来吴廣庵来侯峽山来得戴子高十一月廿五日書得蒯子範刺史書

戊申雨吴清卿庶常大澂来得莫慕陶書

己酉

庚戌雨莫子偲来與楓戍兄書與子原書

辛亥劉荇生来徐純庵来

壬子雨出拜客見何子永是日潘玉洤吴平齋招飲與者梁敬叔秦澹如觀察莫子偲孝廉

癸丑勒少仲廉訪来

甲子雨

乙丑雨何子永来得孟蘭艇書汪謝城書與楊見山書

丙寅得嵇又任書得蒯子範太守書即復之

丁卯出拜客見朱璞山陶柳門與孟蘭艇書與潘少梅書姚少泉書柳門来周貢甫来得康侯女婿十月十一月兩書

是日璞山言有王君吉元字芸謁臣住富郎中巷能以女

灸心內愈癡疾余欲爲二兒求之記于此
戊辰勤少仲廉訪来楊敵齋来得壬甫兄十二月四日書從老
福潤信局来　謝信局在閶門外吊橋下可寄回信又或寄上海
　蔚長厚匯兑局轉寄福建本局倭君季脩
　張友山方伯兆棟来
己巳雨得馮介安都轉書招又任書與又任書
庚午雨與子原書
辛未雨上　太恭人書與壬甫兄書陶柳門来李蘅生太守
来部實孚庶常積誠来吳曉帆寄贈馬氏繹史
壬申雨與李少荃相公書杜筱舫觀察来
癸酉雨得楊見山書
甲戌晴是日潘文恭相國生日已一百歲矣其家稱慶如生存時
　余往拜遂拜客見張友山方伯杜小舫觀察吳縣汪耕餘大
　令福安来與喬鶴儕中丞書
乙亥雨陶柳門来得李少荃相國書與馬穀山制府書孫琴西書
丙子雨楊鼎亭来
丁丑晴
戊寅倪博山来朱璞山来勤少仲廉訪来得姚少泉書
己卯劉咏疇庶常廷枚来得汪瘦綵書
庚辰錢伯聲太守鄉鉌来沈韻初来
辛巳錢元之来顧子厚来出拜客見勤少仲同年莫子偲是日祀
　神
壬午懸　先高祖明遠公以下畫象設祭行禮是歲余行年
四十有八始抱孫焉諸子平議刻成者六卷然以故里無家

故雖主講浙中而仍寄孥吴下初擬覓屋武林為移居之計而迄無所就余其遂為吴下阿蒙乎　太恭人春秋高余久曠定省而為家室之累不克至閩省視中夜思之不勝轉展矣

同治八年歲陽在屠維麻書作祝犂歲
陰在大荒落麻書作大芒落天官書作大荒駱
正月大盡　修陬亦作聚　癸酉朔
二月大盡　圉如　癸卯朔
三月大盡　厲寎亦作窉　癸酉朔
四月小盡　則余　癸卯朔
五月小盡　窒皋亦作高　壬申朔
六月大盡　塞且　辛丑朔
七月小盡　終相　辛未朔
八月小盡　極壯　庚子朔
九月大盡　畢玄　己巳朔
十月小盡　橘陽亦作[illegible]　己亥朔
十一月大盡　修辜　戊辰朔
十二月小盡　圉涂亦作荼　戊戌朔

正月

癸酉雨

甲戌雨旋霽邵步梅燮元王竹孫生鏞来客来不見不書從上年例也

乙亥蔡芸軒来

丙子出拜客見張友山方伯勤少仲廉訪李薇生太守蔣香生比部鳳藻其餘不見則不書亦上年例也與李小荃中丞書楊石泉方伯書

丁丑顏珊枚来陸博泉的来陳子莊其元来是日予　先高祖以下畫象前設祭行禮禮畢敬撤

戊寅勤少仲同年来張少渠来俞劼叔来與許信臣前輩書子原姪壻書潘少梅書書局同人書

己卯雨

庚辰晴出拜客見丁禹生中丞吳平齋潘子浚

辛巳出拜客不見一人邵步梅招飲與者皆非所識故不書

壬午馮林一前輩来馮聽濤来吳平齋觀察来鄒蓉閣来

癸未管心梅来得子原初六日書

甲申出拜客見杜小舫觀察王謌臣吉元

乙酉朱平州来吳仲英来朱璞山来王謌臣来治二兒疾得潘少梅書與應敏齋書與郭月長書

丙戌朱璞山来

丁亥潘子浚来金眉生来潘玉泉来俞劼叔来得孟蘭艇書

戊子唐鶚安来王謌臣来治兩兒病出拜客見唐鶚安是日勤

少仲廉訪招飲與者吳清卿潘芝岑吳廣庵
己丑馮聽濤來得慕陶書少雲書姚雪峯書得王康侯女壻
十二月十七日書
庚寅陶柳門來高雲山來與許子原書孟蘭艇書周慕陶
書家晚林兄書
辛卯王譜臣來治兩兒疾得李筱泉中丞書許信臣前輩書
壬辰雨馮少渠來是日勸少仲同年延陶柳門孝廉課其子余所薦
也欵與同飲于少仲所與者馮聽濤補之兩生亦執贄于柳門與
馬穀山制府書與許信臣前輩書吳曉帆觀察書許子原
女壻書得子原書
癸巳朱采蘩來趙惠甫來
甲午王譜臣來治內子及兩兒疾
乙未周緩雲前輩來俞勁未來是日丁禹生中丞招飲
遂觀其親兵操演復登高閣眺望與者周緩雲何子永又有
二客非所習故不書得應敏齋書
丙申晴出拜客見潘季玉朱樸山與李筱泉中丞書許子原書
丁酉潘子淡來朱璞山來得鍾桂溪書吳曉帆書
戊戌出拜客至接駕橋震康泉店見倪君又至書局見劉茆孫
與周慕陶書閻瑞生書鍾桂溪書其莫雨始雷
己亥得子原伉儷書
庚子出拜客見潘玉泉吳平齋
辛丑與孟蘭艇書汪謝城書
壬寅蔡瑜卿來王譜臣來治大兒疾得嵇又任書
二月

癸卯得芝甫兄五月廿四日書與慕陶書朱璞山来是莫雨

甲辰得楊石泉方伯書得張少渠書是日薄莫廳中大門為
人竊去

乙巳朱璞山来

丙午雨以莊子平議三卷付刻工吴長禄開雕是日吴縣来作門

丁未雨出拜客見莫子偲

戊申陶柳門来潘芝岑来王逸雲士杓来

己酉雨

庚戌晴步至馮景庭前輩處小坐而回沈韵初贈漢石刻五種
與伯蘭表姊書

辛亥王逸雲来為孫男阿龍孫女阿牛種痘

壬子杜小舫来

癸丑王謂臣来治内子及大兒疾以諸子平議一卷付刻工陶升甫
開雕

甲寅吴廣庵来甚雨竟日

乙卯王謂臣来治内子疾風雨竟日甚寒

丙辰晴朱璞山来得李小荃中丞書得王康侯女壻書武
懿堂子德送来　附記武子德住皋橋東包衙前街内日昇昌
是日與周慕陶書

丁巳出拜客見丁禹生撫部李薇生太守朱璞山司馬王謂臣
明府得子原十三日書陶柳門来

戊午與杜小舫觀察書朱璞山来與康侯書

己未王逸雲来江花卿来

庚申潘玉泉来李薇生太守来王謂臣来張少渠来

辛酉潘子浚来
壬戌勒少仲来高雲山来王譜臣来王逸雲来夏子松来
癸亥
甲子勒少仲来馮聽濤来王譜臣来
乙丑得子原與紹萊書繡孫書出拜客見應敏齋方伯許勛
臣軍門保清夏子松王譜臣
丙寅張友山中丞来應敏齋方伯来王譜臣来張少渠来吴仲英
来
丁卯朱璞山来
戊辰上太恭人書與王甫兄書其莫雨
己巳得子原佑儷書許八夫人與內子書得杜小舫書
庚午王譜臣来
辛未雨朱璞山来
壬申
三月
癸酉唐鶚安来朱璞山来王吉元譜臣来內子及大兒婦皆
請其切脈處方余[illegible]有疾亦治焉得樊芾林兵部書知
樊親家翁于上年五月謝世
甲戌登舟如杭州余疾未愈以藥物自隨焉泊八尺
乙亥晨起過平望又行九里至周家溪打頭風大作遂
泊日加申風益盛舟中悶坐極無味也
丙子泊練市其莫雷雨
丁丑晴過新市小泊鍾桂溪来晤談而去泊唐西與家楓成
兄書與內子書其莫雨

戊寅至杭州易小舟至松木場遂坐肩輿至精舍適彭雪琴侍郎借廣湖樓余遂館于監院孟蘭艇之室見周慕陶及又雲得李少荃使相書 姚少泉書 鍾桂溪書 汪補笙書 沈硯香書

己卯使人入城致書于李筱泉中丞及潘少梅許子原與内子書 孟蘭艇来 范允茂甥来

庚辰入城拜客見李筱泉中丞 如冠山廉訪 王清如太守 潘少梅 許子衡遂至書局見諸同人是日飯于許氏與繡女偕 飯後至中丞處適湯敔齋太常在焉 中丞留與同飯 比歸廣已上燈矣 始晴 繼而大風雨 與彭雪琴侍郎往返俱見

辛巳晴 彭雪琴侍郎招同李筱泉中丞飲于湖樓 汪子平孝廉珍檻来 吳泮香思藻来

壬午補行二月望課諸生畢至来見者衆不一 書彭雪公羽来坐談良久而去 劉浗如方伯 如冠九廉訪 方子穎 觀察鼎銳偕来

附記課題

儀禮諸公考　爾雅注引尚書文與今本異同考

古象刑說　季孫曰異哉子叔疑解

吹笛止雨賦以穆王吹笛其雨遂止為韻　賦得八分煙水二分人得湖字　元大德年杭州路儒學所鑄文廟編鐘歌　香市歌

擬重建平湖秋月上梁文

癸未彭雪岑侍郎来 胡子繼来 徐古香桂芬来 吳清卿庶常来 潘少梅来 許子原女婿来 得馬穀山制府書

甲申入城拜客見吳仲雲前輩 許信臣前輩 許八夫人 張仲

甫孝廉劉聽襄前輩劉冰如方伯陳明府鍾英遂至
城隍山一游復拜客見方子穎觀察孫子佩太守至筱
泉中丞處飯與者方觀察張吏部遂宿于節署見陳
卓人前輩
乙酉飯于中丞處與者陳卓人前輩遂肩輿出湧金門
浮于西湖歸精舍得紹莱初六日十一日書得汪瘦梅水部
二月十五日書得王補帆親家十二月朔書又一書無月日許信臣
前輩来高呈甫人驥来繡女来薄暮塗登樓與雪岑侍郎小
坐
丙戌入城拜客見馮介安都轉又至輔仁堂見韓東餘爲余処
方遂至四閘別墅赴吳曉帆觀察之招與者吳清卿庶
常秦澹如觀察周覽其泉石花木之勝即所謂金衙
莊也余去歲欲得之已有成說而卒不果惜哉飯畢至
許氏見繡女又至潘少梅處小坐遂出城而歸
丁亥坐小舟至崇文書院見周縵雲前輩歸而雪岑
侍郎招飲即與縵雲偕沈念農前輩来吳清卿庶
常来許蘭伯太守季蓉明府来鍾桂溪来秙又任来
許子原壻及子衡来潘少梅及鳳洲来張子虞来得
姚少泉書周少雲書吳則之明府来
戊子徐古香来劉聽襄前輩来馮介安觀察来秙又任来許子
原壻来彭雪琴侍郎招喫蒓菜侍郎從南山泛舟歸適見
采蒓菜者遂命從者擷取之此真西湖蒓也若城中所賣
者則皆自越中来耳與陸存齋書與李筱泉中丞書與
吳曉帆書與紹莱書其莫雨

己丑乘肩輿至馬頭登舟還蘇州泊唐西始晴繼雨
庚寅晴泊雙橋距嘉興四十五里
辛卯帆風而行泊八尺是日閱定望課卷
附記内課十六名
潘鴻　袁秉彝　趙銘　吳承志　黃以周　施補華
徐鑾　王麟書　許郊　徐泰然　丁正　朱文炳
江珍極　吳思藻　程咸焯　孫瑛　鈕亮　沈贊元
壬辰日加午還蘇廨與杜小舫觀察書寄望課卷與詁經監院
癸巳與子原書與潘少梅周慕陶書姚少泉書
甲午陶柳門来
乙未
丙申與吳曉帆觀察書孟蘭艇監院書
丁酉至白善橋瞻禮觀世音菩薩并至馬醫科巷周觀新廨
遂拜客見潘玉翁應敏齋方伯来朱璞山来陶升甫来
戊戌與彭雪琴侍郎書與孟蘭艇監院書與馬穀山制府書與
程燕謀廣文書胡鳴盛来為余及内子大兒婦處方而去
附記胡鳴盛住常州西瀛里施家巷
己亥張少渠来得王諺臣書得子原與紹莱書手民吳長
祿来
庚子馮少渠来與王諺臣書并暮春雨
辛丑雨得潘少梅書與少楠書勒少仲廉訪来徐誠庵来程燕謀来
壬寅晴
四月
癸卯許子原女壻来詁經精舍寄到三月望課卷

一四

甲辰朱璞山来陸鍾山来應敏齋以畢刻續通鑑見贈
乙巳出拜客見應敏齋方伯吴平齋觀察萬清軒處士又見伯
英甥女朱璞山来程燕謀来上 太恭人書與王甫兄書附去茶葉
託應敏齋轉託豐興
丙午至馬醫科觀新廡是日與潘玉泉觀察典定馬醫巷之屋
其地在吴邑北正三圖凡平屋樓房二十七間過道披箱九處用
錢一千千以七年為率潘芝岑来沈韵初来得彭雪琴侍郎
書得杜小舫觀察書得孟蘭艇書
丁未得俞蔭甫書
戊申偕子原坐小舟至馬醫科觀新廡適胡仁齋司馬来
遂與小坐而別得繡孫書
己酉移廡馬醫科新廡潘玉泉来朱璞山来劉芬孫来馮
聽濤来餘賀客不見不悉書得陳槐庭鍾英書其
算雨
庚戌 先府君忌日設祭行禮
辛亥出拜客見張友山護院勒少仲廉訪萬清軒處士朱璞山司
馬張少渠及伯英甥女得周慕陶書
壬子萬清軒處士来閔小圃司馬来
癸丑朱璞山来陶柳門来
甲寅應敏齋同年来得潘少梅書得繡孫書是日閱定
三月望課卷寄詁經精舍監院并附去本月望課題
與潘少梅書
附記內課十六名
王蘭　袁秉彝　吴承志　許郊　馮祖洛　施補華

王麟書　徐鑾　沈豫　戴果恒　龔啟芝　陳濬
丁正　周金組　丁立誠　江珍楹　沈晉蕃　查光華
乙卯
丙辰出拜客見應敏齋方伯惲次山撫部湯敏齋太常李薇
生太守是日張友山護院来
丁巳與杜筱舫觀察書俞勁未書
戊午李薇生太守来具萁雨得吴曉帆書
己未登舟如杭州泊吴江
庚申泊嘉興是日過平望有賣餅家甚美
附記平望賣餅家在後溪街姚家衖内名曰會豐凡一餅值泉三
辛酉泊石門
壬戌過唐西與內子書泊王家莊是日始晴繼而雨
癸亥大風雷雨至詁經精舍余每至杭州輒遇風雨不免為
御叔所笑矣
甲子晴出拜客見李筱泉中丞劉泳如方伯如冠九廉訪
媯介安觀察王清如太守陳伯敏太守許信臣前輩許
八夫人又至書局見諸同人是日飯于許氏與繡女偕
乙丑渡江[redacted]如紹興
丙寅至紹興登岸見沈肖岩廣文飯于其寓与汪謝
城偕詣薄暮與沈祖香還舟如上虞是日晴雨半
丁卯遲明命田廾先至樣浦奉移舅母黃孺人之柩余與祖
香[redacted]度曹娥江[redacted]至梁河乘脚划小舟至上虞住沈肖岩廣
文之署齋遂至長者山展舅氏平泉姚公之墓招堪輿家
鍾部察同往相度遂拜客見王友山大令嘉銓其幕賓田

廿五至得王濟川書言黃孺人之柩不可遷遂議收其骨以
附葬舅氏之墓復命田升至槎浦
己巳田升奉黃孺人之骨匣而盛之以歸遂祔葬于長者山
舅氏之塋先是吾舅母卒于同治之元時其家避兵槎
浦艸艸棺斂之舁置于野歲久朽壞有虞振世者上虞
老諸生也用越中法以石五片蓋之而累土焉至是命
田升往視則在叢葬之所且地窪下易積水故決計
議遷而舅氏之墳亦久矣未敢輕動遂于其前別築
小墳并各立石識之余遂致祭而還有王濟川者名福
田余舊與善此役與有力焉并與偕来遂留之宿

附記

舅氏墳在上虞西南門內長者山地名一蘭亭坤山艮向
立石云上虞教諭平泉姚公之墓舅母墳即在其側立石云
教諭姚公之配黃孺人墓如姚氏子孫欲往祭掃則至山下
問陳天貴其子一桂即知之其人所居曰狀元府不知何以得斯名也

庚午與沈祖香廣文登舟渡曹娥江即周覽于曹娥廟正殿
祀曹娥後殿祀其父母旁則土穀祠焉漢碑久無存
明人以真書錄其文刻石我朝嘉慶間阮文達撫吾
浙[redacted]錢泳又以隸書書之文達為刻石粵賊之亂以礮火
毀其祠而不得[redacted]祖香并言三月廿六日相傳孝
女生日海中必有一異物涌出或魚或鰕鰕或有大數尺者人取
以祀神祀畢仍投之江中然則孝女之靈至今猶未泯矣
游覽後易舟至紹興祖香辭去余登岸見沈尚嵒嚴

小坐而歸
辛未晴乘舟至大禹陵觀岣嶁碑及窆石周覽廟宇其旁有
禹寺寺有唐開成五年往生碑其文云唐開成五年歲次庚申
皇帝昇極是歲夏五月會稽禹寺請玄英法師講金剛
經于餘姚平原精舍會次募一千二百五十人結九品往生社
英公學我真教揭其遺蹤施有等差階陳九品旁求貞
石書其姓字云云其下列第一品至第九品人姓名男女均有
之此碑道光二十年寺僧鉏地所得紹興府徐鐵孫太守
榮命其子同善置趺承之移樹殿中并為之考云唐文宗
以開成五年崩是月武宗即位所云皇帝昇極謂武宗
也武宗會昌五年詔毀佛寺此碑以禹故當不毀或社中九
品人懼禍埋之云余觀此碑字體完好而筆意古茂遇唐
諱皆缺筆自來言金石家多未著錄故誌其大略于此行
當為詩以張之也游畢乘竹兜至南鎮直登其巔至所謂
香鑪峯者地極危峻而所望空闊無際上奉觀音題曰
南天竺前有兩巨石中通一綫天然三門亦奇景也又登舟至
蘭亭[redacted]甫修葺未竟
五月
壬申渡江還杭州精舍得嵇又任三月書得壬甫兄四月九
日書
癸酉與內子書與嵇又任書使人于子原與之書得紹萊
十八日二十四日書得馬穀山制府書使人于高滋園都
轉與之書
甲戌雨子原來孟蘭艇來
乙亥雨旋霽是日閱定望課卷發監院校官榜示于

門

附記課題

天子夾振解　居不客解　旅獒釋　春秋二百四十年歲

星雨次超辰考　新絲賦　賦得荷新鈿扇圓得荷字

鰣魚不限體韻　江南浙江湖北合刻二十四史章程

用西法製造活字版議

附記內課十八名

吳承志　潘鴻　施補華　衛梓林　袁秉彝　許郊

黃煜　王麟書　丁立誠　徐鑾　趙銘　陳豪

許德裕　徐琪　沈晉蕃　龔啟芝　吳恩藻　許韋燕

丙子雨孟蘭艇監院來與飲于湖樓是日五月五日也

丁丑雨朱笏山太守來其夜雨特甚或云有蛟出自山中

戊寅雨旋霽仍大風與內子書得張少渠書

己卯晴如冠九廉訪來周少雲子鴻潘儀甫來吳洋香來

庚辰楊頤舲將三來潘少梅來許玉農來吳蓉圃來高呈甫談仲修來

辛巳入城拜客見高滋園都轉濮少霞觀察是日書局諸君

觴余及王清如前輩吳蓉圃太史于四關別墅已而又至許

氏見八太夫人子原壻繡孫女得紹棠書

壬午李筱泉中丞使人以書來附來李少荃相公書得曾

樞元中丞書與筱泉中丞書附去與彭雪琴侍郎書先

是四月甲子余與于湆佑橋舟次見雪琴侍郎并託寄彭

麗山松書具日失記附記于此俾有考焉此變之例也趙桐孫

來

癸未乘肩輿至理安（寺有法雨泉清瑩可愛中有泉龍甚小而異五爪）山色頗佳復由理安至雲棲惜輿夫

憚于登陟取道江干往返皆然稍減意味矣即飯于雲
棲寺僧出董香光所書金剛經墨蹟并敬觀
高宗御題[redacted]又觀[redacted]蓮池和尚所篆法寶遂至塔院觀蓮池
瘞骨之塔又山下有太素錦庵主之塔乃[redacted]
[redacted]其妻也雲棲脩篁夾道頗有致寺僧言從前彌望皆
綠不見日色今已濯濯矣已而又至虎跑泉寺盡地泉故無
恙東坡詩所云亮移泉眼趁行腳者尚刻石泉上歸途復至
鳳林寺時新築薛廬三楹未畢工日晡日李中丞使人以書
来薛慰農来

甲申使人于李筱泉中丞如冠九廉訪胡存齋司馬吴則之
大令許子原女壻皆與之書得廉訪司馬及子原回書
與王補帆方伯書康侯女壻書得紹菜書有壬甫兄四月二
十四日書

乙酉得慕陶書許子舒之駗来王醉鄉蘭来是日繡女来飯于
湖樓薄暮而去

丙戌乘扁舟至錢王祠觀東坡表忠觀碑止存二石在東廡其西廡四
石兩面刻之則明人補書也復游靜慈觀雷峯塔因又舟至花港
觀魚步行至于少保墓歸舟又至三潭印月及湖心亭

丁亥王清如前輩来得沈祖香書與沈甫嵒嚴書招吴則之紹正
李理臣寬吴津香思藻及子原壻飲于湖樓是日雨得姚少
泉書

戊子雨竟日得紹菜書與紹菜書

己丑仍雨是日閲定塾課卷發監院校官稿示于門是課
因學使者將来科試故于十二日預行之

四

課題
坤艮兑三卦皆有虎象説　未知焉得仁解　姑之子爲甥
舅之子爲甥妻之昆弟爲甥姊妹之夫爲甥解　笑字形聲考
夏五賦以吾猶及史之闕文也爲韻　賦得散花灘上作樓居得
灘字　西湖採蒓詞　會稽禹寺唐開成五年往生碑歌
内課十八名
王麟書　黄以周　趙銘　施補華　潘鴻　鈕亮
許郊　江珍楹　吴承志　徐泰然　吴思藻　袁振蟾
周昌期　丁正　沈晉蕃　沈贊元　徐琪　張行孚
庚寅劉冰如方伯來是日秦淡如觀察招至湖舫小聚于三潭
印月遇大雨歸而雨益大及夜不止吴洋香江子平均來見
與孟蘭艇書
辛卯大雨竟日鬀頭
壬辰晴
癸巳入城拜客見李筱泉中丞劉冰如方伯如冠九廉訪薛
（秦淡如觀察）
慰農秦淡如兩觀察陳槐庭大令鍾英遂飯于書局
見梅均甫黄元同袁爽秋又至横河橋許氏見信臣前輩
繡女亦出見焉得宗湘文觀察源瀚書并以三老碑及杭城
坊巷圖贈與黔撫曾樞元同年書
甲午雨又作竟日不止得李筱泉中丞書且贈筆得胡仁齋
司馬寶晉書陳槐庭大令書與孫琴西同年書戴子
高書
乙未仍雨入城見胡仁齋司馬擬看九曲巷屋不果而返錫都
轉子受前輩來許信臣前輩來子原女壻來得姚少

40

泉書與周慕陶書

丙申雨旋霽

丁酉晴出武林門登舟還蘇州泊唐栖

戊戌雨泊雙橋

己亥雨泊王江涇

庚子小雨泊吳江之夾浦橋

六月

辛丑雨還蘇州

壬寅雨張少蕖来

癸卯晴内子生日也今歲行年五十矣先一日于内堂小為排當命

兒輩稱觴是日李薇生太守朱璞山司馬徐誠菴大令蘇紫垣

大令吳廣菴刺史潘季玉觀察楊綬臣太守皆来賀張少蕖

周伯英伉儷俱至初意家庭稱慶不聞于外而来賀者頗有

人因觴之于便坐天氣新晴笙歌小作亦一樂也

甲辰韓思忠来乃厚庵師之猶子也思忠字俊臣

乙巳韓俊臣来餽之贐且上厚庵師書出拜客見丁禹生撫部

張友山方伯勒少仲觀察吳平齋觀察并見張少蕖又于少蕖

所見黃淵圃刺史乃甲辰同年名選庚戌同年名統兩君

之猶子紹棠至南皮曾主其家與丁紫垣書曰平

齋言有陳稽亭明紀六十卷起自洪武訖于桂王如資

治通鑑之例敘述詳明擬以告丁中丞刻之書局

丙午丁雨生中丞来得沈蘭舫燦書得王康侯女壻五月十

五日書上太恭人書與玉甫兄書薛杏園来為外弟婦錢治疾

丁未洪文卿殿撰鈞来丁雨生中丞餽荔枝

戊申張梟刺史文照来陸連鍾山来朱璞山来
己酉出拜客見惲次山撫部
庚戌惲撫部来李眉生廉訪来
辛亥出弔吳太夫人之喪遂拜客見何子永舍人
壬子與杜小舫觀察書與孟蘭艇書與潘少梅書與許子原書吳文江来爲外弟婦錢氏治疾
癸丑與如冠九前輩書得子原書與子原書
甲寅得潘少梅書得徐薇垣書
乙卯與楊石泉方伯書與少梅書汪炳齋来是夜月有食之
丙辰得周慕陶書高呈甫書是日日加午外弟婦錢氏卒
即日棺而斂之寄于城外之積功堂殯房
丁巳與周慕陶書高呈甫書潘少梅書姚少泉書
戊午夜雷雨
己未日加未雷雨與子原書
庚申出拜客見張仕庵同年保衡及王星墀鍅元之来陶
柳門来
辛酉得子原書姚魯卿書得杜小舫觀察書
壬戌得方保之書得潘少梅書得胡子繼書內有胡農部
澍書是日雨子繼書言新安江晉三明經韵學得金壇
段氏之傳著有音學十書擬刻之書局（農部字荄甫新更號甘伯）
癸亥朱璞山来朱采孫来與李少荃相國書與朱伯華書
甲子
乙丑與子原書與胡仁齋司馬書
丙寅與杜小舫書刻工陶升甫来以法言平議二卷交其刊刻

先是以呂氏春秋平議交吳長祿刻失書二子此
丁卯吳仲英来得彭雪琴侍郎書得朱君衍緒書乃久香
前輩之子也得孟蘭艇書　朱君字鎮甫
戊辰張友山方伯来應敏齋廉訪来朱璞山来張少渠来得杜
小舫書有王補帆同年書以皇清經解全函見贈
己巳趙幼原鋐来沈少嵩嚴爾纓来出拜客見丁禹生中丞應
敏齋廉訪勒少仲觀察兩同年賈雲樵觀察沈書森
朱璞山莫友芝
庚午雨
七月
辛未晴潘芝岑来與朱鎮甫書胡子繼書孟蘭艇書
壬申雨宋佑甫来治阿牛阿龍疾又来俞竹安鍼治阿牛
癸酉雨陶柳門来莫子偲来
甲戌雨旋霽吳清卿庶常来吳文江来治丙子疾得楊石泉
方伯書得杜小舫觀察書
乙亥晴宋鳳占赴京来陳君誦曾来
丙子萬清軒来勒少仲同年来邵步梅来
丁丑陶柳門来宋鳳占来與子原書與孟蘭艇書
戊寅朱璞山来王星墀来
己卯王蔭齋觀察来出拜客見王蔭齋李徵生太守萬
清軒吳清卿潘芝岑朱璞山徐誠庵
庚辰陳君誦曾来出拜客見吳平齋應敏齋遂與勒少仲
同年登舟如上海
辛巳泊周王鎮

壬午泊黄渡與少仲登岸散步

癸未至上海杜小舫觀察留宿絜園仍與少仲偕

甲申出拜客見蒯蔗農同年　劉融齋前輩　鍾子勤山長王竹侯同年

是日小舫觀察招飲與者蒯蔗農勒少仲兩同年劉芝田觀察瑞芬日加未雨

乙酉汪子和来與紹葉書

丙戌王曉蓮觀察来與少仲小舫同至鐵廠見馮竹儒觀察同觀機器

丁亥馮竹儒觀察来與勒少仲同年觀于洋行徐壽雲偕遂拜客見王一齋同鄉煥雯偕至錢艇夫處觀活字版

戊子偕小舫少仲兩觀察同登天平輪船見姚觀察遂觀于吴松口而還是日小舫觀察以西人法治酒食是日雨

己丑雨汪子和来

庚寅雨少仲同年去金陵與馬穀山制府書與孫琴西同年書與戴子高書褚二梅来錢艇夫國寶来

辛卯晴出拜客見吴子登太史嘉善是日侯峽山来

壬辰姚靜岩来得紹葉書潘少梅書子原七月十六日書

癸巳至德馨錢店見袁君又至縵雲閣見姚靜嵒嚴遂登舟還吴中泊周太僕廟是日得紹葉書内有壬甫兄六月二十三日子原書黄純安刺史錫蕃至舟相見

甲午泊一趓廛卡前不知地名距昆山縣尚卅六里

乙未大風雨至蘇州

七〇

丙申與潘少梅書　陶升甫来以淮南子平議文其刊刻
丁酉雨吴長孫来
戊戌微雨得七月四日王補帆親家康侯女壻書即復
以李景卿慶雲来
己亥與杜小舫書上　太恭人書與王甫兄書附去高
麗參并月餅均託小舫轉託胡雪巖也張少渠来

八月

庚子雨
辛丑雨得子原書知繡孫于二十九日日加申舉一女
壬寅雨得子原及繡孫書　潘玉泉觀察来　馮少渠大令来
癸卯雨與子原書
甲辰雨蘇紫垣来
乙巳晴
丙午王星墀来張少渠来與李筱泉中丞書得杜小舫書
丁未得李少荃同年爵相書潘子没来
戊申陰吴長孫来以國賈子平議二卷付刻
己酉雨旋霽與孟蘭艇書得姚少泉書
庚戌雨
辛亥陶升甫来
壬子朱璞山来是日大雨
癸丑晴周君祖蔭来得如冠九觀察書
甲寅雨得子原書孟蘭艇初十日書張少渠来得馬穀
山制府書
乙卯夏子松詹事来

丙辰雨得壬甫兄八月六日書
附（記）寄閻信由上海抛球場後葉春記棧內永昌掄記俞逸（翊）
亭（誕）先生收存轉寄俞君名隆瑞
丁巳晴與內子及絡菜至拙政園一游并至申公祠是日閱定七月
望課卷寄杭州詁經精舍與監院孟廣文書是課
余在吳下寄題課也
附記課題
孔子刪詩說　周秦諸子引周易考　春秋是月解　惟曰其
助上帝（寵之）解　說文解字補逸　淨君涼友賦以淨君掃塵涼
友招風為韻　賦得綠陰相間兩三家得家字　擬朱子十
二辰詩　題陶集杜集白集蘇集後各一律　漢三老碑
跋
內課十八名
陸維南　施補華　潘鴻　黃以周　王蘭　吳承志
朱文炳　許章燕　王麟書　周昌期　江珍楹　袁秉彝
武家駿　沈晉藩　朱一新　沈贊元　吳恩藻　丁立誠
戊午雨陸君朗来周志鴻德培来出拜客見丁雨生中丞張友山
方伯涂朗軒觀察吳平齋觀察朱璞山張少渠文子中丞
處見夏子松詹事馮展雲前輩得姚魯卿書
己未與杜小舫觀察書使人子應敏齋廉訪潘玉泉觀察沈
韵初舍人各與之書潘子（没）漁来
庚申雨高雲山来馮展雲前輩来己未之夜有賊自廚
下穴壁入小有失是日告之吳縣令
辛酉雨得李筱泉中丞書吳縣令命典史倪劍芝来

壬戌晴得王康侯女壻七月廿七日八月四日兩書知錦孫女于八
月四日舉一子得杜小舫觀察書
癸亥蔡瑜卿来丁雨生中丞招飲與者馮展雲馮景庭
兩前輩莫子偲孝廉潘季玉觀察與王補帆親家翁書
康侯女壻及錦孫女書
甲子徐誠菴来張少渠来與馮少渠書得繡孫女書即
以書復子原
乙丑周澗臣大令来莫子偲来出吊于吴平齋氏飯焉
出拜客見倪載軒觀察徐誠庵歸而汪子和来
丙寅應敏齋廉訪招飲與者馮展雲前輩倪載軒觀
察出拜客見馮景庭前輩莫子偲孝廉得潘少梅
書汪子平書又得孫子佩太守公文告知八月初十日呈書
局提調任
丁卯倪載軒觀察来潘季玉顧子山兩觀察招飲與者馮
展雲前輩莫子偲孝廉
戊辰與邵步梅書
九月
己巳馮景庭前輩来張小鶴来是夜漏三下有賊穴廚房壁
未入覺而去
庚午告之吴縣令命典史来
辛未葛瑞卿大令来趙紉青来戴子高自湖州来止之宿
壬申李薇生太守六十生日往祝之
癸酉楊敏齋来汪子咏来
甲戌杜小舫觀察以金石萃編不全本贈缺一百八十九葉

乙亥陶柳門来江侶卿来以祝禧吉法治二兒疾許子原女壻
及次女繡孫至自杭州得潘少楠書
丙子與李少荃相國書
丁丑戴子高去金陵胡子繼来是日微有雨
戊寅晴張箓花明府上德来蔡芸庭来徐賦秋来適
張氏甥女周伯英来是日閱定八月朢課卷寄詁經
精舍是課余在吳中寄題課之與李筱泉中
丞書與孟蘭艇書
附記課題及內課十八名
戴生魄解　昭七年暨齊平考　孝經閨門章說
詁經相反如毛傳帖把之類詳考　綠衣女童誦秋
水篇賦以綠衣翠鬟名曰秋水為韵　賦得爽氣
收回騎月雨得晴字　詠顯微鏡　中秋翫月緣
起考
吳承壽　黃以周　陳豪　朱文炳　吳縵雲　許章燕
楊振鎬　沈贊元　徐琪　倪士偉　武家駿　戴兆春
丁立誠　江珍楹　朱芾　張蔭樾　程咸焯　屈元炘
己卯張箓花以禪國山碑贈
庚辰
辛巳朱璞山来吳仲恆来朱采蓀来
壬午上太恭人書與王甫兄書是日兒子紹莱如直隸許子原
女壻及繡孫女如京師附去上湘鄉相公書與崇地山侍郎書
姚訪梅書趙惠甫書汪瘦梅書朱伯華書胡荄甫書又附與
杜小舫書陶升甫来以楊子大公平議付其刊刻是日始晴及

九四

草雨

癸未陶桝門来出拜客見丁雨生中丞應敏齋廉訪李薇生太守吳平齋蔡芸庭潘子逡得王補帆親家康侯女壻八月十六日書

甲申雨陸君昀来朱璞山来徐誠庵来是日請蔡芸庭来授外弟之子姚祖詒讀

乙酉應敏齋廉訪来

丙戌與王補帆親家康侯女壻書張少渠来沈味畬孝廉来

與沈書森書

丁亥潘玉泉觀察来潘子逡来

戊子與內子登舟如杭州泊吳江登岸拜客見沈問梅部步梅兩大令飯于步梅署齋

己丑泊嘉興

庚寅泊石門灣

辛卯泊唐西姚晉卿来

壬辰至杭州詁經精舍

癸巳步至平湖秋月一游飯後又與內子坐小舟至靜慈及三潭印月小坐而歸孟蘭艇来

甲午入城拜客見李筱荃中丞楊石泉方伯吳曉帆觀察濮少霞觀察許信臣前輩及許八夫人潘少梅周鶴亭適鶴亭為其子娶婦與觀嘉礼焉得紹棠十八日上海書蔡芸亭書是日許八夫人来見內子于湖樓

乙未譜少梅及其子儀父来靜慈寺僧大圓来得嵇文任書是日內子微有疾不夕食食粥

丙申何青士觀察来程竹庵秉釗来許季容許子衡来
許氏外孫女三多来得周少雲書
丁酉周子雲来姚朗山承圭来是日閱定壁課卷張監院
校官楊示于門是課余在吳下寄題課之
附記課題及內課十八名
狼跋公孫解　文祖藝祖解　齋論遺說考　魯論遺說考
孟荀董楊四子言性優劣論　絳樹兩歌黃華二牘賦以絳樹兩歌黃華二牘為韻　賦得俗人猶愛未為詩得為字
無腸公子傳　書景教流行中國碑後
吳承志　許德裕　沈贊元　朱一新　丁立誠　衛梓材
徐泰然　潘承鼎　徐琪　朱第　章廷楨　許章燕篆書
張蔭樾　江珍楹　闞釗　陸雅南　潘鈉　程咸焯
戊戌與兩兒婦書與蔡芸庭書
十月
己亥雨
庚子陰與周慕陶書姚少泉書
辛丑晴吳則之来
壬寅許信臣前輩来
癸卯入城弔洪張伯侍御之喪遂拜客見李筱泉中丞陳伯敵太守楊見山大令
甲辰汪小衡明府来
乙巳王清如前輩来薄暮與內子至平湖秋月小坐
丙午吳曉帆觀察来周鶴亭来
丁未李筱泉中丞来遂與同至平湖秋月三潭印月小坐

十七

戊申潘少梅使人以書来其夕與内子乘小舟至三潭印月觀月

己酉濮少霞觀察来是日許信臣沈念農兩前輩招陪如冠九前輩餞予[redacted]湖舫與者濮少霞吴曉帆得兩兒婦書

庚戌陳監洲潘儀甫来與王補帆親家書與兩兒婦書又與沈肯岩書

辛亥潘少梅来與同至鳳林寺新築薛廬并至岳墳還如冠九何青士馮介安三觀察于湖隄

壬子使人于李筱泉中丞與之書得紹棠九月廿四日天津書得蔡芸庭清臣書洪安孫孝廉来汪洛雅張子虞王松溪来與汪謝城廣文書

癸丑李筱泉中丞使人以書来如冠九前輩亦使人以書来潘少梅使人有饋其暮大風

甲子（寅）風

乙丑（卯）入城弔許文恪及項夫人及仁山閣學之喪後拜客見吴仲雲前輩英茂文觀察張仲甫太潘少梅吴則之得蔡雲庭書内有康侯女壻及錫孫女書又有姚春伯書得姚少泉書

丙寅（辰）入城至湖廣會館候許文恪項夫人仁山閣學之喪設祭行禮

丁卯（巳）沈蘭舫廣文燦来沈祖香来楊石宗方伯来得沈肯巖書

戊辰（午）姚少泉来止之宿許子喬禔身来行本月望課

己巳（未）與姚少泉周子雲泛舟西湖游三潭印月湖心亭至靜慈而還

庚午申少泉去入城拜客見徐壽蘅學使興紫垣廉訪如
冠九觀察許子喬又至書局見王松溪許子社是日孫
子佩宗湘文兩太守來
辛未酉與紫垣廉訪来高仲瀛翔麟来與朱璞山書蔡雲亭
書兩兒婦書得朱鎮甫書
壬戌王濟川来
癸亥手民鄭伯升某及白以健某来徐蒨生江子平兩孝廉来
甲子閱定望課卷發監院校官楊季門
附記題目及内課十八卷
尚書大宗說　昏禮問名說　不有祝鮀之佞而有宋朝之美解
牲殺器皿解　倉頡造字始于甲子說
冰壺先生賦用食無定味適口者珍為韵　賦得欲酬琴價
約僧詩得僧字　宋五嫂魚羹　李七兒羊肉不限體韵
開濬西河議
潘鴻　黃以周　吳承志　王麟書　戴果恆　衛梓材
袁秉彝　丁立誠　許郊　孫樹禮　張蔭樾　江珍極
許德裕　武家駿　朱文炳　陳灝　楊振鎬　呂錫疇
乙丑王濟川来
丙寅使人致書于如冠九前輩即得其復書得十月五日紹棻
書得姚訪梅書得孫琴函同年書
附記紹棻寓保定省城内寓龜君廟慶餘堂
丁卯與李筱泉中丞書吳蓉圃太史將如京師来告行
十一月
戊辰雨與汪瘦梅書許子原女壻編孫女書姚訪梅書

紹萊書王濟川來
附記與王濟川書寄山松履蔡萬盛豆腐店
己巳大風雨
庚午入城拜客見楊石泉方伯如冠九觀察之前輩許信臣
前輩許八夫人潘少梅及儀甫又至書局見王松溪陳
蘭洲黃元同得壬甫兄十月十五日書內有九月三日書是夜
有賊穴壁入于廚
辛未孫錫青維鋆來許八夫人及周季英甥女來見內子于
湖樓
壬申雨與內子登舟還蘇州
癸酉泊唐西與兩兒婦書
甲戌至德清泊南埭見族中諸兄諸子遂展 先曾祖 先祖之
墓
乙亥移舟至金鵝山展 先朝議君之墓遂入城拜客見張
郁亭明府文熠及蔡厚齋甥氏張明府來明府河南內黃
人其弟名文耀余視學中州時歲試濬德以第一人入學者
也是日泊城中
丙子泊石門
丁丑泊嘉興
戊寅雨泊平望
己卯雨至蘇州泊葑門外洋鐘六扣矣
庚辰陰回廣齋得戴子高書二得劉叔俛書并所譔論語
正義一卷三公山碑白石神君碑得王補帆親家書并寶萌集
刻本一卷得許子原女婿及編孫女書得汪子和書得麗作

人書
辛巳上太恭人書與王甫兄書與王補帆親家書朱璞山来
壬午又上太恭人書與王甫兄書陶升甫来
癸未潘玉泉觀察来朱璞山来吳清卿庶常来張少渠来
得王補帆親家及康侯女壻書得許八夫人與内子書
甲申朱璞山来許季瑩来出拜客見張友山方伯李薇生太
守潘芝岑張純卿圈沈韵初吳清卿吳平齋與邵步梅
書
乙酉潘芝岑来宋鳳占来劉莭孫来
丙戌陶柳門来與馬穀山制府書與孫琴西同年書與
陸存齋觀察書與戴子高書與杭州書局書得紹
萊十二月初一日書
丁亥陰雨呂本南来張純卿来上湘鄉相公書與紹萊書
戊子李薇生太守来陸連鍾山来得邵步梅書
己丑得紹萊十二月初九日書知移寓雙井胡同
附記紹萊寓雙井胡同即補縣正堂毛公館
庚寅汪耕餘明府来朱璞山来俞棣華永泰来管才叔樂来
辛卯趙幼卿来潘子浚来朱采蓀来
壬辰雨與潘少梅書得潘少梅書
癸巳晴張友山方伯来蔡瑜卿来得孟蘭艇書寄来十二月
望課卷得謝芍香書
甲午徐誠庵来
乙未吳平齋顧芝山許緣仲三觀察来得李小荃中丞書
丙申潘子浚来賈敬之思致慎来是日閲完望課卷寄詁經精舍

與監院孟廣文書是課余已還吳下留題課之
附寄課題及内課十八名
尚書祖甲考　周易帝乙考　齊仲孫來解　季姬及鄫子遇于防
使鄫子來朝解　三年學不至於穀解　八蜡考
合冰必於南風賦以題為韻　賦得貍奴擅煖夜相親得奴字
擬香山贈友詩五首　詠風箏
施補華　吳承志　王麟書　潘鴻　陳灝　俞光組
張蔭樾　黄以周　沈贊元　屈元炘　吳廷楷　徐琪
丁正　陸雅南　武家駿　陸壽民　潘承鼎　林真
丁酉張少渠來得楊石泉方伯書内有咸豐五年余在河南學政任内所請　誥軸事隔十五年中更兵亂幾不及補[redacted]請矣去年譚文卿廉訪入都曾以此託之今年楊方伯入都竟為領回拜　先皇之玉音感先臣之遭遇深自惟無狀不克仰副深用憬然又得馬穀山制府寄贈前後漢書各一部

十二月
戊戌李眉生廉訪來
己亥雨沈韻初來
庚子陰出拜客見英茂文觀察費芸舫庶常延枚屋朱璞山
唐鶚安與馬穀山制府書　徐誠庵來　張少渠來
辛丑英茂文觀察來　任秋亭司馬來　潘小雅復來
壬寅朱璞山來　周孟輿來
癸卯出拜客見沈書森太守　李薇生太守　潘小雅比部　張少渠
徐誠庵得潘少檀書
甲辰杜小舫廉訪來

乙巳吴仲英来張少渠来沈韵初来徐誠庵来何子永来與紹
莱書
丙午唐鶚安来董梓亭吏部来吏部名作模道光癸未進
士曾以事戍伊犂後又從靖逆將軍至粵東今年七
十九矣挾書數萬卷求售公卿閒亦奇士也
丁未與楊石泉方伯書譚文卿廉訪書其夜雪得施均父書
戊申雪霽甚寒武懃堂来得王康侯書得許八夫人與
內子書得子原書
己酉得孟蘭艇書汪謝城書戴子高書得紹莱十二月廿六
日書朱采蘇来
庚戌潘子浚来蔡瑜卿来
辛亥高宰平文来出拜客見應敏齋同年吴平齋朱璞山
朱采蘇孫武懃堂與王康侯女壻及錦孫女書與姚春伯
書
壬子高宰平文来張少渠来得潘少楳書姚少宗書
癸丑朱璞山来潘芝岑来
甲寅應敏齋廉訪来與邵步梅書
乙卯潘[illegible]笙觀察来得如冠九前輩書
丙辰得吴則之書
丁巳張少渠来與李小荃中丞書與楊石泉方伯書與
潘少梅書施均父書許子原女壻及繡女書內子與
許八夫人書
戊午姜曉湘来
己未朱璞山来楊見山来得壬甫兄初六日書得兄子黼

堂書與潘少梅書又與之書 坿與少泉書得
邵步梅書復之書
庚申與李筱荃制府書是日送寶龜兩
辛酉出拜客見董梓亭吏部楊見山潘芝岑得王補帆親家
初七日書得子原十二月望日書
壬戌失記
癸亥徐誠庵来俞勁赤来蔡芳庭来是日周孟漁言將以
聚珍版排印王損仲宋史記二百部謀集好古而有力者十
人一人任二十部都凡需錢三百千有奇
甲子得馬穀山制府書與王補帆親家書與紹某書是日
祀神
乙丑朱璞山来蔡芳庭来
丙寅縣先高祖明遠公以下畫象設祭行禮是歲余行年四
十有九賓萌集刻成于粵東春在堂詩編刻成于武林而吳
中刻諸子平議亦止餘二卷未成區區譔述略備于此矣

〇五

同治九年歲陽在上章（爾雅作商橫）歲陰在敦牂

正月大丁卯朔
二月大丁酉朔
三月大丁卯朔
四月小丁酉朔
五月大丙寅朔
六月小丙申朔
七月大乙丑朔
八月小乙未朔
九月小甲子朔
十月大癸巳朔
閏月小癸亥朔
十一月大壬辰朔
十二月小壬戌朔

厲陬（亦作聚）
則如
窒病（亦作寎）
塞余
終皋（或作高）
極且
畢相
橘（亦作牆）壯
修玄
圉陽
厲辜
則涂（亦作荼）

正月
丁卯晴
戊辰沈書森邵華卿兩太守来蔡芸庭来客来不見不書如
往年例
己巳徐鲁山蔡芸庭来陳辰田来得紹棠十二月十七日書
附記與紹棠書用官封遞直隸總督草府俟補直隸州吴
君埶夫候補縣高君聚卿轉交又紹棠薦秀水胡同斌升堂
庚午出拜客見董梓庭吏部吴平齋觀察賈敬之大
令其餘不見不書如往年例其夕飲于沈書森太守所
書森及陸費苕卿為主人梓庭吏部為客
辛未子 先高祖以下畫象前設祭行禮禮畢撤 朱
璞山司馬来汪耕餘大令来得子高書其夕祀神夜
雨聞雷
壬申雨與孟蘭舩書與潘少梅書張友山方伯来
癸酉雨雪上湘鄉相國書附與紹棠書與李筱荃制府少荃節
相書得楊石泉中丞書王蔭齋觀察来
甲戌出城至朱家莊積功堂見王星墀是日潘季玉杜筱舫
兩觀察招飲與者李軍門德尚衣梅張兩方伯英賈兩觀
察其夜大雪
乙亥雪霽李質堂軍門招飲與者何子永舍人梅張二方伯
英茂文觀察潘玉泉觀察得馬穀山制府書孟蘭舩
書董梓庭吏部来湛培之来俞勁夫来蔡芸庭来錢
元之来
丙子張第範邵步梅兩大令来湯敏齋太常来沈韻初舍人来潘

芝岑大令来蔡苕庭来陶井甫来與丁雨生中丞書即得
其復書是日董梓庭吏部使人来印羣經平議
丁丑陸連鍾山来得潘少梅書許八夫人與内子書
戊寅雨得李筱泉制府書
己卯登舟如上海是日始晴繼而雨且雨雹泊唯亭
庚辰晴雨半泊黄渡
辛巳至上海泊老閘大風甚寒其夜大雪
壬午登岸至郭君日長家假館焉并見其莞事者汪静巖何子湘與
王補帆書與潘季玉書與杜小舫書與内子書
癸未錢艇夫来是日晴甚寒
甲申賴慧生来其夕郭君日長范君世堯招飲于其便坐
是日始由惇華洋行議定附飛星輪船至閩每人洋錢十四
與内子書
乙酉黄純安来
丙戌日加午始登飛星輪船同舟有小蔣静波余焕卿兩輪船
因貨物未至欲待漢口船至始開甚悶悶也
丁亥
戊子
己丑
庚寅
辛卯
壬辰日加午始開船行
癸巳
甲午

六右

乙未日加午始抵福建之小西城拋錨小泊以待潮来至酉時始行
至羅星塔而泊是役因飛星船小拉山而行取道迂迴故歷
三晝夜始至此
丙申日加未至南臺兒子𪏭堂復卿来迎予舟遂登岸乘輿至大
兒福防署中謁見　太恭人及兒媳并見諸姪婦及諸姪孫
二月丁酉與内子書入城拜客見英香巖制府卞頌臣中丞鄧雙壚方
伯前輩潘偉如廉訪與王補帆書
戊戌卞中丞来閩縣向晉安濤来梁集齋来傅星源觀察来
己亥鄧雙壚方伯来宋湘亭同年来
庚子入城拜客見傅星源裕澤生兩觀察尹竹民太守文可亭
司馬秦穀詒親家邵伯英王韞亭及蔚長厚筦事者張
君
辛丑與内子書與邵汴生同年書秦穀貽親家来可亭司馬文秀
来侯官縣羅寅生大令来是日卞頌臣中丞饋殽數
壬寅邵伯英松年来侯季修来其夜雨
癸卯與内子書與王補帆書
甲辰英香巖制府来尹竹民太守来宋萼仿来入城拜客見卞中丞是日
鄧方伯潘廉訪傅裕兩觀察招飲于臬使署與者鍾康
侯觀察祿其莫雨
乙巳蔣靜波斌来葉𪏭臣同年来
丙午鍾康侯觀察祿来李潤九太守慶霖来其夜雨
丁未大雨竟日
戊申雨止張煥堂觀察来黄謝桂仲和来其莫又雨
己酉

庚戌魏稼孫錫曾来入城拜客見英香巖制府朱錮潭同年
是日英制府餽酒食并餽賮
辛亥晴裕澤生觀察来
壬子魏稼孫来許省齋来朱錮潭同年来王瑞齋太守来
癸丑偕兒子黼堂履卿登大廟山觀于閩越王廟廟祀閩越
王無諸前殿肖王像後殿并肖其夫人象夫人左而王右
以漢人尚右也廡有四配二爲王孫二爲將軍將軍無姓名
而王孫有稱白馬王者云曾誅惡鱓于桑溪恐亦無稽
之說也廟建于明云是王受册之處亦無可考其上有釣
龍臺有釣龍泉泉水甘洌瀹茗頗佳余同年李鐵泉
廷瑛授徒于此因與小坐而別復至耿王莊乃耿精忠别業
今已廢而樹木扶疏泉流環繞亦自有致又官即其地設棊
棉局金少蓮從事于其局中因飯焉而歸是胥蔣靜
波来梁君仕年来邵伯英王瑞齋均餽酒食瑞齋
名蘭雲壯愍公之長君也其夜雨
附記閩越王廟廡從祀者四人曰白馬王曰吳巖王皆稱王孫然莫可
考又有顯惠將軍協惠將軍不知何人竊意閩俗尚鬼恐未
足據也今以史記東越傳考之無諸之後有閩越王郢東越王餘
善[illegible]皆以叛漢爲其下所殺則固祀典所不容及也惟繇君丑是無
諸孫以郢等首惡不預謀立爲越繇王奉閩越祀其後又有繇
王居股以殺餘善自歸封東成侯此宜從祀閩越王廟者又有越
衍侯吳陽與居股謀殺餘善封北石侯亦閩越之賢宗也又有東
越將多軍以歸漢封無錫侯附祀其後爲宜若騶力爲吞漢將軍
及徇北將軍不知姓名皆叛臣之黨非俎豆所及矣

七五

甲寅陰雨竟日

乙卯魏稼孫來

丙辰

丁巳晴入城拜客見潘偉如廉訪王瑞齋太守禹雲又于偉如所晤見

鄧雙圃方伯得蔡芸庭二月七日書沈肖巖書

戊午得蔡芸庭二月六日書是日雨聞雷

己未王甫兄招許山松齡錢古園蔣靜波許惺齋金少蓮同飲于署齋魏稼孫來是日傳星源同年張煥堂觀察均有饋

庚申張仲勛元鼎來

辛酉

壬戌晴甚熱

癸亥大風雷雨旋霽蔣靜波餽酒食

甲子許崑士來葉鞠邑同年餽酒食

乙丑入城拜客見卞頌臣中丞鄧雙坡方伯潘偉如廉訪傳星源觀察秦穀詒親家邵伯英魏稼孫葉鞠邑許崑士是日飯于偉如所

丙寅鄧方伯來傳觀察來裕澤生觀察來秦穀詒來梁集齋來魏稼孫來邵伯英來宋警仿培初來是日秦親家餽酒食得邵汴生同年學使書

三月

丁卯張仲勛來

戊辰叩辭 太恭人登利如馬輪船回蘇州王甫兄送至渡船錢古園金少蓮及兄子鞠堂履卿送至輪船是日輪船不開不得食從者饑以兩齋地瓜脯食之

己巳日加未開船行
庚午
辛未抵吴淞口已亥時矣抛錨候潮
壬申進口登岸于郭君日長德盛牙行小坐入城拜客未見一
人遂登舟還蘇州泊新閘是日上　太恭人書與内子書與紹莱書
與孟芙蘭艇書是夜雨
癸酉風雨泊陸家浜
甲戌薄暮還蘇寓得曾滌生師相書彭麗山松申甫書戴
子高十二月廿八日書周鶴庭書姚春伯書侯崃山書姚少泉書
周少雲書應敏齋書謝敏齋書江子平書王濟川書王康侯女
壻正月廿二日書紹莱正月十五日書又二月十一日書繡孫正月十九日
書
乙亥陶升甫来出拜客見丁禹生中丞李薇生太守任秋亭朱
樸山兩司馬張少渠蔡瑜卿與勒少仲觀察同年書
丙子盧正魁来任秋亭来蔡瑜卿来出拜客見張友山方伯潘
季玉觀察惲次山撫部潘芝岑大令
丁丑應敏齋廉訪来陶柳門来高雲山来
戊寅朱璞山来江小雲觀察清驥来張少渠来徐誠菴来
出拜客見何子貞前輩杜小舫觀察又于小舫處見吴平
齋
己卯潘子溰来潘玉泉觀察来是日張友山方伯招飲與者何
子貞前輩何子永舍人賈雲（芸樵）巢觀察
庚辰張芭堂觀察富丰来俞悠遠明府来惲次山撫部前
輩来張友山方伯来是日應敏齋廉訪招飲與者吴子溰江小

雲兩觀察

辛巳雨吳曉帆觀察來朱定甫別駕來姜曉湘來王星墀來

上太恭人書與王甫兄書與潘偉如廉訪書與向晉安

羅寅生兩明府書

壬午吳平齋來登舟如杭州泊盤門

癸未雨過吳江登岸拜客見沈問梅郤步梅兩大令飯于

步梅署齋步梅來舟小坐而去泊八尺

甲申泊嘉興

乙酉晴泊石門灣

丙戌泊唐西與內子書與許子原女婿及繡孫女書與吳

平齋杜小舫書影弟頭

丁亥日加午至詁經精舍坐小舟至淨慈寺見僧大圓以

雞四頭寄高寺中高辛才觀察來孟蘭艇來得汪謝

城書

戊子談仲修來吳泮香來釋大圓來

己丑入城拜客見楊石泉中丞錫子受都轉陳伯敏太守吳仲雲

制府前輩劉聽湘前輩高辛才丈濮少霞兩觀察章采

南祭酒同年潘少梅談仲修許子衛又至書局見分校諸君

得許子原女婿及繡女書得蔡芝庭書與英香岩制府書

卞頌臣中丞書鄧雙坡方伯書傅星源裕澤生兩觀察書

庚寅行二三月合課諸生來見者眾不一書與內子書蔡芝庭

書姚少泉來吳則之來汪符卿來遂以監院承具酒食觴之于湖樓

得汪瘦梅書是日甚熱其夜大風雨

辛卯陳子餘寶禾大令來何竹盟來得張士蘿吏部景青

書吏部素不相識去年曾與同飯于李筱泉中丞處此書爲
龍丹啟衡求肄業于精舍未知書之誠僞也
壬辰龔菊田啟衡來是日余有疾不多食，釜底焦飯
癸巳鄒典三來許子衡將如京師使人來告行
甲午使人送子衡追及之于舟與子原書
乙未高辛才觀察來飯而去釋大圓來袁孝宰來手民鄭
伯卿來使人于何青士廉訪與之書
丙申楊石泉中丞來何青士廉訪來潘少梅來沈祖香琢
香兩廣文來黃炳垕蔚亭來蔚亭乃梨州先生七世
孫也以先生明夷待訪錄及思舊錄並其自著測地志要
誦芬詩略見贈謝敏齋來得王補帆親家書

四月

丁酉雨旋霽汪謝城廣文來孟蘭艇觴之于湖樓余與焉
姚朗山來許子頌誦禾來談仲修黃松溪來潘鳳洲來
戊戌錫子受都轉前輩來秦澹如觀察來胡芸谷鳳昌
高鵬年兩廣文來許信臣前輩來沈祖香琢香來
楊鷗舲將三來得芸庭三十日書有紹葉十五日書
己亥雨招謝敏齋沈祖香沈琢香三廣文飲于湖樓是日閱
定望課卷發監院校官榜示于門

附記課題

鄭易合彖象于經辨　齊人來歸衛寶解　輿雲初〻說
大學命也過也解　垁古雉字說
萱草忘憂賦以合歡蠲忿萱草忘憂爲韻　賦得春深富貴家
得家字　擬李善上文選注表　擬王元長策秀才文　擬白香山何

九石

屬春課好

附記内課

徐泰然　潘鴻　張濬　朱一新　潘承鼎　吴承志　沈贊元

黄炳垕　黄以周　施補華　陳豪　朱鏡清　王蘭　武家駿

袁東藜　李慶　程咸焯　裘璧權

庚子劉聽襄前輩来得芸庭二十七日書與内子書

辛丑入城拜客見徐壽蘅學使同年前輩許信臣前輩許

八夫人與王補帆書得周鶴亭書是夜雨

壬寅吴則之来沈祖香来張子遠濬来與如冠九英茂文兩觀察

書與紹棠書與袁筱鳴同年書

癸卯高滋園都轉有饋手民鄭伯升来

甲辰林聽孫觀察来沈琢香来

乙巳雨

丙午

丁未入城至宗文義塾行季課飯焉遂拜客見何青士

廉訪

戊申沈祖香来上太恭人書與王甫兄書與邵汴生同年

書與尹竹農葉潁臣兩同年書是日閱宗文義

塾季課卷

附記　已進第一胡賢書第二周天錫第三姚承圭

未進第一盛登善

幼童第一錢協卿第二張有鈞第三魏長春

己酉章采南同年来許子祥来與戴子高書

庚戌江子平来朱蓉生一新来沈琢香来

辛亥徐卄徵垣来姚少泉来關瑞圭来與内子書與吴平齋書

壬子乘藍輿入山至香山洞紫雲洞金鼓洞各探其勝紫雲洞尤深邃泉水清泌注巖石間極可喜也遂至靈隱徘徊飛来峰下不入寺至天竺小坐遂踰棋盤嶺而至龍井棋盤嶺上下各三里登其顛則錢唐江在南西湖在東詁經精舍如在咫尺間有一佛寺極小寺僧三人皆以採樵為業方擇新茶即以清明前所採極細者奉客余與談乃削髮之山農耳頗無叢林方丈習氣[redacted]龍井則已荒蕪不知寺之所在矣因亦不復游至法相寺瞻禮長光和尚真身寺僧言粤賊之亂斷其一手并削去股上皮一層因見其骨皆紫色云尚擬至理安而舁夫疲于登陟乃志蘇公隄度六橋而歸

癸丑沈祖香来姚朗山来得周少雲書知慕陶同年于昨日卒于家

甲寅徐壽蘅學使前輩来李蒓客慈銘来姚少泉来得蔡芸庭十四日書張少渠書吴曉帆使人以書来得吴平齋書

乙卯楊石泉中丞招飲與者陳子中太守福熙邑　太守遂拜客見吴曉帆吴則之潘少梅

丙辰入城弔沈念農前輩之喪遂拜客見許信臣前輩潘少梅飯于書局

丁巳周少雲来汪符卿来吴時山乃安王星府宸候来與内子書與應敏齋書與張少渠書　附記　王星府行四乾隆甲寅舉人以錫舵姪孫住菱湖東柵會狀第敬儀堂

戊午雨姚少泉来

己未雨姚伯庸来沈祖香来得王甫兄四月六日書

十六

庚申沈琢香来謝敵齋来得王補帆親家書并賓萌一百部
是日乘小舟泛于裏湖至于茅家步歸而度玉帶橋覽
金沙港關廟舊址尚存殿屋亦將圯矣又進西泠橋子林
和靖祠小坐而歸
辛酉書局諸同人觴余及秦淡如觀察于湖樓
壬戌雨
癸亥晴姚少泉来與内子書與蔡芸庭書與吳平齋書與
楊石泉中丞書與陳訏堂同年書
甲子雨潘少梅来沈祖香廣文来告知奉中丞檄充詁經
精舍監院釋大圓来
乙丑陰許信臣前輩来陳子忠太守思燏来是日閱定望課
卷發監院校官榜示于門楊石泉中丞使人以書来
附記課題及内課十八名
鄉老鄉大夫解　月令太尉解　庶姓別於上解　孟子弟子考
釋坫　季路爲執金吾賦以掌執金革以御非常爲韻
賦得石橫水分流得分字　天竺山訪周伯琦題名　法喜
寺瞻禮長耳和尚眞身偈不限體韻　櫻筍　各賦
詞一闋櫻限紅情笋限綠意
黄以周　裘璧權　施補華　朱鏡清　朱一新　王麟書
潘鴻　許章燕　程咸焯　吳承志　徐泰然　施兆瑱
袁建榮　錢德源　章維民　陳風　王禹堂　許郊
五月
丙寅晴繆礪初司馬鈺以姚伯庸寶勳書来上　太恭人書與
壬甫兄書與邵汴生同年書

丁卯沈蘭舫来得荖庭四月廿六日書
符
戊辰入城拜客見何青士廉訪秦澹如觀察潘少梅汪輔卿許信臣
前輩及許八夫人與汪蓮府書高辛才觀察有饋是日雨
己巳蔡勖甫来與許子原女婿及繡孫女書
庚午五月五日也孟蘭艇沈祖香兩監院具酒食觴余于湖樓
適姚少京至亦與焉得紹萊四月七日書得康侯十二月十七日書
又一書不知日得戴子高書得士虞尉葉慶堂承裕書
得周少雲書潘少梅使人有餽
辛未高滋園都轉来高辛才觀察来謝敏齋来徐壽
嵒嚴泰然来吳則之有餽是日乘小舟至三潭印月以游
女如雲不入至靜慈以雞二頭寄蓄焉進蘇隄第四
橋泛于裏湖出第四橋而歸與內子書與子民陶升甫
書
壬申雨許子祥来
癸酉雨旋霽表爽秋来高仲雲来得黔撫曾樞元中丞及陳
訏堂大令兩同年書得張少渠書
甲戌沈祖香琢香招同孟蘭艇周子雲由松木場泛舟游于西溪西溪之
勝在春初梅花秋末蘆花茲游兩非其時然溪水自古蕩
以西曲折通幽小橋流水亦自有致至交蘆庵庵已燬于兵
燹因其旁闢水閣數椽榜曰舫齋有張得天居士一額曰
流水是命未知何義也寺僧以蔬食供客飯已導游護
生庵庵甫修葺精舍兩三有僧閉關坐其中未得入關秋
雪庵已不復存且非蘆花時遂訂秋日續游之約別僧
而歸

一六

乙亥雨入城會許信臣撫部前輩高辛才吳曉帆濮少霞三
觀察于宗文義塾飯馬而歸得姚少泉書上太夫人書與王補觀
丙子晴謝敏齋来得應敏齋同年書高仲雲有餽
丁丑雨潘少梅来吳煥卿来得嵇文任書
戊寅得蔡芝庭書樊芾林太守書
己卯甚雨入城拜客見楊石泉中丞徐壽蘅學使陳伯敢太守
高辛才文潘少梅親家翁于書局見袁爽秋潘儀甫飯
于許氏見許信臣前輩許八夫人與内子書與李筱荃制府書
庚辰楊石泉中丞使人以書来與沈祖香周子雲泛小舟西湖于三潭印
月小坐至靜慈而還遂至馬頭登舟回蘇州泊大關
辛巳大雨過唐西與嵇文任書泊雙橋
壬午晴帆風行泊嘉興
癸未雨帆風行彭山湖泊夾浦橋
甲申日加巳還蘇州見樊芾林余烺齋于蘇廨得李筱荃制府書
壬甫兄五月八日書有英香巖制府書鄧雙坡方伯書傳
星源觀察書張少渠来
乙酉樊芾林余烺齋辭還湖北大兒婦樊歸寧于其母氏
丙戌湯敏齋太常来張少渠来程酉秋夢庚以葉倩士同年書
来陸連鍾山来手民吳長祿陶升甫来
丁亥余有疾不食食釜底焦飯
戊子任秋亭来治疾
己丑至乙丑因病失記
六月
丙申至丙辰因病失記
丁巳余病有間病中得涂朗軒觀察書樊芾林書戴子

高書　胡子繼書　趙惠甫書　魏稼孫書　周鶴庭書　馮聽濤書　孟蘭艇書　潘少梅書　王康侯許子原兩女壻書　編孫女書　紹棠書三　諸書皆失記日　又馬穀翁制府寄余史記一部　由涂觀察寄杭州劉聽襄前輩處　先記于此　擬屬孟蘭艇往取也　是日兒子蘅堂履卿至自福建　得王甫兄書　裕澤生觀察書　邵汴生學使同年書　尹竹民太守書　向晉安羅寅生兩明府　楊臥雲希閔同年書

戊午　朱璞山來見之于寢室

己未　沈羲民來治余疾　上　太恭人書　得繡孫書　內有許星叔鴻臚書　附記　京信由閶門外北濠衕口文茂信局

庚申

辛酉

壬戌　晨雨　沈羲民來治余疾　與紹棠書　與繡孫書　與許星叔書　附記　紹棠信寄直隸保定省城秀水胡同即補府正堂陳公館轉交

癸亥　丁雨生中丞餉荔枝燒酒

甲子　沈羲民來治余疾　丁中丞使人以書來

七月

乙丑

丙寅　與丁禹生中丞書　議以上海道署所存金石萃編版歸之書局補刻完全

丁卯　得李筱荃制府書

戊辰　沈羲民來治余疾　謝芹香來見于寢　鬢頭全病　不

髮頭積四十餘日矣

己巳

庚午

辛未沈羲民來治余疾兒子履卿有疾亦治之

壬申

癸酉與李筱荃制府書與樊芾林兵部書與杜筱舫觀察書得高華才文書

甲戌得孟沈兩監院書并七月課卷得沈尚岩書得勒少仲同年書得應敏齋同年書復之書

乙亥得敏齋書與杜筱舫觀察書即得其復書得壬甫兄書上　太恭人書

丙子雷雨

丁丑沈少巖爾繩來張少渠來均見于寢與孫琴西同年書與戴子高書與潘少梅書與孟蘭艇書

戊寅與馬穀山制府書得紹棠六月廿六日十五號書紹棠書列號始此以前未記也是日爲外家姚氏預行中元之祭正祀四蘭皋公及祝孺人余外王父母也平泉公及黄孺人余外舅姑也從祀三外姊仲蘭外弟又泉及外弟婦錢

己卯

庚辰

辛巳與紹棠書

壬午與許子喬書

癸未

甲申得潘少梅書得許子喬書

二六

乙酉阮梅孫嘉澍來診内子疾朱璞山來兄子鞴堂如杭州與楊石泉
中丞書徐壽蘅學使書高滋園都轉書劉聽裳書潘
少梅書孟蘭艇書附去五月七月望課卷五月課余已還
吴下留題課之七月課余病中寄題課之
附記五月課題及内課十八名
荀九家八卦逸象說　吕刑惟來解
谷風篇嵬萎怨為韵說　廣雅釋詁繄至也比必遠也充行也
旅養也震娠也肆信也屬解也摘語也丞没也潛亡也疏證
宜膏物賦以先後鄭之說不同為韵　賦得朱黄閒勘夜窗書
得窗字　映波鎖瀾望山壓隄東浦跨虹六橋讃
阮公墩栽植花木議
吴承志　裘璧權　袁建犖　朱鏡清　朱懷新　鄒圭
沈贊元　史致中　許章燕　許文澄　關劍　程咸焯
孫禄增　潘承鼎　吴思藻　胡宗俊　李宗元　褚成亮
七月課題及内課十八名
周易帝乙考　士冠禮毋拜說　論語廢中權解　伍員
子胥說　子午泉賦以每日子午二時可汲為韵　賦得鶴
形自瘦非關老得形字　讀老子管子墨子荀子各五古一首
鞠香墓誌
朱鏡清　裘璧權　朱芾　徐泰然　吴承志　袁秉彝
武家駿　沈晉蕃　孫禄增　陸鯉祥　朱一新　陳灝
趙毓琛　薛受采　沈贊元　吕聰　楊振鎬　張濬
丙戌雨得王康侯書并寄來賓萌集版七十四塊
丁亥雨

戊子得壬甫兄七月十一日書得謝芹香書
己丑與芹香書與涂朗軒觀察書得潘少梅書
庚寅朱璞山來陸連鍾山來
辛卯閱完龍湖書院墅課卷寄菱湖王星府吴時山兩監
院與之書是課六月中預行余病中寄題課之
附記課題進己子曰論篤是與一節賦得鄉人薦爲鹿鳴客
得鳴字進未而況魯國乎賦得啟夕秀於未振得文字
已進超等八名
潘福謙　汪毓杰　孫曾森　嚴汝元
孫兆蓮　倪宗寬　王紹昇　嚴汝霖
壬辰得魏稼孫書
癸巳
甲午得大兒婦七月十六日書朱璞山來　手民陶升甫來
附記寄咸甯信由漢口流通巷上首后義生布店交李
先榮姻世兄收下轉送栢桂村樊宅
八月
乙未
丙申得壬甫兄七月廿二日書得潘偉如廉訪書與大兒婦書
丁酉兩與孫琴西同年書與子高書與劉叔俛恭冕書得
謝芹香書
戊戌得許子喬書得繆孫書與勒少仲同年書
己亥朱璞山來
庚子王讜臣來遂請治履卿疾
辛丑朱采蘩來朱又溪來治兒子祖仁疾余亦請爲其處方焉

壬寅俞棣華承泰来朱璞山来王譜臣来爲余及内子及兒
子履卿處方與孫琴西書與子高書
癸卯
甲辰汪秉齋錫珪来
乙巳大雨
丙午沈書森太守来
丁未潘子浚来
戊申朱璞山来
己酉
庚戌
辛亥出拜客見張友山中丞應敏齋方伯杜小舫吴平齋兩觀
察潘芝岑陶柳門唐鶴安萬清軒
壬子張友山護院来章鏧甫葛瑞卿兩明府来沈韵初来
癸丑應敏齋方伯来潘芝岑潘子浚兩大令来上湘鄉相國
書與合肥相國書與李筱荃制府書與楊石泉中丞
書與紹棠書
甲寅
乙卯陸連鍾山朱璞山来
丙辰杜筱舫觀察来
丁巳潘季玉觀察来得紹棠八月十二日（十六號）書得勒少仲同年書出
拜客見何子貞前輩賈雲樵廉訪江小雲觀察沈書森太
守沈韵初孝廉顧竹城大令得沈祖香書
戊午賈雲樵廉訪来朱璞山来得彭麗崧書得朱冕群書
得周少雲書是日兒子黼堂至自杭州
己未出拜客未見一人至拙政園一游而歸陶柳門来

庚申雨與王康侯書得康侯書得張少渠書

辛酉

壬戌汪翰臣觀察來妻曉湘來蔡瑜卿來得蔡厚齋舅氏書是兒子紱堂履卿辭還福建上太恭人書與壬甫兄書與邵汴生同年書與潘偉如方伯書與楊臥雲同年書

癸亥何子貞前輩來得王康侯書得大兒婦八月十六日書得李筱荃制府書

九月

甲子盧磬甫來得許子喬書得楊石泉中丞書

乙丑費苕舫庶常來徐誠庵來李眉生廉訪來

丙寅沈羲民來爲余覓方與戴子高書

丁卯

戊辰

己巳得兒子紱堂書

庚午雨汪耕餘明府來魏性之本存來得魏稼孫書得丁松生書

辛未出弔王蔭齋觀察之喪遂拜客見徐誠庵蔡瑜卿沈均初魏性之

壬申劉節孫來得紹萊八月十九日十七號書潘季玉來

癸酉朱逌甫別駕來馮聽濤來唐鶚安來陸連鍾來

甲戌

乙亥惲次山中丞來與汪瘦楳書與胡荄書與許子原女壻及繡孫書

丙子得兒子紱堂書戴子高來止之宿

丁丑與潘少棠書
戊寅吴平齋來汪耕餘來
己卯沈均初來得康侯女壻書知錦女于九月初八日子時舉
一男與孟蘭艇書戴子高去
庚辰汪耕餘明府來出拜客見吴清卿沈韵初朱璞山李
眉生
辛巳潘玉泉來朱宝甫來莫子偲來陸蓮鍾山來費苕庭
來
壬午出拜客見丁禹生中丞吴平齋杜筱舫
癸未與康侯書上太恭人書與壬甫兄書朱璞山來
甲申與内子登舟如杭州泊吴江
乙酉泊嘉興
丙戌泊石門
丁亥過唐西栖又任來泊王家莊
戊子日加午至詁經精舍
己丑潘少梅來潘儀父來
庚寅姚少泉來周鶴庭來與二兒婦書
辛卯潘少梅來鈕常華來張子虞來汪洛雅來
壬辰徐金坡孝廉鑾來戴子高來許八夫人攜外孫女三多
來見内子于湖樓
十月
癸巳姚少泉來趙桐孫來得紹葉九月七日十八號書得
二兒婦書得蔡苕庭書是日雷夜雨
甲午朱蓉生一新朱亦甫㦗新兄弟偕來
乙未高萃才觀察來姚朗山來得壬甫兄九月十六日書梁君

應棠書王讓臣書蔡芸庭書
丙申王松溪來吳則之汪符卿來許子喬來得汪蓮府書
得王星府吳時山書
丁酉與内子乘小舟至湖心亭小坐漫至三潭印月以風大遂回
蔡勖甫來得蔡駿甫書陳蘭洲黃元同來
戊戌雨
己亥雨王耆香來與紹萊書得二兒婦書是日閱定八九月
合課卷發監院校官楊示手門是課余在吳下寄題
課之
附記内課十四名及課題
田祖解　皋陶庭堅考　宰予晝寢解　虞咸仙注
與箋詩異同考
司馬相如焦尾琴賦以相如焦尾伯喈綠綺為韻　賦得
文章排悶不求名得排字　宋畫苑故址歌　橫河打魚行
吳承志　武家駿　俞光組　沈鼎　陳殿英　陳灝
袁秉彝　戴果恆　黃炳垕　許韋燕　李慶　張大昌
庚子
辛丑汪符卿來謝敬齋芹香兄弟俱來得李少荃伯相書
得蔡芸庭書
壬寅許仲鈞繹船來周少雲子雲兄弟俱來得袁孝宰書
癸卯陳君殿英來上太恭人書與王甫兄書與錢吉園書與紹
萊書即己亥日之書先託高宰才觀察由觀察卻回改託
吳清卿庶常者也與吳清卿書與潘季玉觀察書與蔡
芸庭書與二兒婦書是日因子微有疾不多食食粥

甲辰得俞劭叔書復之

乙巳王君禹堂来得馬君書乃穀山制府之嗣子也

丙午

丁未王叔雅大令彬来謝芹香来得汪瘦梅書

戊申晴姚少泉来袁昱藩来魏性之来孟蘭舫来得戴子高書

己酉黄蔚亭炳垕硯舫維瀚父子兩孝廉来沈蘭舫来周鶴亭来

庚戌入城拜客見徐壽蘅學使如冠九觀察兩前輩潘儀父黄蔚亭魏性之許仲笱均許子喬飯于吴曉帆觀察處得王甫兄九月二十八日書蔣静波書盧聲甫陳子莊書

辛亥何青士廉訪来汪符卿来丁松生来得袁筱塢同年書

壬子上　太恭人書與王甫兄書與魏稼孫書

癸丑姚朗山来陳子莊来

甲寅沈蘭舫来汪符卿来潘少梅及儀甫来與如冠九觀察書即得其復書與應敏齋同年書與蔡駿甫書與李筱荃制府書與王補帆中丞親家翁書

乙卯高滋園都轉来吴泮香来得蔡芸庭書得朱璞山書得二兒婦書

丙辰陳一山桂来與崇地山侍郎書與涂朗軒觀察書與吴清卿庶常書與沈韵初舍人書與朱璞山司馬書與二兒婦書

丁巳雨

戊午入城拜客見楊石泉中丞陳伯敵太守許信臣前輩張仲甫丈潘少梅親家翁又見胡金霞司馬為余處方與周少雲書

己未閲定覺課卷發監院校官榜示于門得大兒婦九月廿六日
書得二兒婦廿三日書
附記課題及内課十四名
紀子伯莒子盟于密解　言我也解　釋娣姒　家字考
駕霄亭賦以作亭縣之四古松閒爲韵　賦得鸚鵡籠寒
晨自訴得寒字　東城懷古　殘菊
俞光組　胡宗俊　吴承志　陳殿英　武家駿　沈鼎
朱芾　陳灝　馮祖洛　何鏞　楊振鎬　陳葆光
庚申沈蘭舫来得張少渠書得十月九日紹藥第十九号書
辛酉
壬戌朱修伯宗丞来姚季眉陳子餘兩大令来　汪符卿来謝
敏齋来俞潤生来
閏月
癸亥得張少渠書得潘季玉觀察書
甲子入城拜客見錫子壽都轉前輩朱修伯宗丞吴曉帆觀
察潘少梅汪符卿又至書局見鳳洲蘭洲是日飯于少
梅處與伯英甥女書
乙丑談仲修来得王康侯女壻書得許子原女壻及繡孫書
得應敏齋書得蔡雲軒書得黄君澍桂書得二兒婦書
丙寅雨與張少渠書與蔡芸庭書與二兒婦書秦淡如
觀察来
丁卯吴則之来且有饋潘少梅来高滋園都轉使人有
饋
戊辰雨

己巳招吳則之汪符卿孟蘭艇沈祖香同飲予便坐適姚
小泉至亦預焉內子有疾少泉爲處方得王星府書

庚午雨

辛未風得涂朗軒觀察書得蔡苕軒書得二兒婦書與二兒
婦書與王星府書是日周季莪甥女來見內子于湖樓得
王甫兄書許蔭堂來

壬申得嵇文任書謝敏齋來陳桂舟來與二兒婦書是日買
魚四十九頭縱之裏湖

癸酉乘籃輿至天竺禮佛還至冷泉亭小坐而歸得沈作齋書
乃又亭同年之子也

甲戌入城拜客見徐壽蘅學使前輩高滋園都轉高辛才
觀察又至橫河橋許宅見許八夫人飯焉而還

乙亥與沈作齋書

丙子周琳粟觀察來使人于楊石泉中丞徐壽蘅學使如
冠九觀察兩前輩高滋園都轉潘少梅親家各與之
書旋得中丞復書與蔡駿甫書

丁丑偕內子登舟還蘇州留書與楊中丞

戊寅至德清泊南埭見諸兄諸子

己卯晨　先曾祖　先祖之墓遂移舟入城易小舟至金鵞山展
先朝議君之墓復還舟泊南埭

庚辰泊寒山

辛巳泊師姑橋

壬午泊英山橋

癸未還蘇寓得許子喬書錢艇夫書戴子高書俞勁

叔書得王星府書
甲申上太恭人書與王甫兄書與錢古園書與俞翊廷書與許
子原女壻及繡孫女書與汪儀卿水部書與涂朗軒觀察書
與俞勁叔書朱璞山来王香谷来高雲山来張少渠来俞
君永高来得姚少泉書
乙酉與邵步梅書與許子喬書　潘芝岑来陸連鍾山来蔡瑜
卿来張少渠来陶柳門来朱君福清来胡魯山来
丙戌出至江蘇撫署致祭于丁母黄太夫人之靈遂拜客見許信臣
惲次山兩撫部前輩朱修伯宗丞得王補帆中丞親家書即復
之并與康侯女壻書杜小舫觀察来沈韵初舍人来
丁亥趙君銃来出拜客見張友山漕帥李眉生廉訪沈韵初
舍人潘芝岑大令得兄子黼堂履卿書上湘鄉相公書
戊子英茂文觀察来韓俊臣思忠来陸連鍾山来是日閲
定龍湖書院卷寄芰湖
附記八月望九月望合課題目及超等八名
子貢曰夫子自道也合下一章賦得晚山濃似佛頭青得濃字
隱几　賦得竹筧寒泉晨灌蔬得寒字
潘綸　潘福謙　沈世英　陸鳳飛　沈培元
孫其泰　倪宗寬　陸同芳
又九月朔課題目及超等八名
富貴不能淫三句賦得數蝶弄香寒菊晚得寒字
則在君與子矣有爲神農之言者賦得卧將琴作枕得
琴字
倪政衡　岳麟書　潘綸　費學謨

潘福謙　沈翼之　孫宣　龐光燦
己丑馮少渠来陸運鍾山来張子虞来
庚寅葛端卿来丁紫垣来俞君永泰来潘季玉觀察来出至
撫署吊丁太夫人之喪遂拜客見湯敏齋太常杜小舫江
小雲吴平齋三觀察
辛卯沈仲復師竹庵江小雲三觀察来戴青来来
十一月
壬辰楊見山来趙幼卿来韓俊臣来馮聽濤来
癸巳賈雲樵廉訪来徐誠庵来湯敏齋太常来得紹棠
閏月十八日二十號書得孟蘭艇書與俞悠遠大令書
甲午與紹棠書史花樓来朱璞山来
乙未俞君永泰来汪子和来是日閱定閏月望課卷是課余
記與還吳下留題課之與孟蘭艇書與姚少泉書
附記課題及内課十八名
禹貢錫貢解　論語蕭牆解　謂勤也解　釋閏
詔賜百官出城觀稼賦以唐太和二年歲大有為韻　賦得
地鑪枯葉夜煨芋得煨字　雲水行亭　煙波釣筏二題不
限體韵　閏小春詞
吴承志　袁秉彝　武家駿　陳殿英　孫祿增　沈晉蕃
章廷楨　關鉞　陳灝　潘承鼎　何鏞　單錫琅
王禹堂　張大昌　章維民　戴果亟　沈樾　薛受采
丙申陶柳門来李眉生廉訪来柳質卿来宿
丁酉史花樓来得謝夢漁同年書
戊戌惲次山前輩招飲與者許信臣撫部湯敏齋太常

何子永舍人是日拜客見吳時山又見丁雨生中丞子其芑次
得稚又任書
己亥
庚子史花樓来趙幼卿来與涂朗軒觀察書
辛丑韓俊臣来閲小圃来
壬寅梁梅灣来得壬甫廿一日書韓俊臣来
癸卯沈蘆洲来得鍾桂溪書韓俊臣来江稼軒来
甲辰韓俊臣来朱璞山来出拜客未見一人得許子原女壻
及繡孫書得汪儀卿汪符卿書儀卿并寄周孟伯禮
部悦讓校正羣經平議二紙来禮部乃山東蓬萊人丁未
進士　附記　汪符卿廣杭州府學文明樓隔壁
乙巳應敏齋廉訪来杜小舫觀察来張瀚堂德霈来得
孫琴西同年書
丙午雨沈蘆洲来施均父来與孫琴西同年書與戴子高
書與王讓臣書上曾滌生相侯書是日命兒子祖仁至鳳
口祀神蔡芸軒倶潘芝岑来
丁未與許子原女壻及繡孫女書何子貞前輩来潘季玉觀
察来朱璞山来得潘少梅書得朱定甫司馬秉衡書
戊申韓俊臣来與潘少梅書與邵步梅書與汪芙青同年書
得曾樞元撫部同年書是日閲定龍湖書院十月朔課
卷寄芝湖
附課題及超等八名
子罕言利兩章賦得杯裡紫茶香代酒得杯字
或以告王良賦得枕石待雲歸得雲字

岳麟書　朱炳基　費學曾　潘綸
施榮綬　卞祖棻　潘福謙　龐光燦
己酉出拜客見何子貞前輩遂至學士街候丁太夫人之喪會合
書局諸人設祭行禮乃見丁雨生中丞于途中苫次叙别
庚戌許信臣撫部来得女壻王康侯書姚少泉来止之宿
辛亥與王康侯書與沈祖香書與沈蘭舫書姚少泉去朱璞山
来高雲山来韓俊臣来侯峽山来得曾滌生師相書
壬子雨祖仁自鳳口還
癸丑張友山潘師来韓俊臣来
甲寅出拜客見吳平齋朱璞山潘芝岑
乙卯沈書森来吳廣庵来得孟蘭舫書得姚春伯書李
玉舟士瓚来
丙辰得許子春同書
丁巳陶柳門来馮聽濤来得少梅書與少梅書
戊午周孟輿来潘芝岑来趙幼卿来得周少雲書
己未張少渠来與許子春同書與周少雲書是日閲定詁經精
舍堅課卷寄監院榜示與孟蘭舫書是課余在吳下雷題
課之朱璞山来
附記題目及内課十四名
祭法七廟解　月令大割祠解　柳下惠不以三公易其介解　觀兕也解
盆池賦以汲水埋盆作小池爲韻　賦得青松心在任風霜得心字
冰著不限體均　擬韓文公苦寒詩用原韻
章廷楨　吳慶志　闞鈺　倪茹　陳灝　薛受采　戴果恆
祝桂榮　袁秉彝　潘承鼎　朱芾　俞光組　沈晉蕃　何鏞

九六

庚申朱采𦬆孫来王晋谷来得王補帆親家書與補帆書

辛酉得姚會卿書是日閲定龍湖書院巻寄菱湖

附記課題及名等八名

十月朔課題

堂高數仞三段　賦得風林脱葉山容瘦得林字

岳麟書　龐嘉謨　龐光燦　費學贇　任光斗　潘福謙

楊冠羣　孫其泰

十一月望課

吾嘗終日不食終夜不寢以思　賦得[redacted]〔外〕乳垂[redacted]〔簷〕玉得簷字

孫宣　楊冠羣　施榮綬　陸咸元

潘綸　岳麟書　黄建勛　倪政衡

十二月

壬戌登舟如無錫泊新安

癸亥至無錫是日余生日也蹉跎半百無慶可言乃舟行以謝来祝者

初意欲游惠山因風大不果正如昔人剡溪之行何必見戴安

道邪興盡而反仍泊新安

甲子還蘇寓得紹棻[redacted]十一月廿一日書

乙丑與李少荃使相書與紹棻書得紹棻十一月廿三日廿三號

書知紹棻奉檄署大名府同知應敏齋方伯来陶柳門来柳

質卿[redacted]来　附記寄紹棻書郵遞大名府河捕清軍府

丙寅張少渠来出拜客見應敏齋方伯吴平齋觀察任秋

亭

丁卯得潘少梅書得朱定甫書即復之朱采𦬆孫来朱璞山来周鶴亭

来得沈蘆洲書與紹棻書

戊辰潘季玉觀察来周鶴庭来史花樓来

己巳陸運鍾山来與楊石泉中丞書與大兒婦書
庚午馮少渠来朱璞山来沈艮之来吳晉壬来胡鳴盛来出至吳縣署祝汪耕餘大令之封翁及其太夫人八十壽得潘少梅書
辛未朱璞山偕張少渠来朱鏡卿来趙幼卿来上大恭人書與壬甫兒書與王補帆親家書
壬申朱璞山来王樸臣来蔡君國熊来得壬甫侯初三日書與金梅生書
癸酉出拜客見湯敵齋太常沈書森太守得紹棠廿六日廿二號書紹棠婦書
甲戌蔡瑜卿来張少渠来與陳作梅觀察前輩書
乙亥李薇生太守来馮聽濤来
丙子馮聽濤来是日立春聞雷其莫雨
丁丑潘鳳洲来王松溪来與許子原女婿及孺孫書與汪瘦梅書
戊寅杜小舫觀察来趙幼卿来得孟蘭艇書
己卯朱璞山来沈韵初来
庚辰徐壽蘅前輩来潘芝岑来得子原女婿書及孺孫書與秦澹如觀察書得周鶴亭書
辛巳出拜客見徐壽蘅學使何子貞前輩談仲修来
壬午雨潘玉泉觀察招飲與者何子貞徐壽蘅兩前輩李質堂軍門吳平齋觀察遂拜客見沈韵初得姚少泉書　附記寄少泉信由藩司前信誠錢庄轉交
癸未陶柳門来張子虞来得壬甫兒十一月廿四日書得張少渠

十七

書與勒少仲同年書與王補帆親家書與蔡月樵
書　附記寄福甯信託上海永昌俞逸亭轉寄福
甯永昌致贊記分店轉交或由福順信局
寄王補帆同年書由新泰厚在閶門內中市其莊事人侯世
國字介亭行七
甲申章采南同年來江小雲觀察來張子中行孚來得周
鶴亭書即復之得楊石泉中丞書是夜大雨
乙酉雨
丙戌雨
丁亥晴顧子山觀察來俞勁叔來得潘少梅書是日祀神
戊子雨雪張子青中丞來出拜客見江小雲觀察得王甫
兄十一月十三日書得秦淡如觀察廿二日書
己丑
庚寅朱璞山來其少敬縣先高祖以下畫象設祭行禮是
歲余行年五十矣春閒至閩省視太恭人起居稍慰
數年來孺慕之意兒子紹業署大名府同知于十二月
十八日接印視事此後或補一官得沾微祿以養余庶
其少息乎

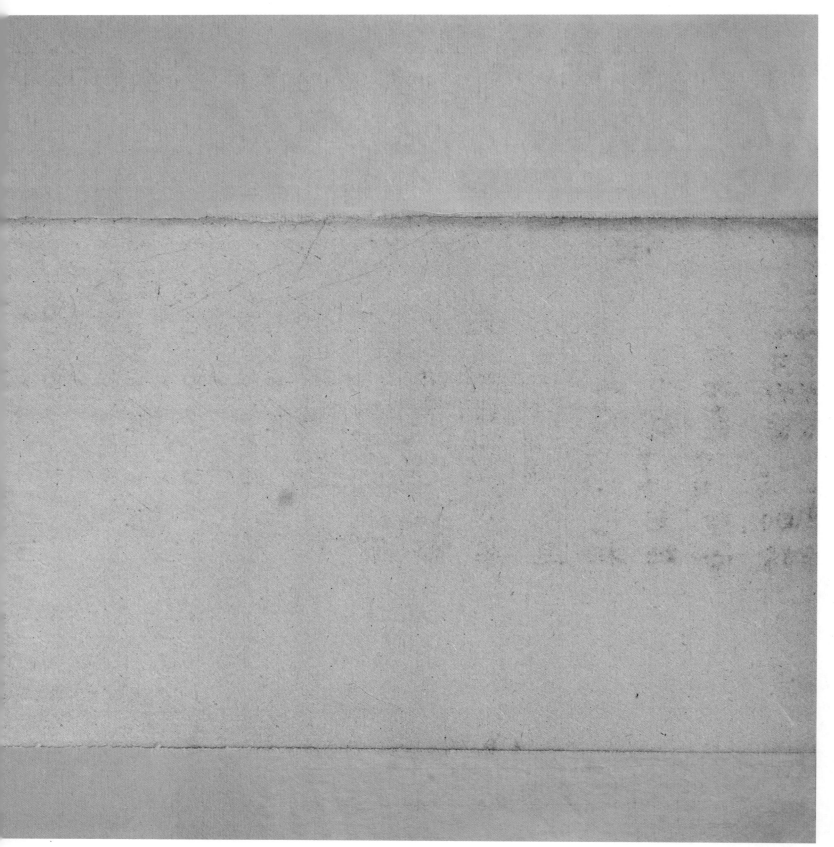

同治十年歲陽在重光歲陰在協洽

正月大盡　辛卯朔　窒陬

二月大盡　辛酉朔　塞如

三月小盡　辛卯朔　終寎

四月大盡　庚申朔　極余

五月大盡　庚寅朔　畢皋

六月小盡　庚申朔　橘且

七月大盡　己丑朔　修相

八月小盡　己未朔　圉壯

九月大盡　戊子朔　厲玄

十月小盡　戊午朔　則陽

十一月小盡　丁亥朔　　室辜

十二月大盡　丙辰朔　　塞涂

正月
辛卯晴馮聽濤来餘客不見例不書
壬辰蔡芸庭来得錢子密書聽口技其夜雪
癸巳又雪於　先高祖以下畫象前設祭行禮
甲午吳平齋觀察来與錢子密吏部書
乙未汪耕餘明府来於　先高祖以下畫象設祭祭畢敬撤
丙申出拜客見張子青中丞何伯原孝廉其餘不見例不
書與潘少梅書與周少雲書沈韵初来
丁酉邵步梅来
戊戌朱璞山来徐誠庵来觀幻人之戲
己亥出拜客見徐壽衡前輩朱璞山王星堦
庚子姚太守丙吉来朱定甫来得吳清卿庶常書
辛丑得紹棠十二月十八日廿四號書知子昆日接大名府河捕同
知即擬即移駐距城十八里之龍王廟趍塵捐局得王康侯
女壻十二月十四日書與大兒婦書與許子春書
壬寅陶柳門来
癸卯徐誠庵来沈穀臣庶常来高清嵒嚴来上　太恭人書
與壬甫兄書與俞翊庭書得潘少梅書即復之
甲辰蔡芸庭来朱璞山来與紹棠弟一號書
乙巳得許子春書得許子原女壻及繡女書得姚少泉書與周
鶴庭書顧子山觀察園来
丙午出拜客未見一人上曾滌生師相書得俞紫卿書紫卿
名德炎即上海永昌司事者與潘少梅書姚少泉書汪芙青書
丁未張恕齋来

戊申金眉生来石梅孫渠来沈韵初来
己酉邵汴生同年来
庚戌雨余有疾不夕食
辛亥得王呈府書其夜雨
壬子得魏稼孫書余有疾不夕食其夜雨
癸丑與許子原書與吴清卿書與汪儀卿書與李少荃相
國書與楊石泉中丞書與丁濂甫學使書
甲寅得潘少梅書
乙卯英茂文觀察来
丙辰應敏齋方伯来雨竟日
丁巳
戊午鈕常華来朱璞山来與勒少仲孫琴西錢子密三同年
書與戴子高書與朱伯華書
己未蔡瑜卿来是日應敏齋同年見示丁禹生中丞十二月廿六
日舟次書寄聲存問
庚申王香谷来張少渠来
二月
辛酉晴潘玉泉觀察来
壬戌杜小舫觀察来勒少仲同年来高雪山来得鶴亭
書與秦澹如觀察書
癸亥應敏齋同年招至潘署與勒少仲同年小飲
甲子俞君永高来
乙丑與丁雨生中丞書與曾樞元中丞書與沈仲復
觀察書朱璞山来潘伯琴以王親家翁遜之疏敢書

来得蔡駿甫書一
丙寅與蔡駿甫書得紹萊正月朔廿五號書
丁卯張少渠來沈羲民來[redacted]治余疾外弟之子姚祖詒有疾亦治之
戊辰得王康侯正月十六日書
己巳沈羲民来為余治疾
庚午得王補帆同年書得高滋園都轉書得孫琴西同年
書得王譜臣書得姚少泉書
辛未與補帆書與高滋園書與王康侯書
壬申邵汴生同年來潘子潑来得丁濂甫同年書
癸酉沈羲民来治余疾
甲戌祝韵梅来張少渠来
乙亥
丙子得潘少梅書即復之其夜雨
丁丑與孟蘭艇書
戊寅
己卯沈羲民来治余疾與紹萊二號書
庚辰馮景庭前輩来得錢子密吏部書得沈君一鳴書乃吉
宮茂才之子
辛巳
壬午
癸未徐誠庵来朱璞山来與王星府書與沈君一鳴書與沈
君彥謨書
甲申李薇生太守来得紹萊二月五日二十五號書沈羲民来
治余疾得丁雨生中丞書

乙酉潘芝岑來與丁禹生中丞書與吳彤雲觀察書
丙戌胡盛鳴來爲余處方而去得姚少泉書
丁亥雨
戊子上太夫人書與壬甫兄書與王補帆親家書與姚少泉書
己丑朱璞山來其夜雷雨
庚寅與陳子莊書

三月

辛卯出拜客見江小雲觀察李薇生太守朱璞山潘子浚得姚少泉書
壬辰雨得李少荃節相書
癸巳潘芝岑來得王補帆親家書得高滋園都轉書
甲午雨潘子浚來登舟如杭州泊吳江
乙未甚雨泊師姑橋
丙申泊新市至西栅興和醬園見蔡月嶠飯而歸其莫雨
丁酉復乘小舟至興和見月嶠與偕至鍾桂溪家小坐而歸復
行泊唐西與內子書
戊戌晴至詁經精舍其莫又雨
己亥微雨孟蘭艇章輪香兩監院來馮聽濤來陳桂舟
來
庚子晴補行二月望課馮孟香一梅來監院校官具酒
食鰣余于湖樓
辛丑入城拜客見楊石泉中丞盧五峯方伯高滋園都轉高辛才秦淡如觀察又
文濮少霞觀察劉聽襄前輩潘少梅姚少泉許子喬與
許八夫人與內子書是日飯于宗文義塾又至書局見戴
同鄉與王補帆書與魏稼孫書

壬寅雨得蔡駿甫書　附記寄德清信交清河坊裘鼎春
香粉店轉寄德清長橋河下興和
癸卯錫子受都轉前輩来潘少梅姚少泉汪芙青来陸君之翰
来與蔡駿甫書得汪瘦梅吳則之書得楓成兄書即復
之
甲辰王眉生詒壽董仁甫慎言戴同卿穗孫許子社郊陳蘭
洲豪来蔣君昌壽来得蔡駿甫書寄来清谿[redacted]書院
關書得蔡芸庭初九日書
乙巳沈蘭舫来孫君爾昌来
丙午張子騰太史家驤来孟蘭艇来是日閱定二月望
課卷發監院楊示于門
附記課題及内課十八名
育无色也解　禹貢三條四列說　論語分章古今異同
考　唐棣常棣考　堯以仁義為巢賦以題為韵
賦得肴樂胥得肴字　春晴春雨春寒春暖各賦醉
春風詞一首　連珠
馮一梅　吳承志　馮松生　孫樹禮　吳敬基　陳殿英
呂聰　高人鳳　胡元鼎　姜脩　朱昌齡　張大昌
朱芾　張濬　童廷楨　孫樹義　林元榮　洪成
丁未雨
戊申雨
己酉得二兒婦書寄来湘鄉相侯書王星府書許子
原女壻及繡孫書 此戊申事誤記于此 [redacted]
秦淡如觀察来得王補楓同年書
庚戌晴許子春来與丙子書與汪瘦梅吳煥卿書與王星

府書是日行詁經精舍望課章輪香来是日閱定龍
湖書院三月朔課卷寄菱湖
附記課題及超等八名
他日又獨立二句賦得孤蝶惜衣晴曝粉得晴字
有吳夫未有小人賦得春深漁父家得深字
費學謨　吳球　沈培元　潘福謙
倪宗寬　沈翼之　姚顯堂　姚澐
辛亥李春皋前輩来高滋園都轉来潘少梅来姚少泉
来汪芙青来張濬洪成雨生来與王補帆同年書與如冠
九觀察書與宗湘文太守書上太恭人書與壬甫兄書
壬子微雨旋霽盧五峯方伯来得壬甫兄二月二日十三日書得紹葉
二月十六日二十七号書得趙君紹華書得蔡芸庭書共
莫暮雨以風以雷
癸丑始晴繼雨與内子書與紹葉三号書
甲寅雨書局諸君以分校茅君得狂易疾亟請余往視
余亦無如何當爲告之中丞也飯于局中又至少泉處小坐
雨回得蔡駿甫書
乙卯晴是日閱定清溪書院課卷
附記課及已進超等十二名
不恥下問二句　賦得孤蝶惜衣晴曝粉得晴字
及其使人也第二句　賦得稺蜂貪蜜晚爭花得花字
沈汝昂　黄廷耀　徐本善　宋世瀛　仲樾欽
孫恭壽　沈汝燮　蔡兆驤　陳熙傑　陳冠群　徐宗樸　程士鑑
又未進上取前五名　黄寶仁　虞際唐　蔡清祺　費夔圖　高錫恩

丙辰與內子書使人子楊石泉中丞與之書與蔡駿甫書張仲甫
文與俞少衡光組來孫瑛李雲衢來
丁巳得祖仁婦書得王康侯女壻書得手民陶升甫書是日孟
蘭艇廣文招至靈隱游飛來峰觀陳桂舟爲余所刻題名
遂飯于寺中復至茶棚啜茗久坐清談意興頗佳也
戊午劉聽襄前輩來楊石泉中丞使人以書來得蔡芸庭
書是日閱定塾課卷發監院校官榜示于門
附記課題及內課十八名
比樂師夏憂解　宮縣軒縣判縣特縣考　夏小正篇名釋
義　爾雅釋詁釋言釋訓三篇名義說　肅慎氏貢楛矢石砮
賦以通道蠻夷肅慎來貢爲韻　賦得有渰興南岑得興字
聚頭扇　擬鮑照數詩　擬應璩百一詩
吳承志　馮一梅　袁之京　史鑑　鈕亮　李雲衢
袁秉彝　陳殿瑛　屈元炘　楊振鎬　李寀元　戴果恆
潘承鼎　馮松生　張濬　俞光組　林文蔚　許郊
己未潘少梅周鶴亭來得祖仁婦書與內子書與康侯書
四月
庚申馮孟香一梅袁懷西之京來
辛酉
壬戌徐桂堂燕謀來其夜大風雨達旦
癸亥大雨竟日汪芙青來
甲子得蔡芸庭書得紹葉三月九日廿八号書與內子書朱修伯來
乙丑入城拜客見徐少巖同年吳曉帆觀察張仲甫文潘少
梅姚少泉許子祥及許八夫人飯于曉帆處是日廉訪行精

舍課不至其莫監院以所具酒食餉余于湖樓
丙寅楊石泉中丞来姚少泉来孟蘭艇章輪香兩監院来
丁卯陳伯魯太守来蔣吟舫光焴来與汪謝城書
戊辰登舟還蘇州與蔡駿甫王星府書泊雙橋
己巳泊嘉興秦淡如觀察来
庚午泊吳山橋
辛未還蘇廬得王甫兄書朱璞山来汪芙青来芙青言
先大夫印雪軒詩鈔隨筆版尚在徽州有唐竹溪者知其
處竹溪住周寶山距汪郵不遠即託芙青問之擬買歸
也
壬申應敏齋同年来張少渠来
癸酉張少渠来楊利叔象濟来馮少渠来得紹萊婦
三月廿日書得潘少梅書是日閱定龍湖書院三月望
課卷寄菱湖
附記課題及超等八名
孔子下一節賦得有渰興南岑得興字
言及之而不言賦得絲槐夾門植得門字
孫錫恩　龐嘉謨　岳麟書　吳球
魯聯輝　潘福謙　沈翼之　倪宗寬
甲戌徐誠庵来朱璞山来與潘少梅書與紹萊婦書
乙亥出拜客見李質堂軍門許信臣前輩吳平齋来
丙子張子青中丞前輩来董梓庭吏部来朱璞山来與
李少荃伯相書是日雨
丁丑徐誠庵来陸連鍾山来許李蓉来得許子原女壻及編

孫女書三月廿日自京師寄得許子喬翁書
戊寅趙幼青来上　太恭人書與王甫兄書與鍾桂溪書與
蔡月嶠書朱璞山来
己卯周竹樵方伯来戴子高去金陵其来也以庚午余未還
厲故不書附去上湘鄉相公書與孫琴西同年書與王
讓臣書與劉叔俛書得高滋園都轉書得王補帆
中丞同年四月四日書
庚辰晴潘玉泉觀察来陳少泉觀察来趙幼卿来上太恭人
書與王甫兄書與王補帆同年書與高滋園都轉書
辛巳出拜客見董梓庭吏部徐誠庵大令賈芸樵廉
訪来
壬午雨許信臣撫部前輩来與王康侯女壻同書
癸未朱璞山来上　太恭人書與王甫兄書與俞翊廷書
與許子原女壻及繡女書得潘少梅書
甲申得蔡月嶠書鍾桂溪書即復之陸運鍾山来
乙酉晴童際亭觀察来侯峡山来與潘少梅書與俞翊廷書
丙戌石梅孫来得高滋園書王補帆同年四月九日書
丁亥朱璞山来與王補帆同年書高滋園都轉書夜大雨
戊子徐誠庵来石止和来孫君瑛来得王甫兄四月十日書得俞翊
廷書與楊石泉中丞書與應敏齋同年書
己丑唐鷁安来是日閱定清溪書院四月望課卷
附記課題及生員超等童生正取五名
迅雷風烈　賦得壞牆得雨蝸成字得成字
吾力足以舉百鈞四句　賦得古屋無人燕作家得家字

沈霦　陳熙傑二　黃廷耀二　徐本善二　仲樾欽二

高椿年　朱浚　袁乃欽

潘鼎　王培　潘懷珍　王墉　馮培芝

又記清溪書院監院駱紫卿長生徐滌庵桂

每課超等十二名生員特等十名前有花紅童生上取四名八

中取五名前有花紅

五月

庚寅朱璞山來與王康侯書與許子喬書與蔡駿甫書其夜雨

辛卯得高辛才觀察書

壬辰得王康侯女壻四月三日書朱璞山來侯暎山來是日閱

定詁經精舍四月望課卷

附記課題及內課十八名

箕子之明夷解　二竹簠方解　漢石經一字三字考

編鐘編磬各十六枚說　曾史蘭薰雪白賦以題為韻

賦得詠周孔之圖書得田字　慶忌塔歌　擬新進二

謝賞表裏一端表

陳偉　馮一梅　鄔佩以　張濬　沈家騏　陳濬

章廷楨　沈鼎　陳殿英　胡燕霞　馮松生　袁建梅

高人鳳　沈豫　張乃棠　許慶祺　林文蔚　許郊

癸巳與孟蘭艇書附去課卷與高辛才丈書與潘少梅書

與姚少泉書

甲午得紹菜四月四日第廿九號書與紹菜書四號與應敏齋同年書

乙未與潘少梅書出拜客見恩竹樵方伯賈芸樵廉訪許珊

清太守[redacted]

丙申汪芙青寄贈麋茸一架邵步梅来趙幼卿来柳質卿来
得應敏齋同年書
丁酉許叔清太守来許康甫等身来徐誠庵来
戊戌暑甚
己亥沈義民来治祖仁婦疾
庚子徐誠庵来
辛丑許子祥来得許子裔書得潘少梅書得邵步梅書
壬寅沈仲復觀察来楊綬臣太守来得姚少泉書其夜雨
癸卯出拜客見張子青中丞徐誠庵来張芝田来治祖仁
婦及阿龍疾大風雷雨
甲辰鄂蓉閣来張芝田来治阿龍疾與潘少梅書與張仲甫
丈書得蔡芸庭書
乙巳黄純安刺史錫蕃来
丙午李眉生廉訪来
丁未朱璞山来得楊石泉中丞書得潘少梅書得王星府書
戊申雨與孟蘭艇書潘少梅書秦澹如觀察書是
日閲史龍湖書院四月望課卷
附記課題及超等六名
非禮勿聽非禮勿言　賦得茅廚煮繭掉車聲得廚字
小人懷土　賦得紫飽垂新椹得新字
曾聯輝　岳麟書　沈世英　姚澐　朱滋鑫　潘福謙
己酉雨與王星府書朱曼伯壽鏞来與許子原女壻及綉女書
庚戌徐誠庵来得張仲甫丈書
辛亥陸連鍾山来

壬子得紹棠四月廿四日第三十號書
癸丑許信臣前輩来沈韵初中翰来與紹棠書
甲寅出弔湯敬齋太常之喪得子高書
乙卯陳子莊来得潘少梅書大雷雨
丙辰汪冠卿来治阿龍疾與戴子高書
丁巳汪冠卿来治阿龍疾潘子液来沈少巖爾繩来趙雨田
沛然及高辛才觀察書来朱璞山来得潘儀甫書得謝
芥香步雲書
戊午與秦澹如都轉書與謝芥香書與沈穀成庶常書得
楊石泉中丞書
己未與郭日長書與潘儀甫書與姚少泉書與楊鷗舲書與
蔡芸庭書汪冠卿来治阿龍疾
六月[redacted]
庚申與楊石泉中丞書得蔡駿甫書是日延一許姓者治
阿龍疾其人住水澄粉橋專治小兒驚風
辛酉得王甫兄四月十日書與四月戊子所得書同彼由信局留
官封也復延許姓者治阿龍疾與魏稼孫書與潘儀父書
壬戌李薇生太守来張芝田陳　玉及許姓者均来治阿龍疾
王濟川自上虞来
癸亥潘芝岑来張芝田来治阿龍疾
甲子得李少荃爵相五月廿一日書與張仲甫中翰書張
芝田来治阿龍疾是日閱定清谿書院五月望課卷
寄德清與蔡駿甫書
閔子侍側一節賦得輕襟隨風開得涼字

仲尼馬學　賦得風来北窗北得涼字
沈蔚林　王賡堯　程士鑑二　沈汝昂二　蔡兆驤二
高錫恩　高振垣　蔡清祺　高椿年二　蔡鏡瑩
仲樾欽三　高士英　右超等生員
王賡元　蔡振育　蔡步瀛　吴鴻聲　沈鳳岐
徐士驤　虞紹唐　沈翼鴻　右上取童生

乙丑與張仲甫丈書

丙寅陸連鍾山来得姚少泉書得戴子高書王濟川去與
高滋園都轉書

丁卯得姚少泉書潘子浚来張芝田来治阿龍疾

戊辰得高滋園都轉書王補帆同年五月廿一日書

己巳得王康侯女壻書與鍾桂溪書是日閱定龍湖書院五
月望課卷與王星府書與秦澹如觀察書張芝田来治阿
龍疾鄒蓉閣来
附記課題及超等六名　倪宗寬　沈世美　孫其泰　龎光燦　施榮綬　潘福謙
子聞之曰再斯可矣　賦得羽扇摇風卻珠汗得摇字
請益　賦得甘瓜剖緑出寒泉得甘字

庚午出拜客見吴平齋上　太恭人書與王甫兄書與王補帆
親家書與高滋園都轉書與潘少梅書與姚少泉書童
際庭觀察来朱璞山来得冕州别駕趙君紹華書

辛未與蔡厚齋舅氏書與應敏齋同年書得蔡菩庭書

壬申許[redacted]之[redacted]来張芝田来治阿龍疾（誠齋塗）

癸酉許康侯来得許子原女壻及繡孫女五月十一日書

甲戌徐誠庵来

乙亥陶芑孫明經然来
丙子得紹菜五月十九日書
丁丑李薇生太守来張子虞来與陳子莊書與孟蘭艇書
戊寅朱璞山来得楊將三書得姚少泉書
己卯與吴曉帆觀察書與張仲甫中翰書與姚少泉書
與戴子高書與王譲臣書與紹菜書
庚辰與許子原女壻及繡孫女書與汪瘦梅書得張少渠書
陸連鍾山来
辛巳得顧子山觀察書得潘少梅書得許子社書得
王濟川書與張少渠書
壬午陳少泉觀察来與潘少梅及儀甫書與許子社
書與王濟川書是日小雨大風
癸未張芝田来治阿龍疾潘子浚来與許子裔書張子
虞来風雨如上日
甲申許信臣前輩来沈穀成庶常来
乙酉
丙戌得吴曉帆觀察書
丁亥丁紫巢来得張仲甫丈書得少泉書
戊子祝韵梅来得蔡駿甫書得王星府書
七月
己丑得壬甫兒六月十五日書是日閲定龍湖書院六月望
課卷寄菱湖與王星府書其夜雷雨
附記課題及超等六名　岳麟書　倪宗畝　孫宣　沈世英　朱晒基　倪宗寬
葉公問孔子於子路子路不對　賦得風来北窗北得窗字

庚[redacted]寅子路不說 賦得輕襟隨風開得襟字
與李少荃爵相書得[redacted]蔡月嶠書是日閱定清溪
書院[redacted]六月望課卷寄德清與蔡駿甫書是日雷雨
附記課題及超等十名
子游為武城宰 合下一章 賦得自翦芭蕉寫佛經得經字
入以事其父兄至可使制梃 賦得竹弟有清風得清字
徐本善三 徐寧祖 高士英二 陳育仁 沈霦二
徐寶森、馮壽銘 徐寶麟 黃廷耀三 蔡兆驤三
辛[redacted]卯得許子喬書得壬甫兄五月十四及十八日書與蔡月嶠
書與姚魯卿書與許子喬書朱璞山来
壬辰上太恭人書與壬甫兄書 許康甫来 楊綬臣太守来
癸巳夜大雨
甲午出拜客見許信臣前輩陳少泉觀察祝韵梅
乙未得王補帆中丞同年五月三十日書得高滋園都轉書與
勒少仲同年書與孟蘭艇書
丙申沈義民来治祖仁婦疾陸連鍾山来
丁酉沈義民来治祖仁婦疾得康侯五月十九日六月十五日廿六日
書得孟蘭艇七月七日書得陳桂舟書
戊戌沈義民来治祖仁婦疾與潘少梅書與王補帆同年書
與高滋園書與魏稼孫書得張子虞書得王適
川書趙雨田来
己亥與陳子莊書與孟蘭艇書
庚子陶芑孫来徐誠庵来吳洋香来得鍾子勤書得戴
子高書得周鶴亭書與孟蘭艇書得應敏齋同年

書沈陶安
廬藻来
辛丑張芝田来治祖仁婦疾得孟蘭艇書得張少渠書
壬寅張芝田来治祖仁婦疾得潘儀父書得吴時山書
癸卯顧春生山領桂来治祖仁婦疾得孟蘭艇書得程桂舟
書得王補帆同年書
甲辰鈕竹君承筠来朱璞山来得姚少泉書
乙巳顧春生来治祖仁婦疾許康甫来陸連鍾山来是
日閲定詁經精舍五月望課卷是課余在吴下寄題課之
因學使者適按試杭州故遲至今也其莫大雨
附記課題及内課十八名
車中内顧解　敢不關鞭五百解　漢志爾雅二十篇考
六甲五龍説　陶峴為水仙賦以吴越之士號為水仙為韵
賦得蓮汀當暑亦清寒得汀字　銷夏四詠　竹簟
筠簾　椶拂　羽扇
陳偉　許慶騏　袁秉彝　張濬　王治本　史鑑
曹樞斗　馮一梅　陳濬　胡宗俊　沈家騏　呂聰
陳殿英　高令曽　倪茹　戴果恒　吴敬基　胡元鼎
丙午雨與孟蘭艇書付去課卷與王補帆閣撫書與高滋園都
轉書與周鶴亭書與張子虞書與姚少泉書與張少渠書
與王康侯女壻書得吴彤雲觀察書顧春生来治祖仁婦疾
丁未得紹莱六月十八日卅二号書得高滋園都轉書
戊申
己酉蒯子範大守来陸連鍾山来蔣吟舫来與戴子
高書

庚戌出拜客見童際庭觀察丁白卿来是日閱定龍湖書院小課卷

附記課題

春秋三科九旨說　醉竹定暑賦以醉鄉日月各有所定

爲韵　碧筩杯歌　竹几　藤牀　蕉扇　椶拂

辛亥與王星府書與吳時山書徐誠庵来恩竹樵方伯招

飲遂拜客見楊綬臣太守

壬子張秀才宗德来潘子没来得蔡厚齋舅氏書與紹箕

婦書與李少荃制府書

癸丑上曾滌生師相書[redacted]

甲寅與張仲甫丈書與高辛才丈書祝韵梅来得周鶴庭

書得潘鳳洲書知少梅親家翁于七月十五日卒于家江

小雲觀察来得紹箕育廿七日廿三号書得陳作梅觀察書

乙卯許子衡子喬偕来盛杏孫来得子原女壻及綿孫女七月三日書

丙辰潘玉泉觀察来張少蕖来得蔡駿甫書

丁巳徐子敬来[redacted]與周鶴庭書與潘儀父書是日閱定

清谿書院卷寄德清與蔡駿甫書

附記課題及超等十名

祭如在二句　賦得山花水鳥皆知己得皆字

申棖　賦得洗竹澆花興有餘得花字

朱慶元　胡元齡　沈汝爕　裘陞賡　黄廷耀

王　培　徐寶麟　俞兆驤　施　濟　黄逢源

戊午張任庵同年来得王甫凡七月廿六日書

八月

己未
庚申出弔惲次山撫部之喪遂拜客見張任庵同年匯潤如
比部來陸連鍾山來是日閱定龍湖書院七月望課卷
附記課題及超等七名 吳球 朱昞基 倪宗敏 沈培元 孫炳熊 潘綸 岳麟書
鄉如吾見於夫子而問知至能使枉者直 賦得自剪芭蕉
寫佛經得經字
周公何人也 賦得竹弟有清風 得清字
辛酉徐誠庵來朱璞山來與王星府書與潘芝岑書與
紹棻書
壬戌與子原女壻及繡女書倪載軒觀察來許子衡子喬偕來延
小昉來得孟蘭艇書陳桂舟書謝芳香書
癸亥馮巳亭來丁紫巢來
甲子得康侯女壻七月廿九日書是日閱定詁經精舍七月望
課卷
附記課題及內課十八名
易有大極解 九齡解 毛傳以訓詁明假借詳考
儀禮惟大射稱儀說 蘇子瞻三不如人賦以三不如人棋酒曲
也為韻 孟蘭盆歌 秋蘭用漁洋秋柳韻
陳律 馮松生 馮一梅 史鑑 孫樹義 李雲衡
張濬 陳殿英 方嚴 史致中 楊振鎬 沈文元
吳敬基 姚丙然 李詒延 袁秉彝 徐琪 孫樹禮
乙丑與孟蘭艇書坿寄課卷與楊石泉中丞書與王康侯女壻
及錦孫女書錢旭寅來趙幼卿來張少渠來得高滋園
都轉書

丙寅與王補帆親家書與高滋園都轉書
丁卯得姚輔廷書
戊辰
己巳雨陶芑孫来張少渠来得曾滌生師李少荃前輩同年兩
爵相書得蔡駿甫書得勒少仲書
庚午應敏齋同年廉訪来出拜客見恩竹樵方伯江小雲吳平齋
兩觀察與楊石泉中丞書與蔡駿甫書
辛未盛澗如刑部来陸存齋觀察来吳仲英陸連鍾山祝韵梅
三明府来潘濟之来張少蕖来與陳作梅前輩書
壬申[redacted]為内子與許八夫人書
癸酉與勒少仲同年書與沈仲復觀察書
甲戌雨得潘芝岑書得許子衡許子喬書得王濟川書即復
又得紹莱六月十九日卅四號書
乙亥與潘芝岑書與張仲甫丈書得韓厚庵師書趙幼卿来鈕
竹君来得沈祖香書
丙子盛澗如比部来
丁丑朱璞山来陸連鍾山来
戊寅
己卯[redacted]族子振基字伯成来
庚辰出拜客見吳仲英恩竹樵方伯来張少蕖来朱璞山来得
張仲甫丈書
辛巳
壬午雨徐誠庵来得高滋園都轉書得周鶴庭書
即復少

癸未張少渠来姜曉湘来

甲申得吴曉帆觀察書并以新舊唐書合刻及廿二史四謚贈得姚少泉書 吴仲英来

乙酉與高滋園都轉書與吴曉帆觀察書與姚少泉書與王濟川書朱璞山来李直清来

丙戌馮少渠来吴仲英来馮聽濤来得高滋園書得閻撫王補帆同年書

丁亥上 太恭人書與壬甫兄書與王補帆親家書與高滋園都轉書與王濟川書朱璞山来張少渠来周君祖蔭来沈韵初来邵步梅来其夜雨有賊踰垣啟窗入余卧室覺而去失衣一襲

九月

戊子雨應敏齋同年来得蔡月樵書

己丑與紹菜書

庚寅梁梅灣来桂文燦皓庭以戴子高劉叔俛書来并以所著春秋列國圖四卷贈得少泉書桂皓庭乃廣東南海人已酉孝廉所著有易大義補禹貢川澤考詩箋禮注異義考周禮今釋春秋列國圖考箴膏肓評起廢疾評發墨守評論語皇疏考證孟子趙注考證孝經集解孝經集證以上總名經學叢書同治元年進呈奉旨留覽又有說文部首句讀四海記經學博采錄輿埶堂集

辛卯潘子璇来江小雲觀察来得沈仲復觀察書得孟蘭艇書是日閱定德清清溪書院菱湖龍湖書院

課卷分寄之與蔡月嶠書
附記清溪課題及超等十二名
子曰不曰如之何一章　賦得忘名何必入深山得忘字
雞豚車馬非祭肉　賦得秋冷先應瘦客知得先字
王培　程光霽　陳熙傑　胡元齡　沈鏡蓮　童寶善
林樹恩　陳錫昌　蔡兆驤・高椿年　蔡與齡　陳冠群
龍湖課題及超等六名
子夏曰雖小道兩章　賦得有時隨鹿上山行得隨字
子夏云何　賦得晝日觀魚臨水坐得觀字
岳麟書　潘福謙　朱鎏　魯聯輝　孫炳熊　孫亶
壬辰上　太恭人書與壬甫兄書許信臣前輩来趙幼卿
来潘子潑来[redacted]
癸巳高辛才觀察来周纓雲前輩来張少渠来
甲午丁紫巢来湯子澄来得周鶴庭書得高滋園書
乙未朱璞山来陸連鍾山来
丙申張子青中丞招飲與者許信臣殷譜經兩前輩吴平齋
觀察何子永中翰遂拜客見沈韵初高辛才文来
丁酉朱曼伯来出拜客見許信臣前輩應敏齋陳少宗兩
同年朱璞山馮少渠丁紫巢梁梅巒弓是日閱定詁經精舍
望課卷寄杭州與孟蘭艇書
附記課題及內課十八名
噲噲其正噦噦其冥解　行李解　春秋三世攷　六十律終于南事
說　龔六為七賦以龔六為七摅之無窮為韵　月餅限甜字
金風玉露各七律一首　明皇游月宫歌

沈豫　吴承志　王壽祺　沈鼎　陳灝　許慶祺　屈元炘
王嘉猷　史鑑　馮一梅　徐琪　潘鍸　陳殿英　陳偉
馮松生　陳錫慶　盛起　姜僑
戊戌高辛才丈来張少渠来張子虞来陳子莊来恩竹樵方伯来與少卿步
梅招飲
己亥與孟蘭艇書
庚子張仲甫丈来
辛丑許信臣前輩高辛才觀察来陶芑孫来陸連鍾山来得汪
子和書與陳子莊書　附記 子和寓上海大東門內地藏庵
壬寅雨葛治卿来得蔡厚齋舅氏書
癸卯雨趙雨田来為余處方
甲辰李薇生太守来趙幼卿来
乙巳出拜客見張子青殷譜經兩前輩恩竹樵方伯徐誠
庵大令
丙午殷譜經前輩来朱璞山来許季蓉来潘子駿来得許子
喬書得沈仲復觀察書
丁未得絡莱八月廿四日卅五号書如冠九觀察前輩来何子貞前
輩来陸連鍾山来葛瑞卿来
戊申江小雲觀察来張少渠来鄒蓉閣来得魏稼孫書二
己酉李徵生太守招飲遂拜客見許信臣何子貞兩前輩應
敏齋同年得孟蘭艇書
庚戌蔣吟舫来與陳子莊書得李筱荃制府書
辛亥朱曼伯太守来朱璞山来沈韻初来俞劭叔来張少渠来
得沈蘭舫書

壬子得許子原女壻及繡孫女
癸丑得戴子高書得王濟川書出拜客見恩竹樵方伯應敏
齋廉訪張少渠與姚少泉書與周鶴庭書與沈蘭舫
書吴彤雲觀察来
甲寅張任庵同年来鴻聽濤来
乙卯朱璞山来徐賦秋来江子平来曾滌生師相使人以詩来
丙辰雨出拜客見曾滌生師相日加午曾相来得王康侯女壻九月
廿日書
丁巳許子喬来得姚魯卿書與王康侯書與汪子和書與戴
子高書
十月
戊午惲小山太守請曾滌生師相為其先德次山前輩題主屬
余奉陪遂拜客見許信臣前輩及吴平齋是日閱定德清〃
溪書院卷得孟蘭艇書與李少筱荃制軍書
附記課題及生員超等十名
孔子謂季氏三章　賦得縱横聯句長侵曉得聯字
與其弟辛　賦得次第看花直到秋得花字
袁陛賡　蔡與齡　蔡鏡瑩　沈蔭培　高振垣
沈汝爕　陳冠羣　沈霦　蔡殿傳　朱賡元
己未雨使人致書于湘鄉公附去與彭雪琴侍郎書與姚魯卿
書與張仲甫文書
庚申許康甫来潘子逡来與朱伯華書
辛酉張少渠来江子平来與李少荃爵相書與許星未學
士書與許子原女壻及繡孫女書得高辛才丈書與紹莱書

壬戌出拜客見應敏齋廉訪江小雲觀察李薇生太守朱璞山司
馬許李容来張少渠来朱璞山来上　太恭人書與王甫兄
書
癸亥登舟如杭州泊吳江
甲子泊王江涇
乙丑泊北雙橋
丙寅泊南雙橋
丁卯過唐西與内子書與鄒蓉閣書戊時至杭州泊馬頭
戊辰日加巳至詁經精舍姚少泉来聖因寺僧永清来
己巳入城拜客見盧五峯方伯吳引之廉訪高滋園都轉梁敬
叔觀察張仲甫丈高辛才丈吳曉帆觀察濮少霞觀察孟
蘭舫廣文又至書局見周鶴庭陳蘭洲施均甫潘儀父飯
於許氏見許八夫人與内子書與何子貞前輩書與江小筠觀察書
庚午沈祖香来孫遠香来黄硯舫来許子喬来是日閲定九
月望課卷發監院校官榜示于門
附記課題及内課六名
尹吉解　周官司祿考　王制兼虞夏殷周及晉文霸制考
毋追毋追訂誤　霜信賦以白鴈来而霜始降為韵
佛手柑　青女歌　擬陶淵明謝王刺史送酒書
胡元鼎　吳承志　許慶騏　曹楓斗　胡宗俊　袁秉彝
姜頤　潘鈉　陳灝　沈鼎新　王嘉猷　陳殿英
俞光組　戴果恆　許郊　李昭延　李宗元　史鑑
辛未高滋園都轉高辛才丈觀察均有餽得王補帆同年九
月廿九日書

壬申得紹棻婦書得祖仁婦十一及十三日書得王補帆九月廿
二及廿五日書得王南兄八月十八日書得周少雲書得徐誠庵書
是日高寧才大蔡文臣觀察來周鶴庭來潘鳳洲陳藍洲施
均父來遂與同飯于湖樓談仲修來[redacted]王松溪來張子虞
來許子社來其夜雨
癸酉孟蘭艇來
甲戌秦澹如都轉來濮少霞觀察來沈蘭舫來與內子書與
紹棻書與王補帆親家書
乙亥吳引之廉訪來林聽孫觀察來劉聽襄前輩來陳耐庵
偉來其[redacted]夜雨
丙子馮孟香來黃質文來
丁丑孟蘭艇章輪香兩監院來吳祁甫來周鶴庭潘鳳洲來
戊寅入城拜客見楊石泉中丞王清如前輩林聽孫觀察蔡
文臣觀察陳伯敏太守丁松生潘儀甫又至書局見施均父黃元同
許子社周鶴庭得江子平書
己卯入城拜客見如冠九前輩惲杏耘觀察范竹岩尚衣吳曉
帆觀察是日楊石泉中丞招飲與者竹岩冠九杏耘三君又
有梅君益清乃香岩中丞之弟也比歸湖樓已戌正矣是
日高滋園都轉來程徽卿咸焯來沈蘭舫來得張少渠
書得蔡耘庭書
庚辰何青士王清如兩觀察來鍾桂溪汪芙青來黃元
同來袁孝寧來與內子書
辛巳雨
壬午雨與內子書與潘季玉吳平齋兩觀察書與朱璞

山書沈蘭舫来得壬甫兄九月廿三日書得康侯八月廿一日書得子
高十月九日書得蔡瑜卿書得麗作人書得王星府書得二兒婦書
癸未得紹某九月廿三日廿七号書得祖仁婦廿三日書是日閱定
望課卷
附記課卷及内課十八名
虞夏商周建國多少考　小國二卿皆命於其君說　古者黄裳後世改
用纁裳說　春秋非常異義論　焠兒賦以杭人削松木爲小片爲韻
寒暑表得寒字　回峰塔歌　蘇文忠在宋時曾從祀文廟應否復祀議
王士驤　馮一梅　吴承志　胡元鼎　沈豫　姜脩　王嘉猷　史鑑
李雲衢　王壽椿　沈鼎　陸壽民　姜頤　顧慶字　關鉞　沈家騏
許慶麟　許章燾
甲申雨止見日周[redacted]子雲来姚子[redacted]庚来丁松生來沈蘭舫来是日閱定龍湖
書院十月望課卷
附記課題
子曰可與共學一節　賦得安得萬里裘得寒字
公孫丑曰詩曰　賦得風吹古木晴天雨得吹字
乙酉晴姚少泉来吴君超来汪[redacted]芙青来孟蘭艇来章輪香来
與内子書與王星府書
丙戌秦澹如都轉廣韵招飲與者有吴碩卿工部陳槐庭大令餘
非所識故不書遂拜客見高滋園都轉高辛木觀察汪符
卿又至許宅見八太夫人及子祥
十一月
丁亥汪符卿吴書四郊来得吴墺卿大令書姚少泉来是日
大風乃還於樓下章臨院之屋

戊子沈祖香来與內子書其夜余有疾是日西湖冰
己丑得祖仁婦書得壬甫兄十月十三日書陳耐庵孫遠香来
庚寅得祖仁婦初一日書朱璞山書張少渠書陳槐庭大令鍾英来許
章卿来
辛卯孫璞来馮孟香来西湖冰泮
壬辰入城回歸許緣仲觀察之喪見許子祥及許八夫人與其子婦周
季英媛女又至吳曉帆觀察家賀其贅孫壻遂拜客見楊石
泉中丞高滋園都轉汪荇卿姚少泉又至書局見周鶴庭施均父
黄質文
癸巳茂竹岩尚衣来盧五峯方伯来姚朗山来
甲午與內子書得祖仁婦初二日書洪[redacted]空孫来
乙未姚少泉来周仁卿来是日閱定清溪書院課卷
丙申入城拜客見高辛才文何青士觀察吳曉帆濮少霞兩觀
察秦澹如都轉高滋園都轉又至書局見周鶴庭陳
藍洲得蔡厚齋書是日封清溪課卷寄德清
附記課題及超等十二名
子曰可與共學一章　賦得掃壁有僧求醉墨得求字
雖違衆　賦得閒臨閣帖禊真行得臨字
蔡與齡　蔡鏡瑩　仲調鼎　蔡兆驤　沈汝昂　朱浚
程先霨　朱慶元　俞兆驤　袁陞賡　徐寶麟　沈霦
丁酉許子喬子祥来汪芙青来孫萊仙鰲来金忠甫廉常来
戊戌陳伯敏太守来黄質文来姚少泉来
己亥登舟還蘇州泊唐西是日以友人所餽蚶二升許縱而活之河
庚子日加午至德清泊南埭見諸兄諸子遂展先曾祖及先祖之墓

辛丑移舟入城易小舟至金鵝山展先朝議君之墓回舟飯
兩行仍泊唐西與蔡駿甫書蔡月嶠書鍾桂溪書稔又任
書其夜雨
壬寅陰帆風行泊一救廛卡前不知名過北雙橋十里矣
癸卯泊王江涇
甲辰泊平望
乙巳還蘇寓得壬甫兄十月十七日書勤少仲同年十月廿三日書汪瘦梅
十月廿一日書吳平齋書王康侯女壻十一月四日書蔡芸庭書二姚春伯十
月十五日書姚少泉書潘儀甫書
丙午與潘儀父書與洪宜孫書上　太恭人書與壬甫兄書
丁未與李少荃節相書與朱璞山書江子平来出拜客見杜
小舫童際庭兩觀察李薇生太守許信臣撫部
戊申李薇生太守来趙雨田来蔡瑜卿来葛瑞卿来馮聽濤
来得紹棻十月廿三日卅八号書得與錢湘吟侍郎書與汪
瘦梅書與陳子莊書與高滋園書與陸存齋書與施均
父書與家晚林兄書　附瘦梅在京寓四川營內棉花九條胡同中間路北
己酉許信臣前輩来許李蓉来杜小舫觀察来潘少渠来
旺符卿来王韻臣来
庚戌於關帝廟拈香遂拜客見恩竹樵方伯陳少泉觀察吳頌卿
工部又至靈鷲寺弔汪小樵夫人之喪童際庭觀察来
辛亥陳少泉觀察来江子平来顧駿叔来得潘儀父書得朱璞山
書得張少渠書與勤少仲同年書與戴子高書得鍾桂溪書
壬子雨陸君昀来
癸丑微雪恩竹樵方伯来江子平来張少渠来得書局談廷獻

董慎言沈彪張頊𦋺書得孟蘭艇書
甲寅陶柳門来
乙卯雨出拜客見應敏齋廉訪賈耘樵觀察馮少渠大
令吴碩卿工部来
十二月
丙辰應敏齋同年廉訪来江子平来沈爾繩来鄭蓉閣来汪
符卿来與陸蔚庭庶常書得高辛才丈書
丁巳江小雲觀察来張少渠来陶芑孫来是日閲定詁經精舍
十一月望課卷寄杭州與孟蘭艇書與高滋園書與譚
仲脩書與潘儀父書得高滋園書得王補帆十一月十二日書
得潘儀甫書得姚少泉書
附記内課十八名并課題
鳥夷解　作為作詩解　魯禘祫考　經籍次弟論
文瀾閣賦　冬日田家襍詩　火鍋　擬杭人臘日祀萬回哥哥文
胡宗俊　史錫慶　陳偉　許慶麒　吴承志　馮一梅
袁秉彝　楊振鎬　胡元鼎　沈鼎　王壽椿　沈豫
李雲衢　王士駿　徐琪　王嘉猷　史鑑　俞光組
戊午與朱璞山書江子平来止之宿趙甬田来蔡瑜卿来得壬甫
兄十一月一日書知嫂氏孫恭人於十月廿七日去世
己未上太恭人書與壬甫兄書與兒子紹莱書與王星府書陸蓮峒
山来孫君彭年来
庚申潘玉泉觀察来惲質夫彦彬張幼樵佩綸兩庶常来汪小
樵封翁来金立甫刺史来趙幼卿来張子中来與家晚林兄書
與鍾桂溪書得陸存齋觀察書

辛酉雨閱定清溪書院十一月望課卷寄德清是課超等及課題均失記
與蔡駿甫書與吳曉帆書陶柳門來沈書森來
壬戌與陸存齋書與蔡苕庭書得陳子莊書得孟蘭艇書
癸亥出拜客見何子貞前輩江小雲觀察鄒蓉閣縣尉得壬甫
是十月十三日書
甲子惲質夫廉訪來張少渠來與馮景庭前輩書
乙丑葛瑞卿來姜君恩普來得吳曉帆書得吳牧騶書
丙寅吳平齋來趙雨田來張少渠來與姚春伯書
丁卯沈韵初來何受山觀察同年來出拜客見許信臣前輩
胡魯山得蔡駿甫書得王星府書即復之又得其書
戊辰祝韵梅來胡魯山來是日閱定龍湖書院十一月朔望課卷
附記課題及超等六名吳球　魯聯輝　費學曾　朱昞基　岳麟書　費學謨
恭寬信敏惠至信則人任焉賦得晚來天欲雪得無字
夫子不言不笑不取乎賦得能飲一杯無得新字
己巳與王星府書倪戴軒觀察來張少渠來得壬甫兄十一月廿三日書
庚午與王補帆親家書與高滋園都轉書與孟蘭艇書與黃質
文書得陸存齋觀察書得許八夫人與內子書與吳清卿太史
書其夜雪
辛未張少渠來汪芙青來與許八夫人書得蔡月樵書即復
之與吳牧騶太守書與孟蘭艇書
壬申出拜客見恩竹樵方伯李薇生太守何受山同年丁經生大令
倪戴軒觀察得楊石泉中丞書得鍾桂溪書得少泉書江
子平去
癸酉潘玉泉觀察來余子虔來邵步梅來馮少渠來與少泉書

甲戌與楊石泉中丞書與蔡月嶠書與江子平書
乙亥汪柳門太史來與馮景庭前輩書
丙子許康甫來趙幼青來得周鶴庭書得潘儀父書得戴
子高書得蔡芸庭書
丁丑何受山同年來與戴子高書上　太恭人書與王甫兄書
得孟蘭艇汪謝城書得許子春高書得朱璞山書伯華書
與朱璞山書
戊寅
己卯徐雲士來與勒少仲書與錢子密書得朱伯華書
庚辰得孫琴西同年書
辛巳雨許康甫來邵步梅來馮聽濤來是日閱定龍湖書院
十一月望課卷
附記課題及超等三名
子貢方人三章　賦得林烟漠漠鴉邊暗得林字
耆秦人之炙二句　賦得山骨棱棱雪外青得山字
壬午周少雲來得張少渠書其夜祀神
癸未沈仲復觀察來丁經生來鄭君興揚來與張少渠書
甲申何小宋中丞來得紹葉十一月廿四日卅九號書
乙酉出拜客見何小宋中丞徐雲士其夕敬懸先高祖以下畫
像設祭行禮是歲余行年五十有一所著第一樓叢書
三十卷剞劂告成又刻成存襍文二卷其隨筆尺牘刻未
竟

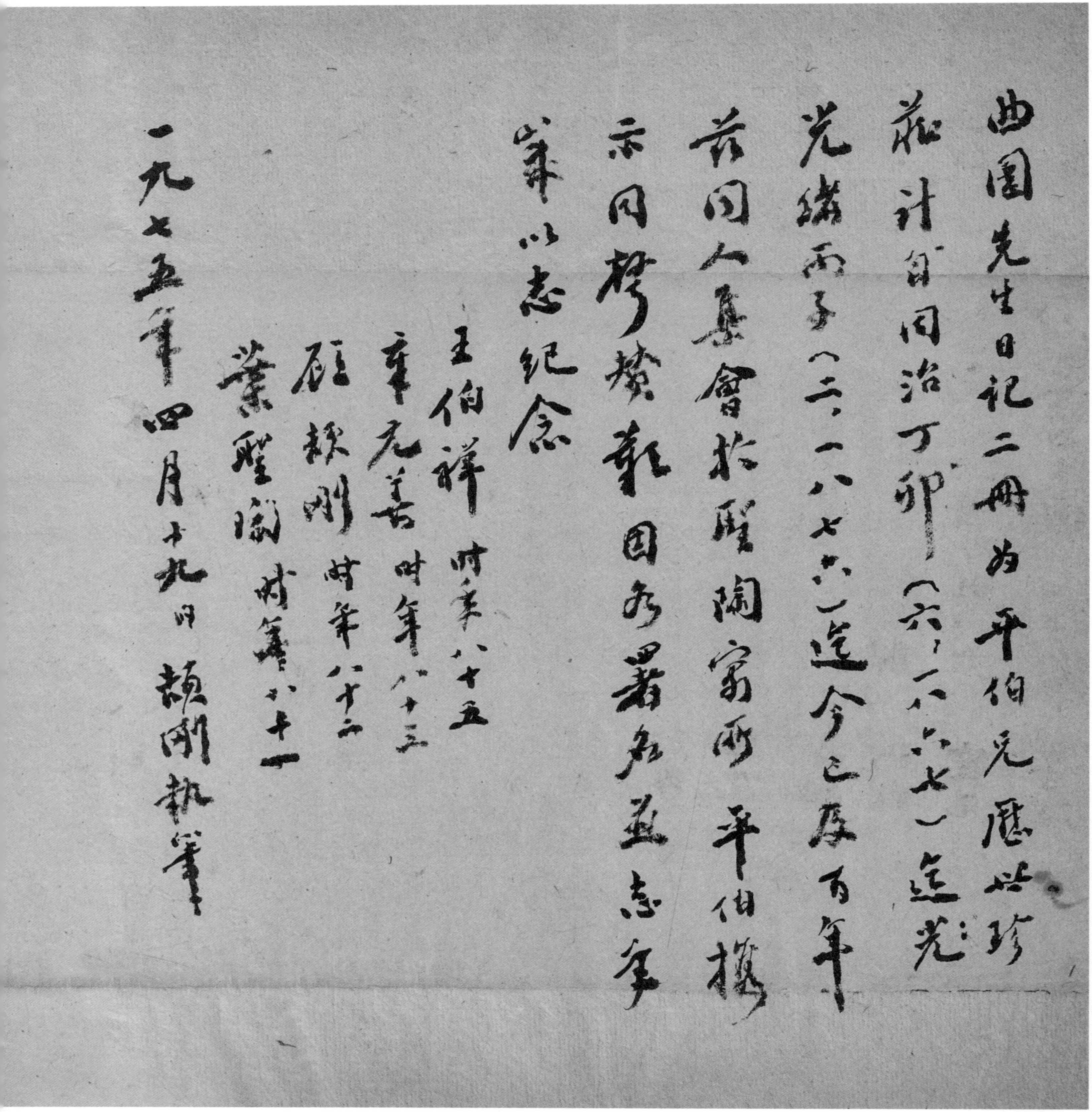

曲園先生日記二冊為平伯兄歷世珍
藏計自同治丁卯（一八六七）迄光
光緒丙子（一八七六）迄今已存百年
昔同人集會於聖陶家所平伯攜
示同好欣賞因為署名並志年
筆以志紀念

王伯祥 時年八十五
章元善 時年八十三
顧頡剛 時年八十二
葉聖陶 時年八十一

一九七五年四月十九日 頡剛執筆

# 春在堂日记·册二

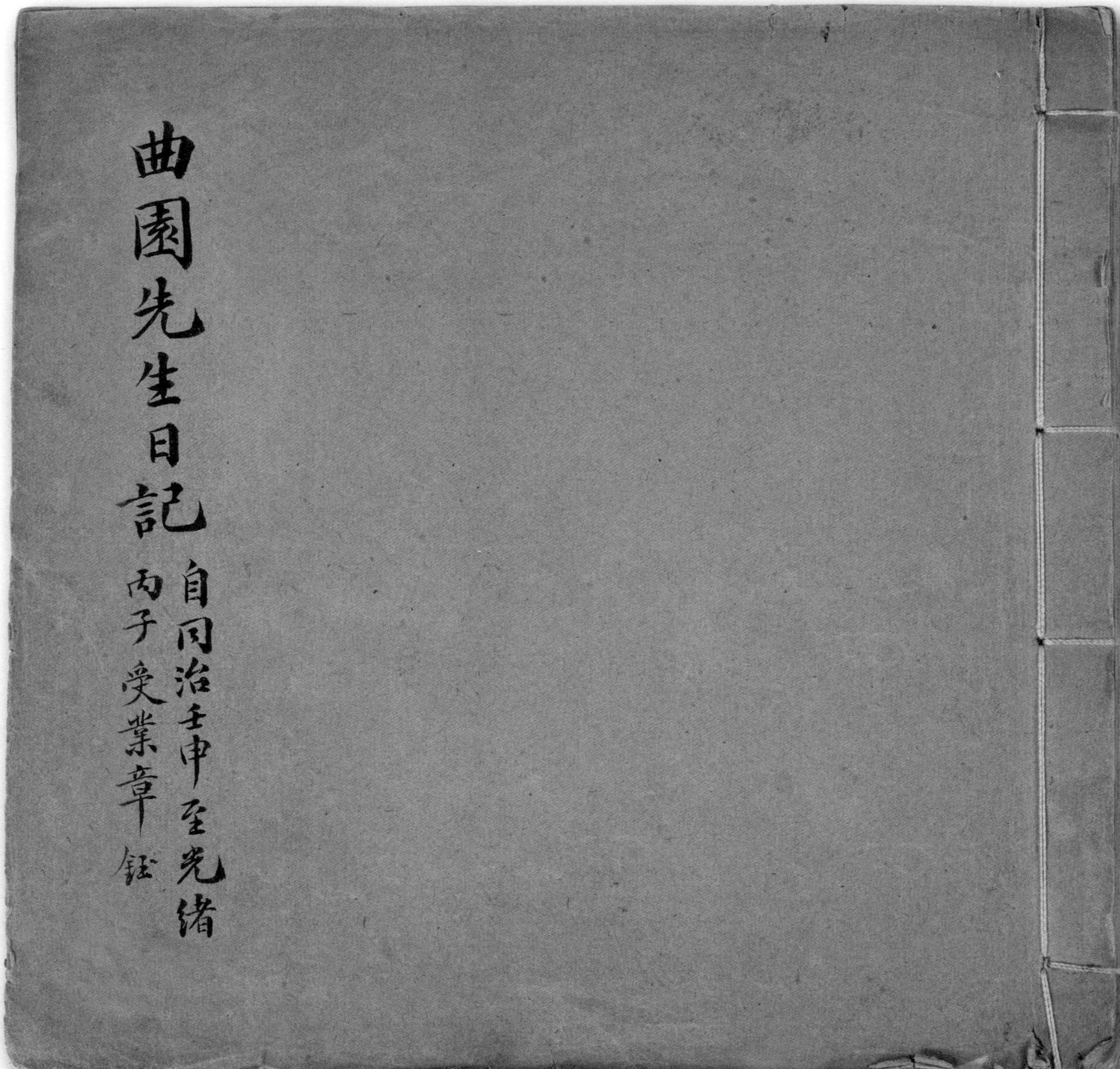


册二封面（章钰题签）

寬每聞 先子言曾文正公在軍中日必有記名過隙影
積旬日輟命錄寄子弟以當家書 先子自咸豐己未
至光緒己丑亦每日必寫日歷數十年不輟今復敬觀
斯卌十年之間一筆不苟其精藝尤非尋常人所
能及益信名臣大賢無有不克勤小物者即細
節以觀其全乃知其所成就非倖致也戊申十有
二月陽湖趙寬拜觀敬識

自昔名儒碩彥多有日記以驗進德脩
業戊申歲暮文蔚歸自秣陵 階青太史
手 祖庭日記二冊見眎自同治丁卯迄
光緒丙子細書密字始終無一懈筆詩
曰溫恭朝夕執事有恪乃歎古今盛德
大業無不基於有恆 先師著書盈架
海內推為精博始知平時所積非偶然
也 文蔚以先世雅故弱冠獲奉几杖中間

飢走四方遠離十載乙巳重来吴下昔歎今情眷愛愈篤親承謦欬者兩年丙午之冬遽撤琴瑟梁木之痛無時已已今捧遺墨先世名氏猶存記中自維飄落不能仰贊萬一階青太史永懷祖硯什襲弆藏而雅材宏達能傳家學尤不可及爾卷温尋益增高山景行之慕也門下士宋文蔚拜讀敬誌

宣統三年歲次辛亥元旦日門下再晚學生鄭言拜觀

宣統三年正月過吴門訪曲園獲觀
春在堂日記始丁卯訖丙子精雅詳
謹十年如一日妙睹墨寶歡喜讚歎
年孫爽良敬識

焦尾閣賸草序

昔謝道韞柳絮因風之句今古豔稱
著不失為賢媛而天壤王郎一語呂
婦〻之于夫可少存菲薄之意乎烏
以賢盧孺人也孺人為國學生菊人王
自幼以文藝有聲孺人父南屏處士見
讀書種子也遂以孺人女焉〻而王君竟以[illegible]
讀時孺人猶未歸聞之不樂悼夫初志之不醻

同治十一秊歲陽在元默（麻書作橫艾）歲陰在涒灘

正月小盡　丙戌朔　終陬

二月大盡　乙卯朔　極如

三月小盡　乙酉朔　畢寎

四月大盡　甲寅朔　橘余

五月大盡　甲申朔　修皋

六月小盡　甲寅朔　圉且

七月大盡　癸未朔　厲相

八月小盡　癸丑朔　則壯

九月大盡　壬午朔　窒元

十月大盡　壬子朔　塞陽

十一月小盡　壬午朔　終辜

十二月大盡　辛亥朔　極涂

正月
丙戌晴日開見客来不見例不書
丁亥晴應敏齋廉訪来江小雲觀察来陶柳門来得潘芝岑書
戊子
己丑雪朱璞山来得李少荃伯相書與朱伯華比部書
庚寅晴祀神於　先高祖以下畫象前設祭行禮禮畢敬撤出拜客見張子青制府何小宋中丞兩前輩李薇生太守鄒蓉閣縣尉其夕應敏齋廉訪同年招飲是日與王星府書與高懿園都轉書與吴煥卿書與許子高書與王康侯女壻書與許子原女壻及繡孫女書
辛卯許信臣前輩来潘芝岑来潘子涍来汪芙青来鄒蓉閣来馮聽濤来與紹棠書
壬辰朱璞山来張少渠来宗人伯成来出拜客見許信臣前輩吴平齋
癸巳招朱璞山張少渠於春在堂小飲
甲午與李少荃節相書蔡芸庭来得許子原女壻及繡孫女書得沈蘭舫書得施均父書　附記　蘭舫住中扇子巷邵宅
乙未蒯士薌廉訪来杜小舫陳少泉兩觀察来張少渠来
丙申出拜客見恩竹樵方伯杜小舫觀察潘子涍王星墀與陳作梅觀察書江子平来留之宿
丁酉得許子原女壻書知繡孫女於十二月十日未時舉一女得許子高書俞君孔高来得紹棠十二月廿二日四十号書得汪瘦槑十

二月十六日書

戊戌倪戴軒觀察来江子平去館于倪氏是日余有疾趙雨田来為余處方得高滋園都轉書

己亥趙雨田来為余及内子處方汪柳門大史来沈韵初中翰来得嵇又任書得李少荃節相書

庚子雨與陳子莊書李篔堂軍門来王欣木孝廉来

壬寅葛瑞卿来

癸卯登舟如杭州泊吴江

甲辰泊余家灣

乙巳泊寒山

丙午雨過新市易小舟至西栅見鍾桂溪蔡月嶠還舟泊唐西與内子書姚魯卿来

丁未雨至詁經精舍日加午矣使人於潘儀父與周仲英甥女書

戊申風雨繼以霰入城拜客見楊石泉中丞丁濂甫學使同年盧五峯方伯秦澹如都轉吳曉帆觀察潘叢甫又至書局見周鶴亭許子誦飯于許氏見許八夫人周季英甥女及歸湖樓已薄暮矣沈蘭舫来其夜雪

己酉姚少泉来汪芙青来孟蘭艇来楊石泉中丞招飲歸湖樓已上鐙矣得二兒婦十九日書

庚戌晴高辛才丈来汪芙青来姚少泉来童輪香来周鶴亭来潘儀父来許子頌来姚朗山来王松溪来馮聽濤来許子祥来是日孟蘭艇具酒食觴余于湖樓與内子書

辛亥高滋園都轉来是日門下士蘭溪令吴煥卿司馬以余將之福寧具舟来迎

壬子吴引之廉訪來周子雲來得伯蘭外姊書仲英甥女書飯後坐小舟至湧金門易輿而至江干登舟途經敷文書院駐輿游焉登存誠閣其地在萬松嶺表裏江湖一覽在目望詁經精舍廣樓如在咫尺焉沈蘭舫汪芙青均送至舟中而還是日與内子書并留書與蒯士薌廉訪周琳叔觀察凡致書近者不書此以留致書

癸丑泊湯家步

甲寅過桐廬十里而泊

二月

乙卯微雨即止過七里瀧登岸觀于嚴先生祠祠燬于粵賊之亂亂後重建祠中亦無可觀覽其南有客星樓登樓平視頗足俯視一切覺帆檣皆在舄下矣是日出瀧而泊其夜雨

丙辰有甚雨日閑見泊三河

丁巳日加午至蘭溪吴煥卿大令來迎見于舟遂至其署飯焉而歸與高滋園都轉書與内子書

戊午吴煥卿來送見于舟遂易小舟而行過金華八里泊

己未雨泊武義縣城外距城五里

庚申至永康宿于應廣裕行與高滋園都轉書與内子書與吴煥卿書與汪符卿書又與内子書

辛酉乘籃輿發永康行五十里宿于王碧家

壬戌飯于縉雲縣遂登桃花嶺宿于隘頭行六十里桃花嶺極高輿丁頗以登涉爲勞然山徑曲折蒼翠萬狀溪流淙淙有聲視七里瀧更幽秀矣

癸亥微雨至處州之廈河登舟

廿

甲子雨過石門洞入觀瀑布并瞻禮劉伯溫先生像泊時川渡

乙丑日加午至溫州與高滋園都轉書與内子書遂拜客見方子穎觀察裕昭甫太守陳友三大令其夕飯于觀察署署之且園

丙寅方子穎觀察来是日觀察及昭甫太守友三大令觴余於曾氏之怡園園有泉石花木之勝頗足觀覽[redacted]是夕登夜航船遂發有陳君仲珊来送追及之于舟[redacted]立談而別

丁卯遲明至瑞安見孫蕖田前輩遂行渡飛雲渡又坐小舟至平陽飯而行又乘小舟至錢倉又過蕭家渡而宿自平陽以南山色甚佳層巒疊嶂蓋即所謂南雁蕩矣自溫州至蕭家渡四易舟忽水忽陸行頗不易共一百五十里其夜雷雨

戊辰有微雨坐小舟行三十里至琳溪玉甫兄使人以書来迎復行至橋墩門而飯飯後踰嶺度分水關乃閩浙分畍處也宿于半嶺塘凡行一百里

己巳飯于巖前行七十里至白琳而宿福鼎縣黄大令使人候于白琳饋酒食與方子穎觀察書與高滋園都轉書與内子書

庚午飯於蔣洋行八十里至楊家溪而宿是日所行皆山嶺而大王嶺尤危峻輿行至此頗極勞勩初登輿時四山雲氣迷濛不可辨識及登五蒲嶺已有微雨余默禱於神旋即開霽晴日杲杲蓋神佛之助也

辛未度觀音嶺於觀音閣瞻禮小坐啜茗遂行飯于棗坑

回加来至福甯府兒子黼堂嫂堂来迎霞浦縣劉鳳寅同
年及府經歷宋君俱候于郭外即入城至郡署謁見
太恭人及吾兄弟見諸姪婦諸姪孫旋至嫂孫恭人靈前行禮與
王補帆書與高滋園書與内子書二

壬申羅景山總戎大春来出至柏翠庵致祭於嫂恭人之靈遂
拜客見羅總戎張太守小舫其曜劉鳳寅大令東清

癸酉上官幹臣槙来張小舫太守来駱景山游府来是日與霈
兒散步郡署之後圃見大鐵錨二或云官軍征蔡牽時所得或
云鄭成功象船形以此鎮之也又於三堂宅門外見石鼓二其一鐫云
至正五年歲在乙酉常住造未審所自来附識于此是日黄
少賡明經来為余灼艾治風疾

甲戌

乙亥黄明經来為治風疾

丙子孫萊山學使来出拜客見學使

丁丑雨

戊寅羅景山總戎来得王補帆同年書即復之

己卯

庚辰

辛巳

壬午得黄仲和澍桂書王友梅饋酒食即招之共飯

癸未與黄仲和書張小舫太守来羅景山總戎招飲

甲申

三月

乙酉

丙戌
丁亥壬甫兄招同羅景山總戎張小舫太守讌集於望海樓樓在
龍首山之巔雖不甚高而四山環抱東南隅缺處望見海口
福甯郡城橢圓而曲如一衣帶然亦頗極登臨之勝
戊子張小舫太守仍招集於望海樓談次述及湘鄉公有騎箕
之信為之泫然是夕雷雨
己丑雷雨旋霽與許崑士書
庚寅
辛卯雨
壬辰
癸巳
甲午與魏稼孫書
乙未得王補帆同年書
丙申與補帆書出拜客見羅景山總戎張小舫太守劉鳳寅大令
告將行已而皆來送
丁酉叩辭　太恭人還浙壬甫兄及兒子紱堂履卿皆出城送
新蒞霞浦令劉鳳寅程九希兩大令皆出送於城外是日
飯於東坑宿楊家溪
戊戌飯於蔣洋宿於白琳
己亥在倪家地坐船行三十里復輿行至福鼎縣而飯拜客見
黃星樵大令遣福甯之送者還上　太恭人書與壬甫兄書宿
於半里塘是日有小雨
庚子飯于橋斗門自琳溪舟行至蕭家渡而宿
辛丑過蕭家渡自錢倉舟至平陽飯焉又舟至飛雲渡渡

飛雲渡而至瑞安拜客見孫渠田前輩留雜兩樵明府子森飯
于渠田所留遂登夜航船留雜大令来送見于釐局遂發
壬寅至温州拜客見方子穎觀察裕昭甫太守陳友三大令徐
石泉遣福宗用之輿者還此　太恭人書與王甫兄書又上
太恭人書由子穎觀察寄福甯
癸卯既登舟渠田前輩使人以書来并歸所遺扇囊及扇又以
楹帖屬書乃即舟中書付之并復之書是日泊青田
甲辰過石門洞一游有林君宋齋讀書其中遂遵觀謝公
詩刻石所在老僧餽新茶受之乃行至五里亭遇暴風不
可帆危欲觸于石遂泊舟搖搖竟夕
乙巳至廣河於逆旅小憩遂發宿巖泉其夜雷雨
丙午飯於鄧金館大風雨踰桃花嶺至隘頭而宿雨竟夕
丁未雨霽飯于縉雲縣遂至城隍廟觀李陽冰碑碑在
縣署前縉雲令徐君熾烈字赤木築室三楹以庋碑
即署曰小瀛碣軒碑故完好惟每行末一字泐矣是日宿
於王碧家樹或曰王寶衛
戊申兩至永康縣於牙行小坐即登舟行距武義縣五里泊
己酉至蘭溪見吳煥卿大令飯於其署齋易舟而泊與汪
符卿書與内子書
庚戌煥卿大令来坐談許久而去遂發泊桐廬夜將半矣
辛亥晴至杭州夜深矣仍宿於舟
壬子還詁經精舍與内子書沈蘭舫来
癸丑孟蘭艇来汪芙青来使人於楊石泉中丞高滋園都
轉均與之書得都轉復書

四月

甲寅王君禹堂周君郁雨来陳桂舟来

乙卯入城拜客見楊石泉中丞盧五峯方伯蒯士香廉訪靈

藕[redacted]生都轉高滋園都轉何青士觀察王清如林聽孫梁敬

叔三觀察黄漱蘭學士姚少泉又於書局見談仲修王松

溪黄元同周鶴亭又於許宅見八夫人三多外孫女及周季貺

甥女又至吳宅弔曉帆方伯之喪見許君未知其名與王補

帆同年書上　太恭人書與王甫兄書與羅景山總戎

書與陳小舫太守書歸精舍得彭雪岑侍郎書知

余去年十月乙未所與書由曾文正師五百里火票遞湖

南十四日而達乃復書至而文正騎箕天上矣重為泫然

丙辰王清如前輩梁敬叔同年兩觀察来飯于湖樓而去劉

聽湘前輩黄漱蘭侍講嚴緇生庶常汪芙青姚少泉

来與内子書

丁巳蒯士薌廉訪同年来談仲修王松溪黄質文来黄硯舫

来得二兒婦初一日書紹第二月二日書緯孫及冉墖子原正月廿

七日書是日閱定二月望課卷

附記課題及内課十八名

格物解　六禽六獸考　鄭注甸稍縣都三分所去六而存一說

祭用孟月或用仲月議　漢武帝遣使者束帛加璧聘

墨子賦以篆書出葛洪神仙傳為韵　貓頭筍哺鷄筍

不限體韵　蓑衣餅五言古詩

史鑑　葛詠裳　吳承志　姚勳　王嘉猷　李熠

陳殿英　沈豫　孫樹義　屈元炘　王士駿　曹樞斗

馮松生　鄭祐泰　周善溥　嚴曾銓　沈守敬　張寶誠

戊午何青士觀察來許子香蕎來與曾劼剛小侯書與應敏齋同年書與内子書其夕雨得子原女壻書

己未入城弔吳仲雲制府前輩之喪遂拜客見惲杏耘觀察陳伯敏太守得王補帆同年書得王齋川書林聽孫觀察聰彝來 王齋川在湖州西門外雪水橋分卡

庚申謝菥香沈祖香來閱定三月望課卷

附記課題及内課十八名

珠曰切解　逮事父母則譆王父母解　屋漏毛鄭異義辨　釋孝

花九錫賦以一院有花春晝永為韻　訪花神廟故址不限體韻

擬龍井祀茶神文

葛詠裳　吳承志　史致中　鄭佑泰　史鑑　吳光宸

姚勳　曹樞斗　馮松生　胡元鼎　陳殿英　楊恭治

王嘉猷　孫樹義　嚴曾銓　屈元炘　何海　沈缘

辛酉晴　濮少霞來江子平來汪芙生同來

壬戌盧五峯方伯來秦澹如觀察來惲杏耘觀察來潘儀父來是日梁敬叔觀察招同蒯士薌廉訪靈蔚生都轉王清如前輩讌集於湖樓是夕又以汪芙青所餽有數招孟沈雨監院小飲於優堂

癸亥高滋園都轉來孫遠香來汪芙青來汪子平來得祖仁婦書得王康侯十二月廿七三月初四書得許子原二月初十日書得蔡芸庭書與何小宋制府書與恩竹樵中丞書與吳煥卿書與家晚林兄書上太恭人書與王甫兄書與燦祥姪書與内子書與許子原女壻及次女繡孫書

初七日

甲子錢唐令曾雨人来吴祁甫来嵇又任来沈芳洲来得祖仁婦書得戴子高書得蔡瑜卿書張君芝孫来陳君家保来章輪香来高海槎鵬年来劉聽襄前輩来汪柳門太史来

乙丑張翼伯觀察来金忠甫庶常来入城拜客晁金少伯高滋園又至許宅見八夫人及子祥是日盧五峯方伯蒯士薌廉訪靈蔚生都轉招飲於金衙莊方子穎張翼伯惲杏耘三觀察俱與王星府書

丙寅陶曉城来姚少泉来

丁卯周子雲来

戊辰孫漁笙来吴祁甫来

己巳得李少荃相國書得沈仲復觀察書得紹萊三月二日書又一書不書月日署第一號得祖仁婦書得盧磬甫書與彭雪琴侍郎書與沈仲復觀察書與孫琴西應敏齋兩同年書與丙子書使人於盧五峯方伯與之書高海槎来汪洛雅汪芙青汪柳門来劉拙庵来

庚午金少伯来樊介軒庶常来

辛未姚少泉来

壬申施均甫来黄元同来戴君德孫字同卿来

癸酉行關壁課兩監院以二三月課余未親至也循開課故事具酒食觴余于湖樓是日雨

甲戌汪芙青来吴引之觀察来周鶴亭来潘儀父来得祖仁婦十八日書得徐藻生書得俞勅叔書

乙亥李黻堂方伯桓来黄硯舫来薄暮與沈蘭舫步至孤山及平湖秋月小坐而還得彭麗崧書

丙子晴　汪柳門　汪芙青来　吳煥卿来　謝敏齋来　陳藍田
来　章容士来
丁丑雨　入城拜客　見楊石泉中丞　盧五峯方伯　蒯士薌廉訪　靈蔚
生都轉　高灕園都轉　林聽孫　梁敬叔兩觀察　許子喬書局中
施均父　黃元同　戴同卿　潘儀父　王松溪　又於汪芙青處見汪
柳門　吳煥卿　是日飯于敬叔處　上太恭人書　與壬甫兄書　與
内子書
戊寅雨　高辛才丈来　梁敬叔同年来　姚少泉来
己卯　招汪柳門　汪芙青　吳煥卿小飲於湖樓　唐蓺耕觀察来
張仲甫丈来　陶曉城来
庚辰　靈蔚生都轉来　陳伯敏太守来　謝敏齋来　沈祖香
来　高辛才丈来
辛巳　登舟還蘇州　泊唐西
壬午　泊北雙橋
癸未雨　泊王江涇
五月
甲申晴　還蘇寓　得紹棠四月書　得康侯書　得曾劼剛　栗誠書　得
王補帆書　得徐梧生書　得蔡苕庭書
乙酉　許季蓉来　汪柳門来　蔡瑜卿来　張少渠来　上太恭人
書　與壬甫兄書　與曾樞元中丞同年書　與孟蘭艇　沈
蘭舫書
丙戌　與紹棠書　得姚少泉書　蔡瑜卿来
丁亥　朱鏡香来　江子平来　與許子喬書　得朱璞山書
復之書　許信臣前輩来

戊子出拜客見應敏齋同年方伯杜小舫廉訪賈芸樵觀察李薇
生太守許信臣前輩汪柳門太史及周伯英甥女得汪芙青書
得沈仲復觀察書　此己丑日事誤書
己丑恩竹樵中丞来應敏齋廉訪来江小雲觀察来陶芑孫来
江子平来陸博泉来沈止巖来是日閱定龍湖書院兩次課
卷附記課題　此庚寅日事
子曰視其所以兩章　賦得柳塘春水漫得春字
然則吾子與管仲孰賢　賦得花塢夕陽遲得遲字
所惡於右　賦得松風含古姿得含字
庚寅出拜客見倪載軒陳仲泉兩觀察殷補經前輩
邵步梅潘子渼沈書森胡魯山與王星府書與
蔡月樵書　此辛卯日事
辛卯
壬辰陳仲泉倪載軒兩觀察来葛瑞卿来汪少蘭来高雲
山来張少渠来得壬甫四月十日書有題雨田汪芙青書得
孟蘭艇書與陳伯敵太守書與許子原女壻書
癸巳雨許季薌来江子平来與孟小蘭艇沈小蘭舫書汪芙
青書
甲午殷譜經侍郎来
乙未鄒蓉閣来許康甫来陸博泉来
丙申馮少渠来朱鏡香来得汪蓮府兵部書得汪芙青
書蓮府書言胡芝青明府為之先容記于此備忘也
丁酉雨朱璞山来

戊戌雨得周鶴庭書
己亥朱璞山来與周鶴庭書與李少荃相國書與朱脩伯宗丞書
與孟蘭艇書與汪蓮府兵部書與汪芙青書
庚子雨朱璞山来出拜客見何子貞前輩馮少渠鄒蓉閣得
王康侯女壻書
辛丑汪柳門太史来趙幼卿来張少渠来邵步梅来與許子原女
壻及繡孫書是日始晴
壬寅王君紹濂来得壬甫兄四月廿七日書
癸卯惲[redacted]小山太守来汪少黼来為祖仁治疾得汪柳門書言瘦
梅卒於京師與汪芙青書是日復雨
甲辰潘子沒来與許子香同書與孟蘭艇書得王綬堂丞書
附記寄王綬堂書由上虞崧鎮中街慶豐南貨鋪轉寄
槎浦[redacted]
乙巳與王康侯女壻書
丙午朱璞山来得江子平書
丁未出拜客見惲小山觀察是日邵步梅鄒蓉閣招飲
與者許信臣殷譜經兩前輩吳子沒庶常得高海
坨書
戊申祝詠梅来陳仲泉同年来與孫省齋前輩孫琴西同
年兩觀察書與戴子高書
己酉朱璞山来
庚戌朱璞山来周竹樵中丞来汪柳門太史来陸博泉来得紹棠
五月四日書
辛亥趙幼清来

壬子吴子發庶常来與王補帆親家書上　太夫人書與壬甫兄書
與高滋園都轉書與高海槎書與姚少泉書與藺士香廉
訪同年書與王星府書是日應敏齋方伯杜小舫廉訪招飲與
者吴子晉庶常盛勗人觀察
癸丑杜小舫餽槜李與紹葉書朱鏡香来

六月

甲寅朱鏡香来
乙卯賈芸樵觀察来
丙辰賈芸樵觀察来朱康甫来
丁巳何子貞前輩来是日閲完龍湖書院兩次課卷寄芰
湖與王星府書

附記

小人不可大受而可小知也　翠乾危棧竹得乾字
必文　紅臟小湖蓮得湖字
倪宗寬　孫其泰　潘福謙　吴球　楊文源
子曰魯衛之政　三章　名流古集典衣買得衣字
七十而從心至子曰無違　僻寺奇花貰酒尋得尋字
魯聯輝　孫炳熊　祝榮綬　孫亶　潘福謙
戊午張少渠来得壬甫兄五月廿日書得黄仲和書
己未閲詁經精舍五月望課卷

附記課題及内課十八名

能研諸侯之慮解　九穀先後鄭異義説　養老一歲或三或五或七
考　經典釋文引説文今本所無者考
唐李皋製兩輪戰艦賦以翔風鼓疾若挂帆席爲韵
詠蠹魚　何處堪消夏用白香山何處難忘酒體

王士駿　吳光宸　張穎　王國禎　葛詠裳　張篤
黃家宸。史鑑　史致中　吳承志　馮松生　曹樞斗
屈元炘　沈鼎　周郇雨　嚴曾銓　王嘉猷　唐寅亮
庚申與孟蘭艇沈蘭舫書與許子喬書
辛酉與李少荃爵相書
壬戌與梁敬叔同年書
癸亥得王康侯女壻書是日雷雨
甲子朱鏡香來與何小宋制府書與楊石泉中丞書與
孟蘭艇書
乙丑得魏稼孫書是日雷雨
丙寅得許子喬書
丁卯得姚少泉書趙雨田來陸博泉來是日雷雨
戊辰趙幼卿來與少泉書周鶴亭書與旗子謙甫書
己巳出拜客見杜小舫廉訪汪柳門太史朱亮甫張少渠
與陳子壯書
庚午潘子俊來得謝夢漁同年書　夢漁屬珠巢街兵科
辛未
壬申
癸酉與沈仲復觀察書與沈蘭舫書得王星府書
甲戌王馥卿來鄒蓉閣來得秦澹如觀察書與王
星府書寄去龍湖書院六月望課卷
附記課題　孫炳熊　潘福謙　岳麟書　龐光燦　倪宗寬　王國楨　小課第一孫炳熊
子貢曰諾至叔齊何人也　賦得
三月不知肉味至飲水　賦得蒲葵能得幾多風

屋漏宅鄭巽義觧　蟬衣和雪賦以暑蟬之不知雪爲韵
亥何計堪銷夏用白香山何處難忘酒體
乙酉陳少泉觀察來丁紫巢來得周鶴庭書得紹棠六月初
二日書　汪柳門太史來金齋甫來得許子原書
丙子許康甫來與李少荃相國書與許子原女壻綿孫女
書與紹棠書
丁丑出拜客未見一人遇雨自丁卯以後無日不雨此以遇雨書
戊寅張少渠來沈昀卿來出拜客見應敏齋同年
己卯趙雨田來陸博泉來潘子駿來江小雲觀察來與王星府書
庚辰
辛巳張少渠來出拜客見恩竹樵中丞汪柳門太史上太恭人書
與王甫兄書與沈仲復觀察書與孟蘭艇書
壬午與彭雪琴侍郎書[illegible]得何小宋制府書得沈蘭
舫書

七月

癸未葛瑞卿來得三嫂六月十一日書得陳子莊書得蔡月
嶠書得張小舫書
甲申朱鏡香來與孫琴西同年書得琴西書與沈蘭
艇書與蔡月嶠書與許子喬書汪柳門太史來
乙酉祝韵梅來趙幼卿來張少渠來
丙戌得王松溪書
丁亥孫遠香來
戊子得王星府書其夜大雨
己丑閲定龍湖書院七月朔課卷

附記課題
子曰士志於道一章　賦得素琴對黄卷得琴字
非曰能之　賦得臥將琴作枕得琴字
庚寅朱定甫来馮少渠来與楊石泉中丞書與雲
蔚生都轉書與王星府書與蔡月嶠同書
辛卯趙雨田来爲紹葉婦治疾得王補帆同年書高滋園都轉
書許子喬書鍾桂溪書
壬辰
癸巳趙雨田来與李黼堂方伯書
甲午與高滋園都轉書與方子穎觀察書得江子平書
乙未與沈蘭舫書
丙申榮屐吉来與王補帆書與高滋園書與鍾桂溪書與
江子平書
丁酉趙幼卿来
戊戌朱酉山太史来與魏稼孫書與王綬堂書得梁敬叔同
年書復之書與張仲甫丈書
己亥得蔡駿甫沈祖香書復之書與楊石泉中丞盧五峯方伯書
庚子沈耘卿来
辛丑章際庭觀察来汪柳門太史来
壬寅潘季玉觀察来孫君晃超来馮景庭前輩来　孫君字讓卿
癸卯應敏齋同年来得戴子高七月十三日書
甲辰得李少荃相國書得章輪香書得與朱璞山書江子平書
乙巳趙雨田来治内子疾得王甫兄七月八日書陶柳門来
丙午出拜客見張子青制府李質堂軍門汪柳門太史潘季

王觀察趙雨田大令得周鶴亭書復之書得汪英青書
丁未蔡君國熊来得張仲甫丈書得蔡駿甫書復之書与
高滋園都轉書
戊申劉茆孫来得紹萊七月二日書
己酉張子青制府前輩来余子虔来得高滋園都轉書
庚戌復之書葛瑞卿来張少渠来趙雨田沈戴氏並来治内子疾
與姚少泉書[redacted]
辛亥汪柳門来得姚少泉書趙幼卿書
壬子上太恭人書與王甫兄書與紹萊書與許子原女壻及
綿孫書與施均父書得王康侯女壻書知錦孫於七月十四日
舉一女邵步梅来

八月

癸丑許叔清太守許季蓉大令来得沈蘭舫書與王康侯
女壻書得朱伯華書出拜客見恩竹樵中丞應敏齋
方伯沈書森太守劉茆孫別駕
甲寅恩竹樵中丞来沈書森太守来馮己亭大令来與朱璞
山書與朱伯華書與崇地山侍郎書
乙卯葛瑞卿大令来
丙辰陸博泉来得沈蘭舫書
丁巳任莪軒来寄孟蘭艇書寄孫琴西書得孟蘭艇書
得陳桂舟書得施均父書得汪謝城書得許子原女壻七月
三日書得姚少泉書
戊午陳少泉倪戴軒兩觀察来許季蓉来得施又任書
己未趙雨田来治内子病[redacted]

庚申得錢子密書是日閱定詁經課卷寄杭州與孟蘭艇書沈蘭舫書姚少泉書陳訏堂明府書

附記課題及內課十八名

陰陽解　日用丁己解　應上公解　士昏禮夫婦對席對解考

孟蘭盆占寒燠賦以視盆所倒而占寒燠為韻

鷹祭鳥歌　涼風至　白露降　寒蟬鳴取七律或詞均可

吳承志　屈元炘　孫爾昌　王家治　周郇雨　胡元鼎

王國楨　袁秉彝　陳殿英　沈鼎　王士駿　範許瑃

徐琪　張篤　史致中　張寶城　沈守敬　何海

辛酉余有疾謝客

壬戌

癸亥

甲子蔡芸庭來汪子和來飯而去朱鏡香來貝潤蓀來陶苞孫來陶升甫來得王補帆同年書

乙丑出拜客見吳平齋觀察許信臣前輩鄒蓉閣得高海垞書

丙寅張振軒中丞來潘芝岑來陶柳門來

丁卯朱酉山太史來馮聽濤來得彭雪琴侍郎書得楊石泉中丞書得孟蘭艇書

戊辰

己巳余有疾謝客

庚午力疾出弔楊母祝淑人之喪遂拜客見恩竹樵方伯趙雨田來遂請其為余處方

辛未高辛才丈來得戴子高書得沈蘭舫書

壬申沈問梅大令来得潘伯寅侍郎書與王補帆同年書
與高滋園都轉書得金眉生廉訪書
癸酉許季蓉来顧駿叔来得顧子山觀察書得王星府
書與鍾桂溪書與蔡月嶠書出拜客見高伺辛才丈
江小雲觀察趙雨田大令得沈仲復觀察書是日雨
甲戌殷譜經侍郎来與潘伯寅侍郎書與王星府書與周鶴
庭書是日閱定龍湖書院望課卷寄菱湖
附記課題
逸民一章　暴未有以對也
乙亥沈仲復觀察来蔡三星舅来瑜卿来潘子浚来與孫琴西同年
書與許子原女壻書
丙子江小雲觀察来
丁丑許季蓉来馮少渠来陶柳門来得鍾桂溪書
戊寅應敏齋廉訪来朱璞山来徐花農来是日雨
己卯汪柳門太史来
庚辰朱璞山来汪少籣来潘子浚来與金眉生廉訪書得高滋園
都轉書
辛巳出拜客見童際庭觀察汪少籣大令蔡瑜卿又見周伯英甥
女張少渠来上太恭人書與王甫兄書
九月
壬午朱璞山来與顧子山觀察書宗人伯成来
癸未馮少渠来曾君表来是日閱定詁經精舍八月望
課卷
附記課題及内課十八名

莫子篇四賀篇六考　納夏夏納考　鄭康成有無爾雅注
考　萬重稱萬子說　迎寒賦以仲秋夜迎寒亦如之為韻
觀濤[redacted]歌　八月載績　八月其穫各賦五古一章　八月剝棗
八月斷壺各賦詞一首
金炳輝　吳光宸　吳承志　陳翰藻　張大昌　王士駿
舊詠裳　張篤　嚴曾銓　曹樞斗　史致中　陳殿英
梅浴升　王國楨　周善溥　鄭佑泰　胡元鼎　孫瑛
甲申與孟蘭艇書朱璞山来得曹竹書書
乙酉趙雨田来得姚魯卿書得周鶴庭書得王康侯女壻書
丙戌潘子浚来與沈仲復觀察書與江子平書與曹管民書
得紹棻八月六日書
丁亥汪柳門来汪子和来與紹棻書
戊子得朱伯華書
己丑吳君秉衡来鈕叔裳来鄒蓉閣来吳彤雲觀察
来出拜客見張子青制府恩竹樵方伯何子貞前輩
馮聽濤
庚寅恩竹樵方伯来陳仲泉觀察来
辛卯梁梅巒来張少渠来劉蘅孫来得壬甫兄八月六日書
壬辰馮少渠来徐花農来余子虔来蔡瑜卿来
癸巳登舟如杭州汪少蘭来舟小坐而去過寶帶橋時適新
修停舟登橋一游有關廟一區頗清淨可坐以所齎蟹
數十枚縱而活之湖邊遂行泊吳江
甲午泊渡船浜距平望十八里
乙未過烏鎮失道泊徐家兜

丙申過新市登岸至西柵見鍾桂溪蔡月嶠飯於桂溪
丙回舟巳亥初刻遂泊月嶠来與沈仲復觀察書
丁酉泊唐西與内子書姚魯卿来
戊戌易辰至杭州詁經精舍沈蘭舫来得祖仁婦十四日書
得壬甫兄八月十七日書得子原及繡孫八月十一日書
己亥孟蘭艇来陳桂舟来與内子書
庚子入城拜客見楊石泉中丞盧五峯方伯靈蔚生都轉何青
士觀察高滋園都轉秦澹如梁敬叔唐蓺農三觀察張
仲甫又金忠甫庶常周鶴亭姚少泉潘儀父許子喬及許八
夫人周仲英甥女與李少荃伯相書與王補帆中丞書得何
小宋制府書趙幼卿書
辛丑唐蓺農觀察来姚朗山来周仲英甥女来
壬寅蒯士香廉訪来孫遠香何君鏞表君之京来高海槎
来章輪香来許子喬来姚少泉来得戴子高夫人凌書
癸卯靈蔚生都轉来高滋園都轉来何青士觀察来姚
季眉明府来潘鳳洲来與趙幼卿書得趙幼卿書
甲辰丁松生来王渠城来
乙巳惲香耘觀察来姚伯庸来沈祖香来汪芙青與其兄女怡
孫来王君詠裳来得祖仁婦二十日書得朱修伯宗丞書得王
濟川書得蔡瑜卿書與内子書與朱璞山書
丙午秦澹如觀察来王清如觀察来王星府来周鶴亭来上
太恭人書與沈肖巖書
丁未張仲甫文来金忠甫庶常来鈕常華来姚少泉来孫
遠香来

戊申劉游府開明来吴祁甫来沈子蓀来陳蘭洲来是日閱
定九月望課卷發監院校官榜示於門
附記課題及内課十八名
師貞丈人吉解　發中權解　春秋讖二名説　涪湆二字正俗辨
蒸壺似蒸鴨賦以是鄭餘慶非盧懷慎為韻
秋色四詠　鳳仙　鷄冠　老少年　秋海棠　傅延年傳
是日又閱定龍湖書院望課卷附記課題
子曰道不行一章　賦得巢冷無留燕得巢字
焉用佞子使漆雕開仕　賦得秋晴有殘蟬得殘字
己酉胡笠青明府永阜来孫漁笠遠香来周君郎甫来得補帆同年書
與内子書與恩竹樵方伯書與蔡瑜卿書
庚戌許子緩来談仲修許子社黄元同吴祁甫来黄硯舫来汪
洛雅来宋湘亭同年来得俞勁叔書張韵梅来
辛亥陳伯敵太守来濮少霞周琳叔兩觀察来關瑞生来孫
漁笠来與内子書與王星府書與馮聽濤書得祖仁婦廿六書

十月

壬子梁敬叔觀察来高涵槎来董韞香廣文来且以其子授室
為酒食饋余於精舍得祖仁婦廿九日書紹萊九月二日書
高滋園書王補帆同年八月廿六日書
癸丑雨謝芹香来
甲寅劉君開明来汪芙青来李君雲衢来
乙卯潘儀甫来孫漁笠来
丙辰姚朗山来與内子書與汪柳門大史書與王補帆書
得孫省齋方伯書

丁巳馮鐵花太守来
戊午入城拜客見蒯士香廉訪靈蔚生都轉何青耜觀察高滋園都轉陳伯敏太守馮鐵花太守濮少霞觀察劉錫光參將汪芙青鹺尹又至劉宅弔聽襄前輩之喪得恩竹樵方伯書方子穎觀察書許康甫書上太恭人書與壬甫兄書
己未洪宜孫来得祖仁婦初四日書得吳煥卿書汪芙青吳畫
郊来
庚申風雨楊石泉中丞来與吳煥卿書
辛酉與内子書與方子穎觀察書與陸存齋觀察書與張少渠書
壬戌
癸亥高辛才丈来姚少泉来孫漁笙来與陶升甫書
甲子盧五峯方伯来袁孝寧来得王補帆同年書與内子書
乙丑姚少泉来得祖仁婦初十一日書得紹棠八月四日書得勤少仲同年書是日偕沈蘭舫泛舟至三潭印月小坐復進錦帶橋至德生庵又觀秦皇繫纜石石佛像已無存但存嵓嚴石而已又有古郡王廟所奉之神桑姓諱憲保字仲才未知何神也又至多子塔院三處皆無可觀覽惟居湖上五年此一路游屐所未到故聊一游耳
丙寅入城拜客見高滋園都轉梁敬叔觀察周縵雲前輩高辛才濮少霞兩觀察陳子莊大令鈕常華弁周觀於兩浙昭忠祠又至董宅弔董君仁甫之喪與王補帆中丞書與王濟川書與内子書得祖仁婦十三日書得繻孫及女婿子原九月廿三日書

丁卯高海琯来孫漁笙来與内子書與紹莱書與子原及
緯孫書得祖仁婦十四日書
戊辰劉錫光来劉拙庵璹来與表姊伯蘭書
己巳汪芙青来得祖仁婦十六日書知内子病
庚午汪芙青来與内子書
辛未登舟還蘇州泊唐西與族姪謙甫書
壬申泊斗門
癸酉閶四鼓即發期是日至蘇而逆風不能行泊平望夜大雨
甲戌還蘇寓
乙亥
丙子鄒蓉閣来張少渠来潘子浚来趙雨田来胡魯山来得
潘儀父書得姚少泉書得周少雲書得沈蘭舫書
丁丑出拜客見張振軒中丞恩竹樵方伯李薇生太守許信臣
前輩李蓉明府潘子浚趙雨田劉荀孫與潘儀甫書與沈
蘭舫書與姚少泉書與周少雲書得姚訪梅書伯庸書
戊寅出拜客見何子貞前輩杜小舫吳退樓兩觀察惲小山觀
察得周少雲書得沈蘭舫書劉荀孫来
己卯張振軒中丞来陳少泉觀察来馮少蘧丁紫巢兩明府来惲小
君頌孫来馮聽濤来趙幼卿来蔡瑜卿来與蘭舫書蔡
月嶠書鍾桂溪書
庚辰張子青前輩制府来潘玉泉觀察来得戴子高書與
姚訪梅書姚伯庸書　附記伯庸住嘉興南門大街餘慶當
辛巳出拜客見張子青制府前輩李質堂軍門張少渠及周
伯英嬰上　太恭人書與壬甫兄書與戴子高書與潘儀

甫書與王康侯書得壬甫兄十月七日書高淞園都轉書王
補帆同年十月十二日書許子喬同書汪芙青同書 芙青告知奉檄赴
溫州雙穗鹽局緝私

十一月

壬午汪柳門太史來倪載軒觀察來葛瑞卿金立甫張少渠來陶
芑孫來得壬甫兄九月望日書

癸未應敏齋廉訪同年來趙幼卿來得孟蘭艇書沈書森
太守來

甲申葛瑞卿來潘子浚來得蔡芸庭書

乙酉恩竹樵方伯來沈少嵓來柳質卿來得沈蘭舫書自定日閱
定詁經精舍望課卷

附記課題及內課十八名

純離為牛解　不履閾解　吾與點也說　殺矢戈戟異齊同說
金鯽魚賦以我識南屏金鯽魚為韻　紅葉黃葉不限體
韻　九里松訪寶大二年千觀音尊聖幢七古一首

吳承志　王國楨　黃家宸　胡元鼎　嚴曾銓　鍾樾
袁秉彝　盛越　史鑑　許郊　屈元炘　沈豫
孫瑛　李炘　鈕承棨　陳淡　施浴升　沈鼎

丙戌英茂文觀察來陳子莊來吳時山來與孟蘭艇書與
沈蘭舫書與如冠九前輩書得蘭舫書得章輪香
書是日閱定龍湖書院課卷

使者出子曰使乎使乎　賦得觀書鄙章句得君字
不億不信　賦得四休山亦對窗得窗字

丁亥出拜客見張振軒制府恩竹樵中丞英茂文觀察得

王康侯女壻十月五日書
戊子張振軒制府来恩竹樵中丞来潘子浚来趙雨田来吴時山来寛
趙堅来得戴子高書與王康侯書與孟蘭舫書與華輪香
書得許子右同書
己丑李眉生廉訪来杜小舫觀察来俞雲谿来馮少渠来張少
渠来與戴子高書得王綬堂書　附記王書寄崧鎮慶豐南質鎮韓文
庚寅張少渠来陸博泉来蔡瑜卿来得汪芙青書得姚少泉書
得沈蘭舫書得江子平書得徐蕖生書得蔡芸庭書
與蔡芸庭書
辛卯是日之事誤繫庚寅
壬辰馮少渠来吴時山来胡魯山来與孫琴西同年書
得紹棠十月廿四日書
癸巳鄒蓉閣来汪少蘅来得汪芙青胡芸青書芸青告知委
辦衢州府清湖釐務與沈仲復觀察書與沈蘭舫書
甲午陳子莊来吴時山来與許子春同書與如冠九前輩書
即丙戌書也由蘭舫寄還另數語寄子春轉達
乙未潘子浚来朱璞山来馮聽濤来得周鶴庭書
丙申江小雲觀察来葛瑞卿来張少渠来陶柳門来與蔡月
嶠書與周鶴書與紹棠書
丁酉吴子郊庶常從宦来子郊亦字紫茱問業於先舅氏姚
平泉廣文者也趙雨田来趙幼卿来孫讓卿来與許子原女壻
及繡孫書得俞勁叔書
戊戌朱璞山来
己亥趙雨田来得魏稼孫書與沈昀卿書

庚子許庸甫来朱璞山来朱鏡香来得壬甫兄十一月二日書與
江子平書
辛丑馮少渠来張少渠来得許子社書得許子春書
壬寅張振軒制府来朱璞山来吳又樂来馮聽濤来與黔撫曾
樞元同年書
癸卯出拜客見李薇生太守朱璞山趙雨田孫讓卿弔陳太
夫人之喪見潤孫来
甲辰朱璞山来沈書森来邵步梅来顧駿叔来蔡瑜卿来
乙巳慕君式臣来乃同年慕大儒字梅邨之孫也汪少瀾招飲
丙午沈書森来鄒蓉閣来陳子莊来
丁未杜小舫觀察来費又亭觀察来楊太守永榮来張少渠
来江子平来是日閱述詁經精舍望課卷　楊太守字卓庵
附記課題及内課十八人
飛遯解　歸異出同流解　使乎使乎解　周禮注風別解
兒童冬學賦以據案愚儒卻自珍為韵　冬春　冬釀
黄綿襖歌
史鑑　吳承志　徐鳳苞　王國楨　沈鼎　陳德咸
龔啟蘅　張寶城　黄家宸　戴穗孫　衛梓材　許郊
許康濟　林真　屈元炘　章廷楨　張篤　許章燕
戊申微雨出拜客見恩竹樵中丞杜小舫觀察
己酉晴沈書森来金茗人来許季蓉来江子平来與孟
蘭艇書吳時山来是日閱定龍湖書院望課卷
古者易子而教之　賦得寒谷待吹律得寒字
鄉不同乎　賦得山明望松雪得松字

庚戌陸費太守来朱仲梧来姚伯庸来與丁松生書與沈蘭舫書與姚魯卿書得程君祚昌書乃門下士程令儀之子也

十二月

辛亥劉蒓孫来徐花農来上太恭人書與壬甫兄書與王康侯女壻書與高滋園都轉書

壬子暴方子式昭来得孫琴西廉訪同年書與琴西書與張振軒制府書與戴子高書

癸丑出拜客見葛瑞卿又至吳又祿處祝其母胡恭人壽得王補帆親家書得王康侯女壻書

甲寅趙幼卿来與許子喬書與王康侯書

乙卯出拜獅林寺弔陳仲泉同年母湯太淑人之喪是夜大風

丙辰雨雪

丁巳彭雪琴侍郎来得吳桐雲觀察書

戊午暴方子来與王補帆閣撫書與高滋園都轉書與鍾桂溪書與沈蘭舫書得子原壻及綉孫十一月初五日書得壬甫兄十一月廿五日書

己未吳退樓来得吳祁甫書得蔡月嶠書與之書得高滋園觀察書

庚申童際庭觀察来張少渠来孫漁笙来與高滋園書與彭雪琴侍郎書與沈蘭舫書與五表妹書

辛酉雨應敏齋方伯来得周鶴庭書

壬戌孫漁笙来得丁松生書與高辛才丈書

癸亥得紹萊十一月初六日及十四日兩書

甲子大雨雪高辛才丈来得沈仲復觀察書得鍾桂溪書
復之書與周鶴庭書
乙丑恩竹樵中丞来馮少渠来朱心泉来與沈仲復觀
察書與孫漁笙書
丙寅晴朱璞山来趙雨田来得汪謝城書得蔡月嶠書
丁卯大雨雪出至鼎泰錢店見其管事人陸君與蔡月
嶠書與紹棠書使沈貴至新市
戊辰得姚少泉書復之書與蒯士薌廉訪書得高滋園都
轉書與吴彤雲觀察書顧如田来視祖仁疾
己巳
庚午沈書木林来
辛未得江子平書
壬申得蔡月嶠書得沈蘭舫書得許子嶠書沈貴
至自新市張少渠来上太恭人書與壬甫兄書
癸酉朱璞山来得曾樞元黔撫書
甲戌朱璞山来鄒蓉閣来趙幼卿来得孟蘭艇書其夜
祀神
乙亥出拜客見恩竹樵中丞朱璞山與楊石泉中丞書與
彭雪琴侍郎書暴方子来
丙子朱璞山来趙幼卿来顧如田来與李少荃相國書
與孫省齋方伯書
丁丑出拜客未見一人恩竹樵中丞来得謝敏齋書
戊寅勒少仲廉訪同年来張少渠馮少渠来得崇地
山侍郎書

己卯得李少荃爵相書暴方子來

庚辰張少渠來馮聽濤來得紹棠十二月二日書是夕敬懸

先高祖以下畫像設祭行禮是歲余行年五十有

二寫定 先祖南莊府君四書評本付梓吾家自元

末即居烏巾山之陽潛德不耀至 南莊府君砥學勵

行子孫食其舊德始稍稍振起此書已垂及百年

卒顯于世亦所謂遠而彌芳久而彌光者乎追惟

祖德為之憬然

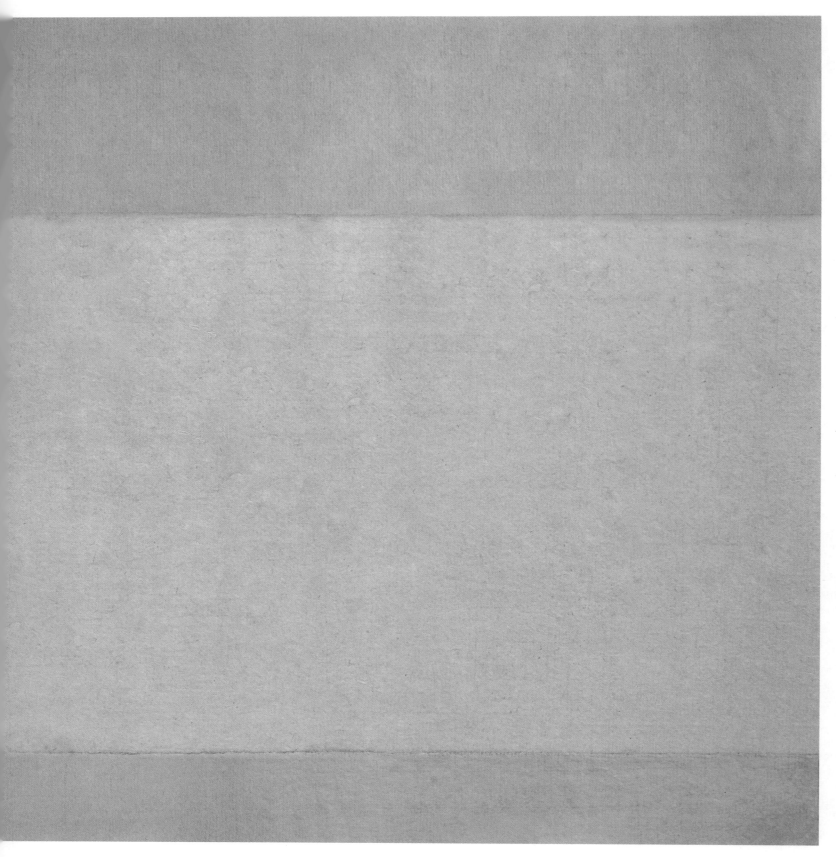

同治十有二年太歲陽在昭陽陰在作噩

正月小盡　辛巳朔　畢陬

二月小盡　庚戌朔　橘如

三月大盡　己卯朔　修寎

四月小盡　己酉朔　圉余

五月大盡　戊寅朔　厲皋

六月小盡　戊申朔　則且

閏月大盡　丁丑朔

七月大盡　丁未朔　窒相

八月小盡　丁丑朔　塞壯

九月大盡　丙午朔　終玄

十月大盡　丙子朔　極陽

十一月小盡　丙午朔　畢辜

十二月大盡　乙亥朔　橘涂

正月

辛巳晴張少渠来馮聽泿来其餘不見例不書
壬午杜小舫觀察来陸博泉来
癸未沈眗卿来
甲申出拜客見恩竹樵中丞江小雲觀察其餘不見例不書
得彭雪琴侍郎書
乙酉姚穀孫来穀孫自去年之春學賈于唐仁豐之綢
肆其去也余在閩故失書其後頻来亦失書茲補
書之與彭雪琴侍郎書與沈蘭舫孟蘭艇書與
高滋園都轉書
丙戌出拜客見王星墀與蔡月嶠書
丁亥汪柳門太史来觀傀儡之戲
戊子陶柳門来得王補帆同年十二月十二日書得高滋園都轉
書得梁敬叔觀察書得宋象瞻書宋名徵吉自云
少居歙縣得見 先大夫貽不甚足據其書為胡理齋綬
清說項（詒工）更不知何許人也與江子平書是日周伯英攜女来
己丑朱璞山来蔡芸庭来得姚少泉書復之書與高滋園都
轉書與王補帆同年書得孫漁笙書得戴子高書
子高言其叔母仲蘭外姊之棺厝於德清銘道基問蔡
氏名亭者可得其處蔡君已物故其子寅初茂才知之銘道基實明道居
庚寅葛瑞卿来是夕招朱璞山及其弟三子坤梧及蔡芸
庭張少渠小飲于春在堂
辛卯出拜客見勒少仲同年廉訪得許子高書許子
原女婿及緒孫十一月二十九日書得沈蘭舫書

壬辰與沈蘭舫書得彭雪琴侍郎書得胡笠青自衢州
清湖釐局書得王濟川自湖州西門釐局書得趙舜卿晃
州書其夜雨
癸巳雨得江子平書
甲午與沈蘭舫書與胡笠青書
乙未上　太恭人書與壬甫兄書朱璞山來
丙申出拜客見許信臣撫部前輩朱璞山得壬甫兄十二月二十日
書得高滋園都轉書
丁酉得兄子黼堂履卿十二月廿九日書與壬甫兄書
戊戌
己亥與兄子黼堂履卿書與丁松生書
庚子與彭雪琴侍郎書與沈蘭舫書與鍾桂溪書
沈昀卿來
辛丑劉華軒副將來得張振軒制府書即復之書得
周少雲書閩瑞生書沈蘭舫書
壬寅恩竹樵中丞來朱璞山來胡魯山來得杜小舫觀
察書與顧子山觀察書與英茂文觀察書[redacted]
癸卯孫讓卿來綦方子來與周少雲書與沈蘭舫書
甲辰朱璞山來汪柳門來潘季玉來丁紫巢來張少渠
來與紹棠書與姚訪梅書得沈蘭舫書得汪芙
人書得汪芙青溫郡後垟鹽局書
乙巳勒少仲同年廉訪來吳退樓來得鍾桂溪書
得沈蘭舫書
丙午朱璞山來

丁未雨越雨田来張少渠来見夜始聞雷
戊申雨與梁敬叔同年書與沈蘭舫書
己酉晴吴瓣香来
二月
庚戌上太恭人書與王甫兄書朱璞山来
辛亥出吊倪太夫人之喪遂拜客見劉華軒副將
朱璞山得沈仲復觀察書得江子平書潘觀
察其鈐来字華田
壬子與張振軒制府書與吴冠瀛書與沈仲復觀
察書與紹棠書與子原女婿及繡女書得沈蘭
舫書得彭雪琴侍郎書得潘儀父書得施均父
陳蘭洲書勒少仲同年来
癸丑與潘儀父書與梁敬叔同年書與沈蘭舫書
與如冠九前輩書是日登舟如上海泊崑山
甲寅泊黄渡
乙卯至上海宿於也是園之湛華堂賈雲階鄭漌君来
葉梅齋来
丙辰出拜客見沈仲復觀察劉芝田觀察劉融齋前輩
王竹侯同年飯於仲復所遂至文廟敬觀習儀以明
日丁祭故先習之也得蔡駿聲書得繡孫女書與内子
書
丁巳劉融齋前輩来沈專三司馬王昌来葉顧之大令廷春来
楊見山来劉芝田觀察瑞芬来黄純安錫蕃来嚴伯雅錫
康来李少雲曾祐来孫讓卿元超来李生安曾張生剛蘇

生紹基來是日吴彤雲觀察餽肴核即留讓卿與共
飧而去王竹庚同年來與蔡駿甫書陶柳門來
戊午沈仲復觀察來韓小坡廣文來許君之璟來周鐵珊
庶常晉楨來葉梅齋春榮來
己未開課沈仲復觀察王竹庚方伯韓小坡廣文賈雲階與
簿均來得祖仁婦書得王補帆閣撫書得高滋園
都轉書上　太恭人書與王甫兄書與陸存齋書
與許嵩士書與內子書是日書詁經精舍額交沈觀
察製扁懸于門改所居湛華堂爲樸學齋
庚申出弔於鍾氏遂拜客見陶柳門姚靜嵒嚴柳門招至
市樓小飲陸子如俱得王康侯書知與錦女同至
吴下寓廬得沈蘭舫書與姚訪梅書與王補帆
同年書與高滋園書與內子書葛子源來
辛酉風雨得江子平書得徐棠生書得潘儀父書
與內子書與王康侯女壻書
壬戌吴桐雲觀察來是日閱定詁經精舍二月課其
夕沈仲復觀察招飲於其署齋之絜園
附記課題及內課廿四名
毋懷靡及解　春秋二三月書王説　伯益柏翳爲是否一人考
曹櫄　黄宗起　嚴良勳　朱駿　秦贊堯　劉至健
沈起元　張楨　童寶書　王煥星　馮純壽　曹毓銑
瞿慶元　朱林　郁鍾淦　宋光恩　朱樟　吴鍾史
沈祥龍　宋書升　袁康　王增禧　汪壽椿　徐頌增
癸亥至鐵廠拜馮竹儒觀察留飲於其局中歸寓園洋

鍾九下矣是日劉融齋前輩來姚靜岩嚴來得
康侯女壻十三日書得合肥相國書得吳冠英書
甲子馮竹儒觀察來賈孝廉勛來謝芹香來杜小珊文溥來
曹樸齋標來與內子書其夕賈雲階典簿招飲于南
園巡太乙蓮舟
乙丑謝芹香來劉芝田觀察招飲
丙寅得王康侯女壻書得張振軒中丞書劉融齋前
輩招飲於一粟庵嚴子猷良勳來吳芳柏鍾吏來其
夕王竹鷗同年招飲是日朱子京應常佐治來
丁卯出拜客見劉芝田觀察劉融齋前輩王竹鷗同年
沈仲復觀察來謝芹香來姚靜岩嚴來張子岡來王紫
明煥星來與內子書
戊辰劉融齋前輩來潘子洤來陶柳門來鍾子勤來出
拜客見張子岡孫讓卿潘子洤其夕沈仲復觀察招飲
於其衙齋馮竹儒觀察俱
己巳沈仲復馮竹儒兩觀察來出拜客見沈馮兩觀察
竹儒留飲於其局中
庚午賈雲階來是日登舟回蘇州泊張家涇雨
辛未雨旋霽泊陸家浜
壬申遲明風雨旋霽以風不順行十餘里泊團墩
癸酉大雨帆風行至蘇寓見康侯女壻及錦女得滋園都
轉書得張嘯山唐端甫書許子喬書
甲戌張少渠來朱叔梧來得高滋園書得潘儀甫書沈
蘭舫書與張振軒中丞書梅筱岩嚴方伯書沈仲復馮

竹儒兩觀察書與王星府書
乙亥與王補帆同年書與高滋園都轉書與繡女書出拜客
見恩竹樵中丞應敏齋方伯勒少仲廉訪兩同年杜小舫觀
察吳平齋觀察張少渠甥壻及周伯英甥女
丙子趙雨田來陳子莊來得謝芷香書與潘芝岑
書　謝書寄上海鹹瓜街裕昌參號轉交
丁丑許信臣前輩來勒少仲同年來朱璞山來史華樓來
與戴子高書與張嘯山書唐端甫書與謝芷香
書得正月十七日壬甫兄書黼堂履卿書得紹棠二
月二日書壬甫兄告知由本任加四級請二品封紹棠
亦稟知由道銜加三級請二品封皆　覃恩也兄
請封上及天因府君紹棠請封上及南莊府君
戊寅恩竹樵中丞來杜小舫觀察來朱璞山來與沈仲復觀察
書與王竹侯同年書與許子原女壻書得王星府書得
蔡芸庭書　王竹侯住上海西春同家浜
三月
己卯出拜客見許信臣撫部前輩劉卯孫朱璞山張少渠趙
雨田
庚辰慕方子來沈少蘭來得蔡月嶠書與沈蘭舫書
辛巳勒少仲同年來與蔡月嶠書
壬午許季蓉來陳子莊來趙雨田來馮聽濤來徐花農
來朱璞山來與紹棠書勒和舟來偕往見趙小峯遂與同
看幽蘭巷之屋
癸未吳時山來出拜客見朱璞山

甲申至張少渠處小坐遂登舟如杭州泊八尺

乙酉泊烏鎮是日閱安清溪書院二月望課卷

附課題目及超等十二名特等十名前亦有花紅童生上次八名中取五名前亦有花紅

子貢曰夫子自道也合下一章　賦得風輕粉蝶喜得輕字

若夫豪傑之士　賦得花暖蜜蜂喧得喧字

高椿年　沈霦　沈蔚林　沈師錫　沈汝昂　袁乃欽

錢元璋　俞鴻藻　虞紹唐　沈思棨　陳冠群　徐士騏

丙戌至新市登岸見蔡月嶠蔡駿甫鍾桂溪晚飯而歸

遂泊

丁亥過唐西與內子書日加酉至詁經精舍

戊子彭雪琴侍郎来遂同飯於樓其首春監院沈蘭舫陳竹州以是日開課具酒食復招侍郎與俱上　太夫人書與壬甫兄書與內子書與王補帆同年書與伯芾蘭外姊幼芾蘭外妹書得補帆書

己丑入城拜客見楊石泉中丞盧五峯方伯蒯士香廉訪何青士泰淡如梁敬叔吳引之四觀察高滋園都轉金忠甫庶常沈芾蘭舫許子頌黃元同施均父孫子佩太守許子祥國[illegible]姚少泉及許八夫人三多外孫女歸遇風雨與王補帆同年書

是日知戴子高卒于金陵

庚寅雨得壬甫兄二月初十及二十日書得王竹侯同年書得張嘯岩唐端甫書得許崑士書得祖仁婦書得王星府書陳子平陳珊屏徐昆山来梁敬叔[illegible]餽肴核

辛卯晴楊石泉中丞招同彭雪琴侍郎游雲栖酒肉與

蔬果穠陳侍郎即席賦詩余及中丞均有作請談
極歡歸途復至六和塔下觀噴月泉讀宋開寳
年碑
壬辰入城拜客見靈蔚生都轉王清如濮少霞高宰
十三觀察梁寳卿大令琛寳卿乃河南河内人
余視學所取士也是日唐蓺農觀察招飲與
雪琴侍郎俱得孫讓卿書
癸巳唐蓺農觀察来吴冠英来許子頌来陳耐庵孫漁
笙珠馮孟香来孫君謂修爾昌来章輪香来與内子書與
勒少仲書與唐端甫張嘯山書得康侯十一日書
得祖仁婦十三日書得許子原女壻及緗孫書
甲午微雨旋霽招雪琴侍郎作湖舫竟日之游沈滄
舫俱其夕閲定龍湖書院三月朔望課
子貢曰夫子自道也合下節　賦得風輕粉蝶喜得輕字
若夫豪傑之士　賦得花暖蜜蜂喧得喧字
子曰士志於道一章　賦得高低桃錦紅相倚得桃字
必察焉衆好之　賦得輕重榆錢絲未匀得榆字
乙未何青士觀察来金忠甫庶常来鈕常華来陶曉城别
駕来丁濂甫學使同年来王眉叔黄元同周瀾卿来姚
少泉来周少雲子雲来周篤甫来得黔撫曾樞元同
年書高滋園都轉餽肴核
丙申入城送吴曉帆方伯之葬遂拜客見高滋園都轉
杜蓮衢丁濂甫兩同年飯於蓮衢所魏性之本
存来得魏稼孫書

丁酉雨姚少泉來彭雪琴侍郎饋漢米云湖北半壁
山山崩得米甚多色墨黑小捻之即成粉覆以麩〻有吳國
江防字相傳為吳魯肅屯軍糧處也其米可治痢
疾云是日閱定詁經精舍二月望課卷
詩序太平君子解　箋勤也解　閔子馬閔子騫是否一人考
庚子之庾讀為庚說　相如入室賦以賈誼升堂相如入室
為韻　擬恭進
皇上龍飛親理萬幾頌
胡元鼎　馮一梅　范許椿　吳敬基　劉芬　吳承志
黃以恭　黃家辰　嚴曾銓　陳翰藻　史鑑　呂聰
梁祿仁　張濬　汪行忠　陳殿美　顧廷燮　吳俊卿
戊戌惲杏耘觀察來唐墨齋來周少雲來潘鳳洲來許子
社來梁西園張雲渠范璞臣陳珊屏來得沈仲復觀
察書姚訪梅書陸存齋觀察書蔡芸庭書大兒婦
十八日書是日孟蘭艇以嫁女餽酒食即招沈蘭舫
陳竹川兩監院同飲與伯蘭外姊書與劉芝田觀察
書
己亥入城拜客見蒯士薌廉訪雲蔚生都轉許子祥及
許八夫人三多外孫與吳煥卿書與魏稼孫書是
日丁濂甫同年學使招飲杜蓮衢侍郎俱
庚子談仲脩來黃王松溪來鍾桂溪來施君浴升吳君俊卿來上
太夫人書與壬甫兄書與内子書與王星府書陳桂舟來
辛丑高同辛才女來王星府來
壬寅沈蘭舫陳竹川兩廣文招作山中之游自精舍乘籃輿

先至龍井寺已久廢但有土神祠亦無可觀其旁有山
農戚姓者延入小坐瀹茗待客絕佳遂買茶葉
少許而行過九溪十八澗清流一綫曲折下注濺濺作
琴筑聲四山環抱蒼翠萬狀余與沈陳兩君下輿
步行屢石渡水者十餘次說文所謂砯也遂至理安有
精舍三楹老僧具伊蒲饌飯（客懶）已別僧行游煙霞水
樂石屋三洞煙霞洞頗深邃前洞奉佛像後洞偪
仄殊甚有純陽真人像水樂洞不甚寬且地濕不能
久立但水聲可聽耳石屋洞軒敞如大屋■拾級而升（洞後有穴上寬下窄如螺形署曰滄海一螺兩旁）
右曰石樓左曰石別院石樓之前有一穴日光穿漏可容二筵
劉玉坡制府題曰擁雲徘徊久之始去至虎跑泉
啜茗而歸得康侯女壻廿二日書有補帆親家書
暴梅邨同年書顧子山觀察書

癸卯　姚少泉來手民鄭伯申來得周少雲書即復之書

甲辰　楊石泉中丞來陶曉城來黃質文來徐守銘克恭來

乙巳　雨高辛才文葉貞甫爾安來與內子書與王康侯女壻
書與暴梅村同年書得王補帆同年三月十六日書得蔡
駿甫書是日閱詁經精舍甄別課卷

示我周行解　大夫祭五祀祭三祀說　春秋二三月書王說
伯益柏翳是否一人考　疑詔令射賦以令下兩人皆習
射龢韻　黃鶯筍歌　西湖裏六橋贊　環碧　流金
臥龍　隱秀　景行　濬源
王國楨　胡元鼎　馮一梅　林之豪　嚴曾銓　黃家辰
汪行忠　張濬　吳承志　查光華　陳殿英　孫瑛

孫庚揆 周善溥 許郊 屈元炘 程克振 張芝孫
丙午孫漁笙来吴香補来
丁未盧五峯方伯来吴引之秦澹如兩觀察来孫子佩太守来
吴祁甫来姚少泉来得二十五日紹葉婦書與幼蘭外妹書
是日閱定清溪書院三月望課卷
子曰士志於道一章 賦得高低桃錦紅相倚得桃字
必察焉眾好之 賦得輕重榆錢綠未匀得榆字
陳冠群 高椿年 徐士麒 倪康年 趙之楨 胡槐森 陳瑞春
蔡兆驤 沈烈祖 黄文升 黄鬲升 仲調鼎 陳熙傑 蔡駿掄
徐鋒 金在鎔 童生正取十二名不錄
戊申閱定五湖書院三月望課卷蘭士香廉訪同年来
孟蘭艇陳桂舟来琦兄范允茂螺来見日得康侯
書由蘇寓專人来驚悉王甫兄於三月十六日巳
刻卒於福寧郡署 與蔡駿南書
四月己酉梁敬叔觀察来余古香太守来姚少泉来許
子祥来高海槎来與沈仲復觀察書與王星府書
與蔡冈嶠書與朱璞山書與勤少仲觀察同年
書與内子書得康侯書又與内子書與伯蘅
外姊書
庚戌余如福寧自精舍度西湖登肩輿度錢唐江至
西興買舟而行過錢清已暮矣是日命余德回
蘇與内子書其日微雨旋霽
辛亥遲明過紹興日加未至蒿壩於任宮寶牙行易
船行泊張家步其日時有微雨

壬子晴至山樹潭水淺不可舟輿而行至嵊縣與蒯士香
同年書與內子書
癸丑籃輿發嵊縣飯於新昌縣郭外宿於班竹
甲寅微雨旋霽行經天姥山下有天姥寺小憩即行飯於逆
旅不知地名或曰五嶺遂至天台縣賃一葉之舟而宿
乙卯黎明即發風不順距台州二十里許而泊
丙辰過台州見陳鹿笙太守飯於其署齋遂同至東
湖書院見山長陳竹泉孝廉與俱登芙蓉庵嶺還至
郡齋而飧馬太守送至舟為易舟并飭紀綱及親兵
護之行是日與蒯士香廉訪書與內子書
丁巳過黃巖孫明府熹字歡伯留宿於其署齋王棠城
孝廉王吉人明經俱來見因與孫明府王孝廉同至九
峯書院見王子莊山長又至委羽山觀道書所謂空
明洞天與內子書是日定議由黃巖坐肩輿徑至
福甯
戊午以治行未具留黃巖三王君皆來其暮棠城孝
廉招至廣文書院與孫明府同飯廣文書院以奉
鄭虔故名虔曾為台州司戶也
己未發黃巖歡伯明府棠城孝廉均送至城外茶
話於朱子祠而別飯於白楔至於大荊鎮宿於樂清丞
黃君古士之署齋也是行孫明府具車徒送余行
庚申飯於虹橋宿於樂清縣郭外
辛酉飯於管頭埠乘舟溯甌江而上至於溫州府遂
登夜航船而行是日遣台州太守之送者歸與鹿

笙太守書與蒯士香廉訪書與靈蔚生都轉書
與內子書
壬戌平明至瑞安縣度飛雲渡乘小舟至平陽飯於
逆旅使人告於縣方大令注來送及於途相見於道
旁神廟為具舟送至錢倉又西逾蕭家渡而宿是
日雷雨間作
癸亥過琳溪去歲壬甫兄使人來迎處也風景不殊昌勝
潸然飯於橋墩門暴雨度分水關至半嶺塘而宿
甲子過福鼎縣舟行至倪家地飯焉宿白琳
乙丑飯於蔣洋宿於楊家溪是日使人以書告兄子
籀堂覆卿
丙寅飯於棗坑大雨至福寧府於試館謁見
太夫人哭於先兄中憲君之靈見諸子諸婦
是日霞浦令程九希迎於郭外回憶去歲來
此不勝風景不殊之感
丁卯程九希大令來出拜客見徐少青曼迪齋兩
太守及程大令是日追黃藹巖之輿者歸與
孫歡伯明府書與內子書得王補帆同年書
戊辰宋魁五總戎來徐少青太守來曼迪齋太守來上
官榦臣同年來王友梅來胡松亭游府來與王補帆
中丞三書與潘蔚如方伯書與高滋園都轉書與
內子書二
己巳程九希大令來為　太夫人覆方而去與傅星源觀察同年
書是日距　先兄之歿三十五日矣釋氏所謂五七之期也為營

佛事資冥福
庚午
辛未與王補帆中丞書與內子書出拜客見宋魁五摠
戎徐少青[redacted]太守胡松亭協鎮
壬申程九希大令來許君元社來隨昆石來與裕
澤生觀察書
癸酉晴奉　太夫人發福甯宋魁五總戎徐少青太守胡
松亭協鎮程九希大令及郡中文武官均出郭送茶話
而別飯於河平宿楊家溪
甲戌飯於蔣洋宿白琳
乙亥至倪家地乘舟至福鼎黃星槎大令迎於郭
外遂入宿於桐山書院出拜客見黃大令
丙子發福鼎黃大令送於郊遂行飯於分水關平
陽縣方春池大令使人來迎宿於琳溪
丁丑三易舟至於平陽方春波大令來見往拜亦見
五月
戊寅再易舟過飛雲渡至瑞安拜客見羅雨樵明府
孫渠田比部來已而皆來之薄暮登舟羅明府來
送遂發
己卯平明至于溫州休於董氏逆旅出拜客見裕昭甫太守陳
友三大令方子穎觀察有疾見於其內之便坐已而太守大
令皆來徐石泉來董慶瑞芝巖來陶祖翼香圃來
友三大令為具漁舟四送至處州方觀察[redacted]以所具[redacted]舟小使人
至處州促白舫歸白舫者觀察所自坐舟名也

庚辰以漁舟發未至溫溪白舫來遂奉　太夫人登白舫
泊溫溪
辛巳過青田縣王大令來迎見于舟遂行距青田三十里而泊
與裕時甫太守書與黄星槎方春波陳友三三大令書
壬午行九十里而泊距處州三十里是日有暴風觸窗櫺
余傷於面
癸未至處州彭澤之大令潤章來入城拜客見潘芸臺
太守紹詒及彭大令太守留飲於其署齋大令俱
與内子書
甲申發處州潘太守彭大令皆來送遂易舟而輿宿於郤
金館
乙酉飯隘頭宿縉雲縣朱晶堂大令廷梁來見往拜亦
見
丙戌朱晶堂大令來送遂行飯於黄碧岩宿
永康縣趙舜臣大令來
丁亥飯於楊公楊公者地名也宿下芝道
戊子飯於嶺下至金華府
己丑飯於郵舍不知名至蘭溪縣遂登舟吳㸌卿大
令來
庚寅吳大令來送遂發未至嚴州三十里泊
辛卯泊桐廬
壬辰泊富陽
癸巳至杭州泊江干
甲午大雨奉　太夫人至詁經精舍與内子書

乙未入城拜客見楊石泉中丞蒯士薌廉訪靈蔚生都轉
何青士梁敬未兩觀察濮少霞觀察汪柳門太史高滋
園都轉又至書局見陳藍溪施均父又至橫河橋見許
八夫人及許子祥三多外孫女飯於柳門所得王補帆同年
書與補帆書得徐石史書石史居上海艾家衖
丙申高滋園都轉来楊利叔徐花農姚少泉周子雲来
飯而去陳珊屏来潘鳳洲来與王補帆親家書
丁酉何青士梁敬未濮少霞三觀察来王渠城王吉人来李枚士
来周少雲来以其兄子成官去成官自福甯俱来者也與伯
蘭外姊幼蘭外妹書與沈仲復馮竹儒兩觀察書吳
畫郊来得吳煥卿書
戊戌靈蔚生都轉来唐蓺農觀察来馮孟香孫漁笙何治
甫来高海垞来姚少泉来許子祥来
己亥奉太夫人登舟沈蘭舫送至舟遂發泊唐西與
鍾桂漢書與王星府書與内子書與吳煥卿書
庚子泊石門灣
辛丑泊王江涇
壬寅泊英山橋
癸卯奉太夫人至蘇寓謝芳香来
甲辰張少渠来張芝田来治姚穀詒疾
乙巳朱璞山来倪載軒觀察来與李少荃伯相書與紹
美書與許子原女婿及編孫女書與兄子蕭堂稷卿書
蔡瑜卿来
丙午應敏齋廉訪同年来杜小舫觀察来閲定五湖書

院四月望課卷
丁未陳仲泉觀察周年來許季蓉馮少渠兩明府來
六月
戊申張子青前輩來丁紫巢吳時山來潘濟之來汪柳門太
史來馮聽濤來與鍾桂溪書與蔡月嶠書
己酉沈書森太守來慕方子來
庚戌吳平齋觀察來朱璞山司馬來是日內子生日也兒子紹
萊已為請二品封因於是日易命服
辛亥陶君錫恩來張芝田來治內子疾是日閱定詁經精舍
四月望課卷寄杭州與高滋園都轉書與子原女婿書
與沈蘭舫書
每懷靡及解　老彭解　考工記是否先秦古書考
春秋時人援引經義見於內外傳者詳考
牡丹戲貓圖賦以宣和畫譜載有此圖為韻　春衫　春扇不限體韻
吳承志　許郊　吳敬基　陳殿英　張濬　王國楨
孫庚揆　屈元炘　沈鏡煌　嚴曾銓　胡元鼎　黄以恭
楊振鎬　王維翰　史鑑　裘譽駿　張篤　林文蔚
壬子趙幼青來張少渠來陸博泉來閱定上海廣方言館卷
是日日加午長女錦孫舉一女
癸丑郘步梅來楊敵齋來出拜客見張子青前輩李質堂軍
門吳平齋觀察杜小舫觀察沈書森太守郘步梅刺史倪載軒
觀察
甲寅出拜客見張振軒中丞恩竹樵方伯應敏齋廉訪何子貢許
信臣兩前輩董隰庭觀察李薇生太守

乙卯李少微生姚少鐸兩太守来朱修庭来
丙辰黄次蓀庶常崇惺来與沈蘭舫書與何小蘭外姊書
得李雨庭制府書是日閱定上海詁經精舍三四兩月課卷
老彭解　春秋時人援引經義見外内傳者攷
曲禮大夫祭五祀祭法大夫立三祀説
曹標　陸麟年　朱樟　郁鍾淦　袁康　盛愷華　王朝輔　馮純壽
沈祥龍　朱駿　褚振學　童寶善　秦贊堯　沈起元　嚴良勳　程宗灝
林曾望　徐頌增上　姚文枏　賈勛　蔡爾康　李安曾　姚元鈺　吳鍾史
五十以伯仲解　十師四兆説　左傳國語是否皆左邱明所作考
沈祥龍　曹標　嚴良勛　盛愷華　李安曾　朱樹新　郁鍾淦　楊德鑅
王朝輔　劉鴻　黄晉　王莘祥　朱駿　袁康　吳鍾史　賈勳
宋書升　沈起元　童寶善　馮頤昌　李廷楨　劉至鏞　郭學詒
丁巳張少渠来與沈仲復馮竹儒兩觀察書
戊午馮少渠来童際庭觀察来張振軒中丞来汪韵
和祖来許康甫来
己未潘子駿来馮聽濤来是日閱定詁經精舍五六月
并課卷
五十以伯仲解　公追戎于濟西説　左傳國語是否同出于左邱明
考　但祈蒲酒話昇平賦以題為韻　楊梅　石榴
胡元鼎　王駿　吳承志　周德慶　章脩龢　葉書　史鑑
龔啟芝　黄家辰　沈守敬　鍾樾　馮一梅　嚴曾銓　陳殿英
屈元炘　林文蔚　王國楨　孫瑛
庚申易潤蓀来張任庵同年来鄒蓉閣来葛瑞卿来
辛酉出拜客見朱璞山趙雨田徐誠庵是日閱定五湖書院卷

與洪琴西同年書與錢子密吏部書與王星甫書與沈蘭舫書
壬戌趙雨田來與蒯子範太守書與紹棠書與瀛堂履卿書
得周少雲書由周太僕廟吳淞江教匱局來
癸亥與周少雲書得王補帆同年書潘芸臺太守書并樟樹梨
六枚得高滋園都轉書
甲子潘季玉觀察來與劉芝田觀察書與高滋園都轉書
與王補帆同年書與沈蘭舫書
乙丑
丙寅得王補帆同年書與楊石泉中丞書
丁卯得徐花農書復之書與伯蘭外姊及少雲書與潘儀父書
戊辰高辛才丈來得沈蘭舫書
己巳出拜客見高辛才丈鄒蓉閣汪柳門王昆巴得馮竹
儒觀察書
庚午葛瑞卿來鄒蓉閣來汪維卿來得瀛堂履卿六
月初十日書與潘芝岑書趙雨田來
辛未與瀛堂履卿書與許省齋書與陸存齋觀察書
與梁敬叔同年書與姚少泉書與鍾桂溪書許信臣
前輩來
壬申沈仲復觀察來高辛才丈來張少渠來是日閱定
海詁經精舍卷
夫圭田無征解　禁原蠶議　古大夫士有樂無樂考
曹楨　董寶善　沈祥龍　黄晉　沈銛　朱保英　劉至健
馮頤昌　袁康　姚文枏　朱樟　凌鵬飛　唐鴻藻　瞿慶□　李廷楨　沈光琮
嚴良勛　吳鍾史　賈勛　朱駿　曹基鏡　程宗瀛　胡贏　沈起元

癸酉恩竹樵方伯来汪柳門太史来樓壽巡来張少渠来與沈仲
復觀察書與馮竹儒觀察書
甲戌葛瑞卿来
乙亥得楊石泉中丞書 沈蘭舫書 得王補帆同年書
丙子倪豂軒觀察来李眉生廉訪来與補帆書與高滋園都
轉書與黄質文書與蔡月嶠書與徐石史書
閏月
丁丑高辛才丈来得姚魯卿書
戊寅出拜客見陳仲泉同年朱修庭趙雨田得潘儀父書
得蔡駿甫書得鍾桂溪書得馬君廷楨書乃故人馬謙香
孝廉之孫
己卯閱定清溪書院課卷陳仙海来
庚辰閱定龍湖書院課卷與王星府書與沈蘭舫書與
蔡駿甫書與鍾桂溪書與馬君廷楨書
辛巳與李筱荃制府書與李少荃相國書
壬午沈義民来治 太夫人疾
癸未沈義民来
甲申沈少齋来葛瑞卿来 汪維卿来
乙酉得紹莱六月九日書
丙戌女壻王康侯去揚州
丁亥與伯之蘭外姊書得趙舜卿書
戊子沈少齋来出拜客見恩竹樵方伯劉仰孫葛瑞卿朱璞山沈
少齋汪柳門太史来許季蓉来
己丑葛瑞卿来朱修庭来得紹莱書 姚訪梅書

庚寅
辛卯與王補帆同年書與高㵾園都轉書與姚訪梅書與紹
葉書得周少雲書得王星府書
壬辰得洪琴西同年汝奎書與王星府書得沈蘭舫書
癸巳得裕昭甫太守書得黃質文書朱璞山來高同雲
山來
甲午出弔潘子浚司馬之喪見其母太安人遂拜客見朱璞
山與葛瑞卿同看屋二區潘芝岑來得潘芸臺太守書
與沈蘭舫書與潘儀父書與黃質文書
乙未徐花農來
丙申馮聽濤來陳子莊來
丁酉得李少荃伯相書得高㵾園都轉書
戊戌杜小舫觀察來朱璞山來與洪琴西同年書與錢子
密書與許子原女壻及繡孫女書　張芝田來治阿牛阿
龍疾治疾不書余見之則書
己亥出拜客見許信臣前輩孫竹堂觀察
庚子出弔同年丁濂甫太僕之喪遂拜客見陳仲泉同年
孫庶常汝瓚趙雨田沈少齋與王康侯女壻書與顧
子山觀察書
辛丑劉譽衛司馬來與楊石泉中丞書與沈仲復馮竹儒兩觀
察書得紹葉閏月一日書顧冠卿來
壬寅葛瑞卿來
癸卯陶柳門來沈少蘅來得康侯二十三日書
甲辰與康侯書與潘芸臺太守書

乙巳恩竹樵方伯来
丙午得王星府書
七月
丁未閱定龍湖書院課卷與王星府書
戊申出拜客見趙子方觀察遂與葛瑞卿大令看福星橋之屋
張芝田来治外孫女重慶疾余亦請其處方得沈蘭舫書
得黄質文書
己酉朱璞山来得吴煥卿書　吴膚西太平巷戴宅　得錢子密吏部書復之書并與
洪琴西觀察書
庚戌許信臣前輩来葛瑞卿来　汪唯卿来
辛亥恩竹樵方伯来陳仲泉觀察来李薇生太守来葛瑞卿来是日
閱定詁經精舍七月八月合課卷
夫圭田無征解　古大夫士有樂無樂考　月令土數五獨舉成數説
登蟾宫賦以自唐宋来以此登科為韵　八夕詞　鄉試襍詠
馮一梅　童修灕　吴承志　王國楨　史鑑　劉芬　查光華　黄家辰　周善溥
嚴曾銓　楊振鎬　胡元鼎　許士洪　俞炳若　林真　陳灝　陳翰藻　汪雨熙
壬子馮巳亭来朱璞山来蔡瑜卿来
癸丑張少渠来葛瑞卿来葛蕃甫来是日閱定清溪書院課卷
寄德清與吴煥卿書與姚少泉書與鍾桂溪書與沈蘭舫書
得族姪燦祥書知先兄嫂之柩已於初四日至杭州停紼湖莊
甲寅與顧子山觀察書
乙卯倪戴軒觀察来許康甫来趙雨田来余蓮村曹蓮舫来
丙辰得潘儀父書張少渠来唐端甫来
丁巳蔡瑜卿来
戊午李眉生廉訪招飲遂拜客見李薇生太守與紹棠書

己未陶柳門来得鍾桂溪書
庚申唐鶚安来陸博泉来汪少黼来治阿龍疾得梁敬叔觀
察書得高滋園都轉書得沈蘭舫書得姚少泉書
辛酉是日事誤書於庚申
壬戌趙雨田来即請之治阿龍疾葛瑞卿来與劉融齋前輩
書與王竹侯同年書與梁敬叔同年書與沈蘭舫書得紹
莱閏月二書
癸亥汪柳門大史来凌縣丞其震来得許椒畦書
甲子得黼堂履卿書趙雨田来與許子祥書
乙丑與黼堂履卿書得黼堂書得馮竹儒觀察書與
鍾桂溪書與沈蘭舫書
丙寅與黼堂書與沈仲復馮竹儒兩觀察書與許子祥書張
少渠来得王補帆同年書
丁卯出弔何子貞前輩之喪遂拜客見任秋亭秋亭来得周
少雲書與陝撫邵汴生同年書
戊辰趙雨田来治阿龍疾
己巳得沈蘭舫書
庚午蔣春生太守来陸子如来蔡瑜卿来沈昀卿来與王補
帆同年書與高滋園都轉書與沈蘭舫書
辛未與王康侯書
壬申出拜客見汪柳門大史高雲山来得王補帆同年書得高
滋園書得王渠城書得鍾桂溪書是夜大雷雨
癸酉與王補帆書與高滋園都轉書與孟蘭艇書與王渠
城書與沈仲復書與鍾桂溪書

甲戌汪柳門大史来
乙亥許信臣前輩来
丙子得康侯書得蔡月嶠書得周少雲書得李筱荃制軍
書時香圃来治阿龍疾
八月
丁酉（丑）蔡瑜卿来歸李筱荃制府少荃相國書與姚訪梅
書與紹棠書
戊寅葛瑞卿来慕古子来是日因孫兒阿龍久病不愈從吳俗為之
宣卷
己卯陸博泉来張少渠来得孫歡伯書與沈蘭舫書與周
子雲書與蔡月嶠書與王星府書
庚辰是日事誤繫己卯
辛巳朱璞山来趙幼卿来得李黼堂方伯書得陳仙海
書復之書
壬午邵文伯来得沈蘭舫書馮己亭来
癸未邵文伯来朱璞山来葛瑞卿来出拜客見恩竹樵方伯
是夕張振軒中丞招飲與者許信臣撫部李眉生
廉訪汪柳門學使
甲申
乙酉周梅仙庶常福清来金眉生廉訪来
丙戌太夫人生日張少渠饋清音朱璞山馮少渠葛瑞卿蔡
瑜卿均来祝
丁亥出拜客見張振軒中丞
戊子張中丞来張通甫来馮己亭来與孫歡伯大令書

己丑得王竹侯同年書
庚寅陳仲泉觀察来與王竹侯同年書
辛卯得黄質文書得許子祥書
壬辰與黄質文書與梁敬未書與許子祥書吳誼卿汪柳門来
癸巳朱璞山来趙雨田来
甲午許信臣前輩来
乙未陸博泉来
丙申出拜客見許信臣前輩陳仲泉同年朱璞山吳誼卿
與沈仲復觀察書與兄子黼堂履卿書與沈蘭舫書
丁酉杜小舫觀察来潘祖謙濟之来張子中来
戊戌邵文倬来得高滋園都轉書
己亥鄒芸閣来
庚子
辛丑雨得
壬寅得謝敏齋書得汪芙卿書
癸酉卯應敏齋廉訪来
甲戌辰許信臣中丞来趙雨田張芝田来治太夫人疾
乙亥巳會集諸同鄉致祭於徐莊敏公祠朱小舫来治太夫人疾
九月
丙午朱小舫来治太夫人疾余有疾不夕食
丁丑未甘語香来得許子原及緒孫書得王星府書得謝敏
齋書
戊寅申張芝田来治余疾朱璞山来
己卯酉邵小梅来張少渠来

庚辰（戊）汪柳門太史来趙紉卿来徐子敬来得德静山尚
衣書　張芝田来治余疾兼治内子疾
辛巳（亥）與沈蘭舫書與王星府書與王補帆同年書
壬午（子）張芝田来治余疾吴仲英来馮少渠来沈昀卿来
癸未（丑）大雨出弔何子貞前輩之喪遂拜客見沈少齋昀田卿
甲申（寅）與德静山尚衣書
乙酉（卯）許叔清沈書森兩太守来蘪（萬）小庭大令葉封来
丙辰汪柳門太史来
丁亥（巳）得紹棠八月廿六日書知已受代回省寓七聖庵沈荃叔民
来治内子疾兼治阿龍疾得王補帆同年八月廿三日閩闈
書得高滋園書兒子黼堂至又得補帆書得蘇少伊瑞奎書
戊子（午）邵文伯来馮少渠来徐魯山来
己丑（未）出拜客見張振軒中丞恩竹樵方伯張少渠兼弔徐誠
庵之喪與高滋園都轉書與王補帆同年書與姚魯卿
書
庚寅（申）邵文伯来
辛卯（酉）黼堂如德清與羅景山軍門書與潘偉如方伯書恩竹
樵方伯来
壬辰（戌）出拜客見李薇生太守朱璞山司馬倪載軒觀察
癸巳（亥）白季生讓卿来馮巳亭来陳仲泉倪載軒兩觀察来
甲子朱璞山張少渠来
乙丑雨潘季玉觀察書言次女壻許子原中順天鄉試一百六
十三名
丙寅李薇生太守来許季蓉来唐端甫来蔡芸庭来任秋

庭来與許八夫人書與沈蘭舫書趙爾田来馮少渠来許
康甫来沈義民来治内子及阿龍疾出拜客見陳仲泉
丁卯出拜客見許信臣前輩占李生觀察遂登舟如上
海泊進義
戊辰泊四江口距黄渡十八里
己巳泊周太僕廟周少雲来遂與登岸見杜小珊刺史為余
處方已而小珊来少雲留飯而去
庚午至上海拜客見沈仲復觀察留宿於其署齋劉融齋前輩
来出拜客見融齋前輩劉芝田觀察鍾子勤山長沈尊
山司馬葉顧之明府上太夫人書與内子書與王補帆同年書與
高滋園都轉書
辛未胡士石来鍾子勤来出拜客見王竹溪同年馮卓儒觀
察飯於卓儒所與許子原女壻書
壬申出拜客未見至二馬路緣雲閣見姚靜嵒嚴與偕至和記
廣貨店買物而回與内子書與施均父書是日閱定上海
詁經精舍試卷
王若曰孟侯解　周易序卦六門說　月令中央土獨舉土數說
趙蘭　曹標　胡馥　馮純壽　凌鵬飛　朱樟　吳鍾史　嚴良勛
曹其鏡　袁康　曹毓銑　周鏡涵　章光旦　韋寶善　黄晉　馮頤昌
劉呈健　秦贊堯　艾承禧　楊德鑅　賈勛　徐頌增　沈祥龍
唐鴻藻
癸酉黄純安来與馮已亭書得王康侯女壻書得黄質文
書得姚城訪梅書得王星府書
甲戌王菓渠来與黄質文書與孫琴西廉訪同年書

乙亥出拜客見張子剛王渠城與内子書沈仲復馮竹儒兩觀
察招飲於署齋

十月

丙子嚴伯雅来汪子和来姚靜岩嚴與子麗生来上太夫人
書與内子書

丁丑徐筱垣来陸壽門来出拜客見劉融齋前輩
馮卓儒觀察

戊寅出拜客見劉融齋前輩張子緗星日劉芝田觀察
招飲於一粟庵

己卯劉融齋前輩馮介安觀察王竹僑同年来張子剛
来至石路訪毉者紀潤千為余處方遂發上海泊
周浦與内子書

庚辰守風周浦

辛巳泊儻来廟

壬午泊張涇灣距嘉善六里

癸未泊嘉興

甲申泊石門

乙酉泊唐西與内子書

丙戌至德清泊南埭見奇兄及族中諸子遂展先曾祖及
先祖之墓

丁亥欲移舟入城水淺不可遂易小舟至金鵝山展先通奉
君之墓遂拜客見汪黼卿大令及蔡駿甫仍回舟泊三里
塘汪大令及駿甫皆来

戊子至杭州

己丑至詁經精舍沈蘭舫来得朱璞山書與内子書得瀟
堂書與王星府書
庚寅陳竹川来
辛卯入城拜客見蒯士香廉訪盧五峯方伯何青士觀察梁敬叔
惲杏耘吳引之三觀察高滋園都轉高辛才文金忠甫庶常
姚少泉許八夫人及周季英甥女飯於許氏與潘芸臺太守
書得王補帆九月二十一及十月三日書
壬辰盧五峯方伯来吳煥卿来姚少泉来汪景仙来徐花農来
孟蘭擬章輪香来陳桂舟孫漁笙来與沈蘭舫至友莊省
視先兄嫂之柩遂至三潭印月觀彭雪琴侍郎退省庵
得二兄婦初七十三日兩書得瀟堂書得許子原女婿及緯孫女九月
廿五日書得蔡駿甫書得趙雨田書得展卿九月廿四日書是日閱
定詁經精舍卷發監院校官榜示
賞地參之一食解　春秋通濫說　九穀考
黃菊飄零滿地金賦以秋花不比春花落為韻
獅蠻糕歌　九月授衣　九月築場圃二題不拘體韻
黃家辰　馮一梅　吳承志　陳灝　林文豪　劉芬　周德慶
朱贊湯　徐琪　孫瑛　林真　陳殿英　梁祿仁　胡元鼎
孫庚揆　陳壽宸　孫樹義　戚起
癸巳惲杏耘觀察来龔菊田来周子雲来李枚生来與内子書
與恩竹樵方伯書
甲午入城拜客見學使胡筱泉前輩　濮少霞觀察江小雲觀察
徐子佩同年白季生觀察
乙未蒯士香廉訪同年来入城拜客見蔡文臣觀察是日梁敬

十五

秋同年招飲得紹箕九月廿一日書得朱璞山書得胡芷
青書得姚訪梅書
丙申陳許堂徐子佩兩同年來姚少泉來潘儀父來與內子書
與沈仲復觀察書
丁酉李黼堂方伯高滋園都轉來唐薊農觀察招
集湖舫
戊戌招胡芷青吳煥卿兩明府汪柳門太史沈蘭舫陳竹川同
飲於湖樓得十九日祖仁婦書得王康侯揚州書得恩竹樵方
伯書
己亥入城拜客見唐薊農觀察白季生觀察胡芷青明府
是日蒯子範廉訪同年招飲得張少渠書
庚子入城拜客見金少伯又見許八夫人是日吳引之觀
察招飲得邵文伯書與恩竹樵漕帥書
辛丑唐薊農吳引之兩觀察來姚少泉李枚士何治甫孫漁
笙來得二兒婦二十四日書得張少渠書
壬寅高海垞來沈祖香來黃質文來是日閱定詁經
精舍望課卷
朋盍簪解　冬祀井說　論語魯讀考
擊壤賦以其形如履以木為之為韻　炒豆　炒栗不拘體
彭雪琴侍郎退省庵記
王國禎　吳承志　孫瑛　徐琪　汪行忠　黃以恭
章廷楨　陳灝　李雲衢　張大昌　潘鈵　孫禮焜
陳壽宸　周名　王亨兆　張篤　褚成烽　倪始
癸卯與內子書與謙甫姪書與[redacted]張少渠書沈尚品啟來

閔瑞生来姚少泉来
甲辰入城拜客見楊石泉中丞蒯士香廉訪靈蔚生都轉李
黼堂方伯[redacted]梁敬叔觀察是日沈肖巖招飲與恩竹樵
漕帥書與紹棻書
乙巳楊石泉中丞来吳煥卿来胡笠青来孫漁笙来吳祁甫
来與彭雪琴侍郎書得丁麗生庶常書
十一月
丙午李黼堂方伯来秦澹如觀察来白季生觀察来高
海瀛来沈祖香来蔡勖甫来得蔡駿甫書二
丁未樊鴻甫来與內子書與汪柳門太史書與王補帆閣撫書與汪
蓮府兵部書
戊申樊介軒庶常来與蔡駿甫書
己酉得錢子密書得二兒婦初一日書
庚戌入城拜客見高滋園都轉濮少霞觀察靈蔚生都
轉梁敬叔王清如兩觀察及許八夫人許子祥是日盧
五峯方伯招飲得張少渠書與內子書
辛亥靈都轉来梁寶卿来潘儀父来胡蘇亭来得邵文
伯書
壬子余古香太守来張仲甫丈来許子祥来孫漁笙来孟蘭艇来
程桂舟来姚少泉来
癸丑至友莊致祭於先兄福甯君先嫂孫淑人之柩前告遷焉
遂奉移至武林門外馬頭登舟還德清沈蘭舫孫竹雨
監院送至舟[redacted]泊十二里港
甲寅至德清泊南埭見奇兄福昌姪及族中諸子范佩孫来

乙卯奉先兄先嫂之柩至薛家閣墳地其地壬山丙向兼亥巳余
因太夫人倚閭之望不得與畚挶之役屬其事於福昌姪
字謙甫余遂還舟泊唐西
丙辰雨泊石門
丁巳風雪泊石門灣
戊午雪止仍大風泊陡門
己未雪霽泊王江涇
庚申大風行二十里泊平望
辛酉行五里冰合不能行適有小舟觸余舟碎玻璃窗免其
償使前行打冰踰八尺十里泊壬戌使人致書於震澤縣許季
容明府許不在署其尊甫信臣撫部前輩使紀綱來
癸亥信臣前輩使人以輿來遂乘之至署飯焉而歸與
內子書是日伐冰開道而行未至吳江一里泊
甲子募夫廿人伐冰開道未至英山橋一里泊
乙丑仍伐冰行至蘇州逾盤門卡而宿時加子矣
丙寅還寓得紹萊十月二十一日書
丁卯出拜客見張振軒中丞應敏齋方伯方蘭坨太守張少
渠得江子平書由新市來寄江書由新市蓋和京貨店何贊襄轉交
戊辰方蘭坨來董勉齋來徐花農來張少渠來朱修庭來沈少
齋來與黔撫曾樞元同年書得唐少蘭外姊書
己巳王景之來與沈仲復觀察書二與孟蘭艇陳竹川各一與謙甫姪書
庚午朱璞山來夏子儀來馮少渠來邵文伯來與沈蘭舫書與
許季容書與王星府書與紹萊書與錦綉兩女及王許
兩壻書

辛未出拜客見張子青前輩制府李眉生軍門郎步梅得兄
子履卿書告知航海北旋
壬申李眉生[redacted]来杜小舫觀察来與鍾桂溪書與履卿書
癸酉與孫兒阿龍至寶積寺見衡峯和尚拜客未見一人張振軒
中丞来應敏齋方伯来趙雨田来沈善民来
甲戌張少渠来與沈仲復觀察書與洪琴西勒少仲兩同年觀察書
與錢子密同年書與李雨亭制府書

十二月

乙亥馮展雲學使来馮聽濤来張瀚堂来得潘芸臺太
守書得高滋園都轉書
丙戌（子）閱定詁經精舍監課卷寄杭州與沈蘭舫書張子青制府同年
来部[redacted]（荻）洲觀察来戴笠青来
正歲年以敘事解　中庸大經大本解　古書段借舉例　冬至地上
行三萬里賦以地常動而人不知爲韵　手鑪　歲寒三友傳
武家駿　吳承志　林萁　吳敬基　衛梓材　王國楨　張篤　俞光組
宗能徵　孫瑛　鍾樾　孫禮煜
丁亥（丑）余子虔来得方鏡湖書出拜客見童際庭觀察朱璞山與
沈仲復觀察書
戊寅樊介軒庶常来與繡孫女書趙雨田来治紹萊婦病與李
少荃伯相書與孫省齋方伯書
己丑（卯）與潘芝岑葛瑞卿兩大令書與楊石泉中丞書與陳竹川書
得王康侯女壻十一月廿五日書
庚寅（辰）張任庵同年来與孟蘭艇丁松生書與蔡月嶠書
辛卯（巳）童際庭觀察来丁紫巢来朱璞山来郎步梅来得梁敬

叔觀察書
壬辰（午）得紹萊十一月廿一日書與高滋園書與方子頴書
癸巳（未）萬小庭大令來鄒蓉閣來吳仲雲來
甲申與叔和來邵文伯來趙幼卿來得馮竹儒觀察書
乙未（酉）與沈仲復馮竹儒兩觀察書與黃質文書
丙申（戌）衛靜瀾廉訪來劉莭孫來與丁松生沈蘭舫書
丁酉（亥）出拜客見張少渠得蔡月嶠書復之書得兄子履卿書復之書
又與之書與江子平書與唐藝農觀察書與王星府書得王
補帆同年書
戊戌（子）與王補帆同年書與高滋園都轉書與胡笠青書得王補帆
書高滋園書
己亥（丑）與王補帆高滋園書與孫漁笙書
庚寅張少渠來與許子祥書
辛丑（卯）沈笠戴民來得陸存齋觀察書
壬寅（辰）與履卿書與胡笠青書與沈蘭舫書與黃質文書
癸卯（巳）陳仲泉同年來何硯孫來
甲午出拜客見張子青之前輩潘偉如方伯得瀞堂十一月廿六日書
乙未蔡瑜卿來得李雨亭制府書與王補帆中丞書陸存齋觀
察書錢子密京卿書倪載軒觀察來
丙申應敏齋方伯同年抬至滄浪亭與蔬菜李子眉生廉
訪俱遂拜客見倪載軒觀察得沈仲復觀察書
丁酉與李雨亭制府書與楊石泉中丞書是日大雨
戊戌得高滙槎書
己亥

庚子張少渠来

辛丑江子平来董勉齋来是夜祀神

壬寅馮聽濤来汪小樵封翁来得顧子山觀察書

癸卯英茂文觀察来朱璞山来與陳仙海書吳友樂書

甲辰張少渠来是夕敬懸先高祖以下畫像設祭行禮是歲余行年五十有三奉 老母姚太夫人自福寧北旋得依膝下此十餘年来之至願不離夢想者也又以兒子紹棻為請二品封忝然易章服以子叔疑為老萊子戚畫傳說或以為榮自愧亦自幸矣

同治十三年歲陽在閼逢歲陰在閹茂　閼律書作焉

正月小盡　乙巳朔　修陬
二月小盡　甲戌朔　圉如
三月大盡　癸卯朔　厲寎
四月小盡　癸酉朔　則余
五月大盡　壬寅朔　窒皋
六月小盡　壬申朔　塞且
七月大盡　辛丑朔　終相
八月小盡　辛未朔　極壯
九月大盡　庚子朔　畢玄
十月大盡　庚午朔　橘陽
十一月大盡　庚子朔　修辜
十二月小盡　庚午朔　圉涂

正月
乙巳晴客来不見不書
丙午與恩竹樵漕帥書與蔣春生太守書
丁未雨江子平孝廉来
戊申雨出拜客見張振軒中丞衛靜瀾廉訪方蘭坨太守餘
不見不書
己酉祀神李質堂軍門来倪蘭生来
庚戌張少渠来陳仲泉觀察来
辛亥倪載軒觀察来得履卿二十七日書
壬子出拜客見吳退樓與履卿書
癸丑蔡芸庭来得李雨亭制府書得紹棠十二月廿一日書
附記紹棠膺保定省城秀水胡同賦升堂
甲寅祝詠梅来朱璞山来馮林一前輩来得子原女壻及繡孫女十二
月五日書
乙卯出拜客見張子青制府李質堂軍門與恩竹樵漕帥
書陳仲泉觀察来
丙辰雨出拜客見朱璞山任妹亭沈少齋沈昀卿
丁巳勗子颺来方子箴都轉前輩来任秋亭来陶柳門来潘芝
岑来
戊午馮竹儒觀察来出拜客見朱璞山兄子履卿来
戊申（己未）張少渠来馮聽濤来邵步梅来徐花農来與陳訂堂書
得沈蘭舫書兄子履卿偕其婦秦来
己酉（庚申）潘華田觀察来方蘭坨太守来與高滋園書與江子平書
庚戌（辛酉）張振軒中丞来朱修庭来高伯足明府来陸博泉来得沈蘭

舫書得吳祁甫書

壬戌張振軒中丞招飲與紹茱書

癸亥出拜客見陳鹿笙觀察師竹庵觀察来

甲子潘季玉觀察来葛茂甫来

乙丑吳彤雲觀察来是日沈昀卿茂才來館授孫兒陛雲讀適汪

子和来共飲而去得高滋園都轉書是夕大雷雨

丙寅林篤甫庶常来趙幼青来陶柳門来

丁卯出拜客見林庶常國柱與許子原女婿書與繡女書

戊辰潘偉如方伯来孫萊山學使来朱壯和来

己巳朱璞山来張少渠来與孟蘭艇書與江子平書

庚午沈仲復觀察使人以書来復之書

辛未同鄉林篤甫庶常娶同年惲次山中丞之女往賀[illegible]飯

於庶常之行館邵步梅来

壬申楊見山来陶柳門来

癸酉得恩竹樵漕帥書得王紫明煥星書

二月

甲戌得彭雪琴侍郎書得勒少仲同年書江子平徐葉生雨孝

廣来飯而去得胡子繼書自甯國府學来

乙亥兒子履卿来與潘偶洲書與江稼軒書

丙子與袁孝亭書與姚靜巖書得陳訏堂同年書

丁丑與沈仲復觀察書與沈蘭舫書與伯蘭外姊書王濟川来

得子原女婿書夜大雪

戊寅雪未止甚寒得紹茱書自廣通信局来正月四日發履卿

去新市與蔡駿甫書與蔡月嶠書與鍾桂溪書

附記廣通信局在山塘橋正大差局

己卯雨黄仲韜来陶柳門来
庚辰雨姚少鐸来鄒蓉閣来
辛巳張少渠来得王康侯女壻書
壬午得高滋園都轉書得王補帆中丞書勒少仲同年来
癸未出拜客見應敏齋方伯李薇生太守與紹莱書
甲申姚少鐸来是夕敏齋方伯招飲與楊石泉中丞書與彭雪琴侍郎書
乙酉李薇生太守来
丙戌得紹莱正月廿一日書并領到誥軸三幅
丁亥張少渠来與袁孝宰書與蔡芸庭書
戊子李薇生太守来許信臣前輩来
己丑葛瑞卿来朱璞山来
庚寅出祝杜筱舫觀察之壽遂拜客見李薇生太守
辛卯陳仙海司馬来許季含大令葛瑞卿大令来
壬辰葛瑞卿来朱璞山来與袁筱隝閣學書
癸巳得王補帆同年書得高滋園都轉書與紹莱書
甲午王補帆同年来出拜客見補帆朱璞山是夕璞山及張少渠来
飯而去
乙未張安圃大史来招補帆来飲於春在堂
丙申張振軒中丞招飲
丁酉登舟如杭州風過大至盤門而泊
戊戌過平望十餘里泊不知地名或曰吉慶
己亥雨帆風行泊石門灣
庚子泊唐西上太夫人書與内子書姚魯卿来
辛丑日加未至詁經精舍 濮少霞来沈蘭舫来

壬寅入城拜客見盧午峯方伯靈蔚生都轉梁敬叔王清如唐
蓺農吳引之惲杏耘五觀察李薾堂中丞金眉生廉訪高
滋園都轉濮少霞觀察江小雲觀察許子喬及許八夫人
姚少泉黄質文飯於滋園所
三月
癸卯何青士唐蓺農兩觀察来黄質文来孟蘭舡来邵文
伯来姚少泉来孫漁笙陳桂舟馮孟香来夏超墅来陳竹川来
許子社来鄭伯升来與内子書與吳焕卿書與王澥川書
甲辰蒯士香廉訪来余萃皋来胡笠青来汪[redacted]芙青来
吳仲耆新
乙巳奉灣如觀察招集湖舫修禊事也得大兒婦廿七日書
寄来楊石泉中丞書吳祁甫書
丙午入城拜客見孫子佩太守錢子奇汪薾卿兩大令是日蒯士
香廉舫同年招飲於其罍署齋與顧子山觀察書惲杏耘
觀察来與許子原女壻書
丁未吳引之張翼伯王清如三觀察来章輪香来吳祁甫来駱
槹清以張少渠書来與王補帆觀察書與内子書
戊申雨季佑中来入城拜客見善厚庵將軍楊石泉中丞
沈肖嵒嚴汪符卿程履新
己酉濮少霞觀察招飲遂拜客見蒯士香廉訪高滋園
都轉歸而過楊石泉中丞於湖蓋中丞見訪不值而去也
遂過其舟坐談至湧金門而還得恩竹樵漕帥書得
王補帆中丞同年上巳日書得王康侯女壻二月二十日書得許
子原女壻及緒女二月十七日書得祖仁婦三月三日書得周少雲
書得汪芙青書
庚戌上 太夫人書與内子書與陳仲泉同年書陳伯敵太守来錢

子奇大令来方大令来杜枎華来王星府来汪符卿来
程履新来姚少泉来吴康甫来夏起墅来黄眉文来
辛亥陳詒士来沈尚巖来得紹棠婦初七日書
壬子補行二月朔望課監院循闕課故事觴余于湖樓張
仲甫丈来程桂舟来高海坨来與内子書與杜筱舫洪琴
西兩觀一祭書日與方子箴都轉書與沈仲復觀察書與
姚靜巖書與蔡月嶠書與汪小樵封翁書
癸丑
甲寅上大夫人書與内子書其夕與沈蘭舫坐小舟至三潭印月
湖心亭觀月
乙卯偕蘭舫坐籃輿至天竺禮佛遂踰棋盤嶺歷九溪
十八澗飯於理安茶於法相而歸陳竹川来得王補帆書
丙辰入城拜客見高滋園都轉秦淡如觀察陳伯敵太守陳訏堂
大令孫子佩太守張仲甫丈金少伯吴康甫許子衡飯於子佩
處與杜蓮衢侍郎書汪符卿程履新朱蓉裳来得紹棠書
丁巳許藕卿来黄叔和来徐古香工部来姚少泉来馮孟香
孫漁笙来蔡駿甫来得王補帆同年書
戊午盧午峯方伯来沈肖巖来
己未閲定二月詁經精舍望課卷其夕僧永清具素食
招余與沈蘭舫同飯
言曰從解　丈夫之冠也父命之解　駉駉牡馬在坰之野古今
本異同考　二十四氣度數考　愛花須築避風臺賦
詠蜂蝶各一首　西湖懷古詩
吴承志　馮一梅　孫瑛　胡元鼎　孫庚揆　嚴曽銓

孫以鑠　吴慶坻　周善溥　沈守敏　俞光組　李炘
陳殿英　勞敬典　許寶傳　陳梓敬　孫毓騏　張篤
庚申唐薌農觀察招飲遂拜客見雲蔚生都轉金少伯方紫
庭與内子書與王補帆同年書
辛酉得祖仁婦十三日書得鄭玉軒書唐薌農觀察来
壬戌金少伯来王梅叔来石雨臣来黄叔和来
癸亥許子喬来
甲子雨姚少泉来得金眉生書
乙丑晴朱笏山太守来胡竹青汪芙卿程履新孫漁笙来
飯而去俞策軒同年譜昌来得祖仁婦十八日書得王
補帆同年書與許信翁書與補帆書與杜蓮衢同
年書與楊石泉中丞書
丙寅登舟如上海雨泊唐雨
丁卯晴泊北雙橋是日閱定詁經精舍暨課卷
周易序卦六門説　左旋右抽解　西陸朝覿解　鄒衍劉向
説五德孰是議　如臯縣神州者九賦以題為韻　天台藤杖歌
西湖建阮文達公專祠議　賣花聲詞一闋
孫以鑠　馮一梅　孫庚揆　許郊　吴承志　胡元鼎
楊振鎬　戚起　孫瑛　李雲衢　孫仁興　汪行忠
林真　孫禮煜　勞敬典　龔啟蘅　俞光組　張宇廷
戊辰泊嘉善
己巳泊周浦
庚午日加辰至上海寓也是園之樸學齋與内子書與王補帆同年
書與楊敵齋書與沈藺舫書出拜客見沈仲復劉芝田兩觀察

劉融齋鍾子勤兩山長王竹侯同年李小雲

辛未賈雲階来張子剛来沈仲復觀察来劉融齋前輩

来葉顧之大令来謝敵齋来黄純安来出城至鐵廠

見馮竹儒鄭玉軒兩觀察王竹侯同年来

壬申馮竹儒鄭玉軒兩觀察来李小雲来謝芹香来

鍾子勤来馮一梅来是日王竹侯賈雲階鄭蓮君招集

一粟庵蔬食

四月

癸酉至二馬路未見客而還得王補帆親家康侯女壻書曹叔培

来張子剛来汪子和来釋懷德来是日閲上海迂詁經精舍三

月課卷

周禮九貢解　五常分配五行考　二十八宿度數考

嚴良勳　姚文枏　金國楨　周鏡涵　曹標　汪鳳池　李安曾　曹新

趙蘭　沈祥龍　李廷楨　吴鍾史　邵鍾淦　張寶琪　沈福同　袁康

曹基鏡　王煥星　朱樟　秦贊堯　曹受圻　李文炳　劉呈健　童䕫善

甲戌周鐵珊庶常来謝敵齋来姚靜巖来得祖仁婦書與

内子書與王補帆親家王康侯女壻書

乙亥劉融齋前輩来出拜客見沈仲復觀察融齋前輩與

恩竹樵漕帥書

丙子張子剛来李安曾来秦贊堯来周則心謝芹香来徐石史来

丁丑至二馬路見姚靜巖得紹棻三月十日書

戊寅上　太夫人書與内子書與王補帆書韓小坡廣文来得祖仁婦書得

吴煥卿汪芙青書芙青告知移居瑞石亭

己卯兩出城至鐵廠晃馮竹儒鄭玉軒兩觀察得補帆書

庚辰與内子書與補帆同年書馮竹儒鄭玉軒兩觀察来
汪子和来姚静巖来
辛巳得補帆書即復之出拜客見沈仲復劉芝田吴彤雲三觀察劉
融齋前輩飯於融齋所仲復芝田彤雲来謝芹香敵齋
来張子嘶来
壬午與盧五峯方伯書登舟回蘇州泊黄渡
癸未日加申過崑山帆風行甚疾亥初至蘇州泊婁門
甲申還寓與沈仲復馮竹儒兩觀察書與沈蘭舫書與丁
松生書得蒯子範太守書
乙酉出拜客見王補帆同年潘偉如方伯倪載軒觀察沈
書森太守
丙戌與聶子颺司馬書與蔡駿甫蔡月嶠書與鍾桂溪書
與兄子復卿書與徐子襄書
丁亥出拜客見張振軒中丞童癖庭觀察朱璞山司馬
戊子倪載軒陳仲泉兩觀察来陸博泉沈少齋来馮聽濤来
己丑梁敬叔高辛木兩觀察鄒蓉閣馮少渠来
庚寅出拜客見敬叔同年辛木丈王補帆親家張子青前
輩得方子箴都轉書得聶子颺司馬書即復之書
辛卯趙幼卿来張少渠来沈羡民来
壬辰馮少渠来邵文伯来與高滋園都轉書與王濟川書與謝
芹香書與吴煥卿書與汪芙青書與鍾子勤書與沈蘭
舫書與履卿書
癸巳邵步梅来
甲午得李少荃爵相書與蒯子範太守書馮少渠来

乙未張子青前輩来駱叙清来
丙申出拜客見邵步梅劉芬孫與沈仲復觀察書與沈蘭
舫書與王康侯女婿書張少渠来
丁酉馮少渠来劉卯孫来馮巳亭来蔡瑜卿来與履卿書
得蒯子範太守書得勒少仲同年書得高滋園都轉書是
日閲定五湖書院課卷與聶子騮書 瑜卿言中州有闕楠生
乃余視學所取士也今得拔貢感昔年一日之知寄數目存問
附記于此
戊戌馮少渠来
己亥出至高師巷看屋陶升甫来得沈蘭舫書
庚子童濟庭觀察来譚叙初太守来出至嚴衙前偕馮少渠
看王氏之屋得胡筠青書得沈蘭舫書
辛丑
五月
壬寅與李雨庭制府書與楊石泉中丞書與高滋園都轉
書與孫子佩太守胡筠青大令書與沈蘭舫書 應敏齋
方伯来
癸卯杜小舫觀察来沈書森太守来徐花農来
甲辰得紹棻四月十日書與紹棻書與姚訪梅書與沈仲復馮
竹儒兩觀察書與許信臣前輩書吳香補来是日閲定詁
經精舍四月望課卷
醴泉膏露解 西王母圖解 春秋卿大夫多美謚説 三代取
士之制考 延英引對綠衣郎賦以題為韵 探花宴歌
擬方子箴弟子李頻及第書 擬薛逢贈新進士詩

孫以鑅　吴承志　胡元鼎　汪嗣濂　鍾樾　龔啟芝　賀嚴曾銓
張寶城　孫禮煌　陳灝　孫瑛　勞敬典　楊和羹　陳德成
盛起　孫仁興　陳詔

乙巳出拜客見李薇生太守吴退樓與紹美書與沈蘭舫
書與小琴月嶠書與姚魯卿書
丙午張少渠來與沈蘭舫書
丁未出拜客見李薇生太守吴退樓與紹美書
戊申陸子如來馮巳亭來
己酉朱璞山來
庚戌出拜客見衛靜瀾廉訪鄭受廬封君得孫琴西書與紹美書
辛亥衛廉訪來姚春伯外兄來得許子原女婿書知已於五日回杭
壬子得沈仲復觀察書得英茂文觀察書得鍾子勤孝廉
書與許子原女婿書與沈蘭舫書與姚少泉書與鍾桂溪
書與履卿書王詔臣來朱修庭來得馮竹儒觀察書
癸丑與楊石泉中丞書與沈蘭舫書是夕與春伯及張少渠小飲
甲寅江稼軒來
乙卯張任庵太守來
丙辰得王康侯女婿書與補帆親家及康侯書與高滋園都
轉孫子佩太守胡笠青大令書
丁巳得沈蘭舫書得履卿書得小琴月嶠書
戊午得李雨亭制府書得吴祁甫書得小琴駿甫書復之書與
小琴月嶠書
己未吴退樓封翁來得王補帆同年五月七日書康侯女婿書
得高滋園都轉書

庚申　與楊石泉中丞書　與高滋園都轉書　與王補帆親家及康侯女壻書　與吳祁甫書　與許子原女壻書　與沈蘭舫書　得周少雲書　得姚少泉書

辛酉　姚春伯外兄去之臨平　馮少渠來

壬戌　汪小樵封翁來　出看屋　是日閱定清溪書院四月望課卷　與高滋園都轉書

癸亥　閱定龍湖書院三月朔課卷　與吳時山書　與沈蘭舫書

甲子

乙丑

丙寅　葛瑞卿丁紫巢兩大令來　是日閱定五湖書院二次課卷

丁丑（卯）　呂庭芷同年來飯而去　得黃質文書　得吳時山書　與梁敬叔觀察書

戊寅（辰）

己卯（巳）　出拜客　見呂庭芷同年　得高滋園都轉書　與之書　閱定龍湖書院四月望課卷　與吳時山書　是日沈圣戩民同年來　詒太夫人疾　得盧午峯方伯書　李薇生太守來

庚辰（午）　得楊石泉中丞書　沈蘭舫書

辛巳（未）　沈書森太守來　得姚訪樵書

六月

壬申　王補帆同年來　張少渠來　與呂庭芷同年書

癸酉　王補帆同年來　朱璞山來　邵誠伯來　得楊石泉中丞書　吳仲宣制府書　張香濤學使書　薛觀唐中丞書　得沈蘭

十六

舫書
甲戌王補帆同年來呂庭芷同年來與楊石泉中丞書復
仲宣杳濤觀唐三公書與沈蘭舫書與阮君孝傳書與
靈蔚生都轉書與汪芙青書吳穎甫來得王子莊書
乙亥出拜客見張振軒中丞朱璞山得紹芾五月九日書與王
補帆書二與沈仲復觀察書與沈蘭舫書
丙子閱定龍湖書院四月望課卷
丁丑與康侯女壻書與紹芾書潘玉泉觀察來晏恭方子
來得孫漁笙書
戊寅與楊石泉中丞書與周少雲書與康侯書
己卯與蔡芸庭書
庚辰與江子平徐蕖生兩孝廉書得高滋園都轉書
辛巳與沈仲復馮竹儒兩觀察書與姚靜巖書與王子莊
孝廉書
壬午姚少鐸來馮旺濤來得蔡駿甫書復之書
癸未出拜客見邵步梅得王補帆同年書與呂庭芷書
甲申
乙酉閱定清溪書院五月望課卷寄德清
丙戌寄詁經精舍沈蘭舫書
丁亥張子中來
戊子倪戴軒來沈彝民來閱定龍湖書院六月望課卷
己丑與徐花農書孫漁笙書
庚寅
辛卯朱竹和來得沈仲復觀察書

壬辰與王補帆蔣薌香兩中丞書與沈仲復觀察書與呂
庭芷同年書與沈蘭舫書與姚靜嵒嚴書與屐卿書
得康侯十五日書
癸巳與沈蘭舫書
甲午朱修庭来得紹萊六月八日書得子原二十一日書得姚
靜嵒嚴書是日閱定龍湖書院六月望課卷與馮申之培
之昆仲書
乙未吴香補来
丙申出拜客見朱璞山得馮竹儒觀察書
丁酉葛小庭大令来沈芸民同年来治　太夫人疾
戊戌與唐薊農觀察書與許子原書
己亥得沈蘭舫書
庚子出拜客見馮少渠丁紫巢黄叔和来
七月
辛丑張少渠来是日閱定詁經精舍五六月合課卷得黼
堂書與盧午峯方伯書
藻率鞞鞛解　其虫蝕倮解　周易師初六釋王注義
樂記分篇考　螺舟賦以舟行似螺沉行海底為韵　詠西瓜
荷花生日致語日號　彙刻周秦諸子議
吴鑒　孫瑛　馮一梅　孫以鏶　楊振鎬　陳德成　胡元鼎
韓受采　孫庚揆　龔啟芝　陳福　武家駿　陳灝　梁葆仁
林真　嚴曾銓　李雲衡　屈元爔
壬寅閱定清溪書院六月望課卷與沈蘭舫書與六琴駿甫書
與蔡月嶠書與高辛才丈書與履卿書與呂庭芷同年書

癸卯
甲辰郭遠堂中丞来
乙巳出拜客見郭遠堂前輩
丙午與康侯書
丁未與子原書與沈蘭舫書
戊申朱叔和来
己酉得蔡月嶠書得履卿書
庚戌與内子出看倉米巷蓮溪坊屋兩區
辛亥趙惠青来
壬子出拜客見衛峯和尚潘芷生来得許子原書
癸丑與子原書得陳子莊書得趙舜卿書得姚少泉書
潘芷生潘少卿来與之偕看西偏地葛瑞卿来
甲寅趙惠青来
乙卯與楊石泉中丞書與補帆同年書與沈仲復觀察書
與姚靜巖廉書與沈蘭舫書與藕堂書張少渠来
丙辰得王補帆同年書得高滋園都轉書蔡仲然来趙惠青
来馮聽濤来衛峯和尚来潘芊田觀察来
丁巳
戊午張任庵同年来與蒯子範太守書是日買馬醫巷
西頭地一區
己未出拜客見李薇生張任庵兩太守吳平齋
庚申招衛峯和尚相度新買地劉蓮卿太守来
辛酉與蒯子範太守書與恩竹樵漕帥書與顧子山觀
察書馮少渠来

壬戌得梁敬叔觀察書
癸亥得楊石泉中丞書得鍾桂溪書杜筱舫觀察
来暴方子来是日閲定五湖書院七月卷
甲子沈羲民来治太夫人疾王竹侯同年来姚春伯外兄来釋真川
衡峯来
乙丑與鍾桂溪書與沈蘭舫書與關瑞生書任秋亭来
丙寅釋真川来得英茂文觀察書
丁卯得顧子山觀察書得紹棠七月十一日書是日閲定龍湖
書院七月朢課卷
戊辰與李雨亭制府書與英茂文觀察書與王康侯女壻書
是日許子原女壻及繡孫女至自杭州與吳時山書
己巳出拜客見顧樂泉與顧子山觀察書
庚午趙雨田来江稼軒来
八月
辛未應敏齋方伯来得康侯書知錦孫於七月廿二日
子刻舉一女得沈彪生中朢書
壬申閲定清溪書院七月朢課
癸酉與王補帆親家書與高滋園都轉書與沈仲復觀察書與蔡駿
甫書與姚彥卿書與趙惠青書
甲戌
乙亥張少渠来出拜客見張振軒中丞杜小舫童際庭兩觀察劉蔚
卿太守張任庵同年馮田之主事得趙惠青書
丙子李薇生太守来
丁丑與趙惠青書與彥卿書與福日書張子中来

戊寅方蘭坨太守来張少渠来綦方子来馮已亭来
己卯顧樂全来
庚辰　太夫人生日也遵命謝客與張少渠甥婿許子原女婿
姚穀孫表姪小飲於春在堂
辛巳出謝客均不見　張任庵馮已亭是日朱頻花来
壬午郤步梅招游張公祠
癸未與紹葉書得徐花農孫漁笙馮孟香書任秋亭来
甲申閱定詁經精舍七月望課卷秦澹如觀察来
睿德解　方以類聚物以羣分鄭注易禮不同說
左傳引兔罝詩釋義　問尚書越樂日有二例究何從
秋禊賦以素秋三七天漢指陽為韻　七夕中元即事不拘體韻
古書古劍古琴古鏡各七律或五律
沈文元　馮一梅　吳慶坻　胡元鼎　吳承志　戴果恒
徐琪　孫毓騏　孫虎揆　周德慶　許郊　陳殿英
薛受采　鍾樾　汪行恭　汪嗣濟　陳瓛　周元瑞
乙酉與高滋園都轉書與吳煥卿書
丙戌丁麗生庶常来出祝葛太恭人之壽
丁亥孫漁笙来
戊子與王康侯書
己丑許子原女婿去杭州孫漁笙来張少渠来
庚寅得王補帆同年書與呂庭芷同年書與高滋園都轉書
辛卯得馮孟香書得沈艸蘭觽書[redacted]與
壬辰得黃質文書復之書復孟香書艸蘭觽書
癸巳

甲午孫漁笙来與王補帆同年書與高滋園書與沈仲
復觀察書與馮竹儒觀察書與謝米書得德清縣
唐明府書明府名熙春號師竹
乙未出拜客見張任庵同年衡峯和上潘芷生来
丙申朱采之孫来得陳子莊書自桐鄉来
丁酉
戊戌杜小舫觀察来邵步梅来包子莊来蔡芸庭来
己亥萬小庭大令来得康侯女壻書
九月
庚子得高滋園轉謝書與康侯書與謝敏齋書是日閱定龍湖
書院八月望課
辛丑金少泉自本来是日閱定清溪書院八月望課
壬寅姜曉湘来
癸卯於馬醫巷西頭破土興工得馮竹儒書
甲辰彭雪琴宮保来
乙巳出拜客見應敏齋方伯與馮竹儒書與五表妹書
丙午得楊石泉中丞書得恩竹樵漕帥書
丁未劉茆生来魯少峯聯輝来
戊申朱璞山来是日閱定詁經精八月望課
內宰以作二事解　恆亨以濟三事解　思兼三王以施四事解
荀卿年歲考　春秋戰國時長壽人考
萬里同陰晴賦以中秋晴雨萬里皆同為韻　漢文帝罷營
露臺頌　詠中秋故事四首　武夷君宴幔亭　唐明皇游
月宮　趙知微登天柱峰　文蕭遇吳綵鸞

吴承志　徐琪　胡元鼎　孫仁興　孫以鏶　屈元爔
嚴曾銓　周善溥　陳殿英　梅和美　孫禮煜　孫毓驥
汪嗣濟　薛受采　俞光組　潘德炳　周德慶　勞敬典

己酉呂庭芷同年来
庚戌邵步梅来
辛亥朱適庵庶常来得吴恭甫驥遠書
壬子沈仲復觀察来許季蓉来
癸丑潘濟之来得王補帆同年書
甲寅朱叔梧来馮已亭来與補帆書與高滋園書與呂庭芷書由白馬橋陳昇運香店
乙卯
丙辰馮已亭来與蔡瑜卿書
丁巳登舟如杭州泊平望
戊午泊陡門
己未泊石門
庚申過唐西與沈蘭舫書與内子書其暮至德清泊南埭福昌姪来
辛酉展先曾祖先祖之墓移舟入城坐小舟至金鵝山展先通奉君之墓遂拜客見唐師竹明府蔡駉孫蔡寅初明府来蔡瑜卿蓉卿来秘又任来沈竹坪芳洲来回泊南埭
壬戌移舟至薛家閣展先兄福宓甫君之墓遂發薄墓至杭州詁經精舍
癸亥與内子書内有　太夫人書乘舟至三潭印月

訪彭雪琴侍郎周覽其退省庵遂登一寄
樓因偕侍郎同歸小坐而去子原壻来汪芙青
来
甲子入城拜客見楊石泉中丞盧午峯方伯靈蔚生都轉
唐藝農觀察陳伯敏太守許信臣前輩濮少霞姚
少泉孫子佩又見許八夫人及子原女壻得唐師竹明府書
乙丑潘儀父来黄質文来姚少泉来陳桂舟来陳竹川
来與內子書與唐師竹明府書
丙寅陳蘊源太史来馮夢香来孫信侯来李枚士来黄叔和
来得次女繡孫書得陳子莊書得張少渠書得屐卿書
丁卯入城拜客見胡芸青馮夢香汪芙青是日楊石泉中丞招
飲童仔丞太守来得繡女書得夏超塈書得潘儀父書得
屐卿書得周少雲書
戊辰與內子書與絲築書與姚訪梅書與張少渠書與沈書森
書唐藝農惲杏耘梁敬叔三觀察来談仲修来何治
甫来許子原女壻及子喬来是日閱定詁經精舍九月望
課卷
西南其戶解　地載神氣四句解　周礼是否周公所作考
周秦兩漢金價考　朱登遺張敞盤賦以敞報書有
儒者意味為韻　帝女花歌　賞菊四詠老圃疏籬瓦盆銅瓶
吳承志　涂琪　孫以鏁　武家駿　嚴曾銓　孫毓騏
許郊　楊振鎬　胡元鼎　周元瑞　勞敬典　王慶霖
辭受采　鍾樾　孫礼煜　章炳森　潘鍁　沈守敏
己巳沈肯堂嚴来姚少泉来沈星莊前輩来馮一梅来潘

儀父来　王眉叔来　與内子書　是日閲定之上海詁經精舍課卷
西至八國解　公羊通濫說　成周取士之制考

十月庚午　上太夫人書　與内子書　與沈仲復觀察書　王清如前輩来　胡笠青来　彭雪琴侍郎来

辛未　蒯士香廉訪来　樊介軒太史来　張蘊梅庶常来　汪芙青来　得唐師竹明府書　即復之書

壬申　得紹棻九月初七日書　江小雲觀察来　阮移鄉来　楊石泉中丞来　遂與偕至退省庵　訪彭雪琴侍郎

癸酉　入城拜客　見蒯士香廉訪　高滋園都轉　王清如　秦澹如　唐薊農三觀察　許信臣撫部前輩　子原女婿　江小雲觀察　得王康侯女婿書　得徐葉生書　得王濟川書　得蒯子範太守書　得繡孫書

甲戌　焦咸周松来　乃庚戌同年焦晴江春宇之子　將如福州　為作書與補帆　許信臣前輩来　遂偕至退省庵　訪彭雪琴侍郎　飯而歸　是日閲定五湖書院卷　與内子書　與六叔駿甫書　與唐師竹大令書　與沈竹坪書

乙亥　沈祖香来　姚朗山来　詹敬臣　馮譲諸　起齋　可炘　兩庶常来

丙子　楊小瑞明府来　樊介軒太史来　汪芙青来　秦澹如觀察来　與王補帆閣撫書　與宗湘文太守書　與内子書

丁丑　得繡孫初三日書　得蒯子範太守書

戊寅　得繡孫初七日書　得恩竹樵漕師書　得蔣薌香中丞書　得陳仙海書　得吳煥卿書　與夏超墅書　周縵雲前輩　金少伯　高寧平来　汪芙青同吳畫卿来　朱筠山来

己卯富蘭生都統來樊介軒太史來杜枎笙來與內子書與黼堂書與吳煥卿書

庚辰入城拜客見富蘭生都統盧午峯方伯陳伯敵余吉香兩太守霍蔚生都轉許信臣中丞子原女婿汪芙青姚少泉得繡孫書得洪琴西書得吳退樓書

辛巳盧午峯方伯來龐小雅刑部慶麟來姚少泉來與內子書與吳煥卿書

壬午梁敬叔觀察來許子原女婿來潘鳳洲來樊介軒來與方子穎觀察書族姪鄧鰲來

癸未吳康甫來

甲申馮夢香王硯雲來至退省庵訪彭雪琴遇大風雨侍郎命親兵送歸

乙酉濮少霞來得孫漁笙書述知太夫人氣體違和漁笙乃余門下士留寓中課孫兒女讀書者

丙戌大雨雪彭宮保來與內子書與屐卿書

丁亥沈肖巖來登舟回蘇州泊大關

戊子泊石門

己丑泊王江涇

庚寅還蘇寓已戌正矣

辛卯顧春生來治太夫人疾

壬辰

癸巳與呂庭芷同年書

甲午李樸存來治太夫人疾次女繡孫歸杭州

乙未李樸存張小林來治太夫人疾

丙申李樸存來治　太夫人疾

丁酉

戊戌李樸存來治　太夫人疾

己亥閱惠龍湖書院課卷

十一月

庚子

辛丑閱惠濟書院課卷與蔡駿甫書與綉女書

壬寅　太夫人疾有間

癸卯兄子履卿來出拜客見吳子健中丞應敏齋同年方伯任秋庭
張任庵吳平齋顧晉叔

甲辰出拜客見李薇生太守倪載軒陳仲泉兩觀察邵步
梅包子莊

乙巳包子莊來應敏齋同年來劉芝田馮竹儒兩觀察來
倪載軒來劉雅賓庶常傳福來馮少渠來潘季玉來

丙午張子青制府來閱定詁經精舍十月望課卷
載十一征解　十三分野古說異同考　蘜蘜辨　說臘
小娃留燈留〔悟〕養生賦以題為韻　小春詞　趙公隄　楊公隄
汪行恭　馮一梅　嚴曾銓　吳承志　周德慶　張鎏
胡元鼎　孫禮煜　孫庚揆　鍾樾　沈文元　徐琪
孫以鏷　龔啟芝　陳灝　武家駿　陳殿英　許郊

丁未履卿去無錫與楊石泉中丞書與彭雪琴宮保書與孫
子佩太守書與孟蘭艇沈蘭舫書李友蘭大令宗蓮來

戊申出拜客見沈書森太守得王補帆親家書

己酉與沈仲復觀察書與吳康甫書與王康侯女婿書

庚戌

辛酉亥鄭玉軒觀察來出拜客見朱璞山蔣心香與楊石泉中丞

書盧午峯方伯書與沈蘭舫書與許子原書與樊介軒

子太史書與沈肖巖書與蔡月嶠書

壬戌子得紹棠十月十二日書

癸丑劉蔚卿太守來 汪芙箐來

甲寅出弔許叔清太守之喪 是日閱定龍湖書院十月望課

乙卯雨與吳時山書與陳子莊書與蔡芝庭書與梁敬叔書

丙辰得劉芝田觀察書

丁巳朱璞山來 晷方子來

戊午

己未得王眉叔書

庚申得沈仲復觀察書 邵步梅來

辛酉與沈仲復 馮竹儒兩觀察書與高滋園都轉書王補帆

同年書與王眉叔書與楊石泉中丞書 鄭伯丹來

壬申戌陳仲泉觀察來 汪小樵封翁來

癸酉亥潘順之前輩來與李少荃相國書與孫省齋方伯同年

書與紹棠書 是日閱定龍五湖書院課卷

甲戌子與陳子莊書與許季蓉書

乙亥丑與陸存齋書

丙子寅閱定詁經精舍十二月望課卷

馮一梅　徐琪　沈文元　陳灝　吳承志　汪行恭

周德慶　孫祉煜　孫庚揆　龔啟芝　孫以鑅　汪行忠

胡元鼎　俞光組　張鋆　鍾樾　姜頤　潘錱

文言解　嫪之以九藏以動解　稷曰明築句古本有無考　問諸子眞僞
八分煙水二分人賦以西湖風景今昔不殊為韻　詠福橋　黄楳禪子歌
冬日禪詠
丁丑（卯）晚載軒觀察来張少渠来姚靜山石来王濟川来
戊寅（辰）汪子和来
己卯（巳）得蒯子範太守書戴崇甫来得汪芙青書
附記　芙青寓無錫西門城根緝私局
十二月
庚午與鄭西屏書得姚少泉書　復之　附記姚寓在杭州金剛寺巷八卦牆門內　斷河三橋
辛未黄雲齋川庶常（太史）来
壬申出拜客見李徽生太守張少渠
癸酉得紹棠十月廿二日書與孫薇伯書得陸存齋書即復之
甲戌朱璞山来張少渠来[redacted]
乙亥[redacted]
丙子
丁丑黄雲齋川太史来任秋亭来
戊寅應敏齋方伯来陸耕瑤来
己卯閱定清溪書院課卷
庚辰閱定龍湖書院課卷與馮竹儒觀察書萬小庭大令来
辛巳得楊石泉中丞書出拜客見邵步梅
壬午邵步梅来得王補帆親家書得李筱荃制府書
癸未應敏齋招同金鎖英疏食於大雲庵遂至流水禪
居小坐已而又至金獅巷訪五柳園故居
甲申

乙酉

丙戌

丁亥與王補帆書

戊子

己丑

庚寅

辛卯

壬辰費又亭觀察來得勒少仲同年書二得孫歡伯大令書

癸巳出拜客見李薇生廉訪傀載軒陳仲泉兩觀察張任庵

甲午

乙未

丙申

丁酉得駱蓀初八日書

戊戌得黃質夫書是日懸先高祖以下畫象設祭行禮是歲余行年五十有四矣於馬醫巷西頭買得潘氏廢地築屋三十間擬明年移居焉余其長為吳下阿蒙乎

光緒元年

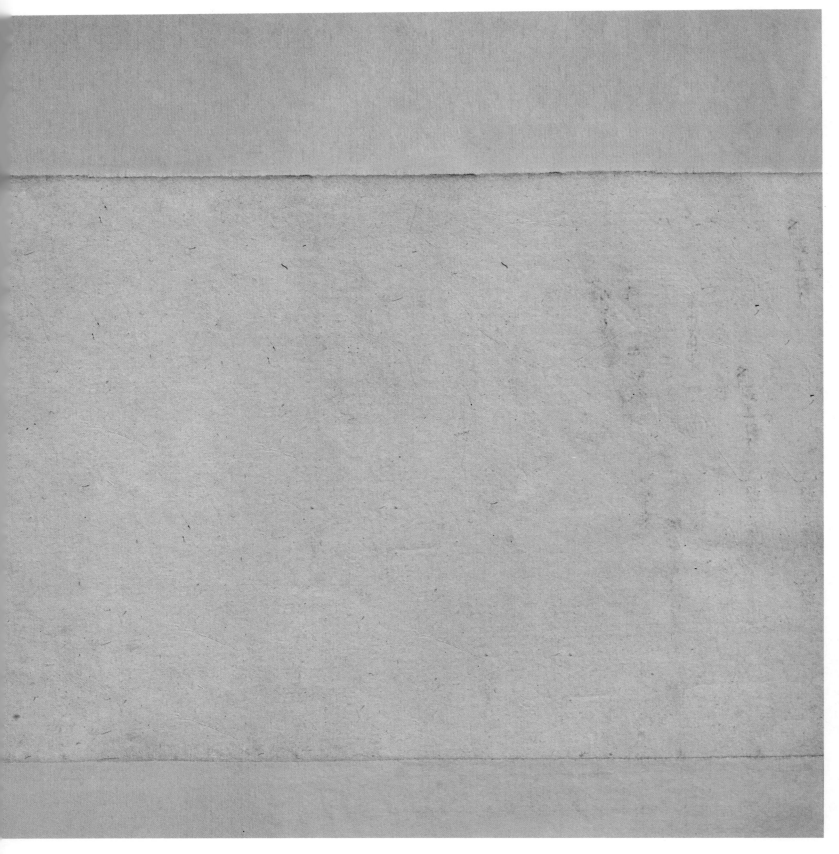

正月
己亥
庚子
辛丑
壬寅與沈義民書
癸卯得呂庭芷同年書即復之與陳子莊書
甲辰得陳仙海書陳仲泉同年來得康侯書得馮竹儒觀察書
乙巳陸鳳石殿撰來馮松生來與康侯書
丙午得履卿書
丁未與紹萊書
戊申與黼堂書
己酉與履卿書
庚戌得蒯子範太守書張少渠來蔡芸亭來
辛亥與靈蔚生都轉書與陳許堂同年書與子原書得徐花農書與沈蘭舫書與仲英甥女書
壬子得黼堂書
癸丑大雨雪
甲寅得蔡月嶠書
乙卯
丙辰倪戴軒觀察來汪槐堂來
丁巳與高滋園都轉書與梁敬叔觀察書與許子原書與黃質文書與履卿書得子原書知繡孫女於十七日巳時舉一男
戊午恩竹樵方伯來皆瑞卿馮少渠來與紹萊書與康侯書與子原書得蘇君瑞書蘇字少伊

己未潘儀甫来
庚申與楊石泉中丞書與許星叔學使書得吴康甫大令書得許
子原書與彭雪琴侍郎書　吴康甫乃平湖縣丞往杭之四條巷
辛酉
壬戌與吴康甫書與沈蘭舫書
癸亥
甲子榮居業来暴方子来任炑亭来
乙丑得紹棠正月廿二日書
丙寅朱璞山来與丁雨生中丞書與沈仲復廉訪書與馮竹
儒觀察書與高滋園都轉書與王補帆中丞書與康
侯女婿書得高宰平監院書　寄高書由杭城佑聖觀巷同善堂
與黼堂書
丁卯
戊辰陳仲泉同年来
二月
己巳陸存齋觀察来馮聽濤来高丹林来得富蘭生都統書
得高滋園觀察書得沈仲復廉訪書
庚午邵步梅来陶朗然以書来視余以雷君浚所著說文外編
辛未
壬申
癸酉
甲戌與高宰平書得沈蘭舫書得彭雪琴侍郎書
乙亥沈書森太守来惲仲清来
丙子汪牧求[illegible]来

丁丑出拜客見吳子健中丞恩竹樵方伯應敏齋廉訪李徽
生沈書森太守朱璞山司馬
戊寅出拜客見潘順之前輩邵步梅張任庵
己卯
庚辰出拜客見張開泉大令紹渠顧晋卞衡峯和上閬泉弟紹軒
述南乃余視學河南所取士也劉雅賓庶常来
辛巳傅里千来
壬午陳仲泉觀察来趙幼卿来
癸未出拜客見衡峯和尚
甲申與高滋園都轉書
乙酉與孫歡伯書與張少渠書吳仲英来
丙戌得馮竹孫觀察書
丁亥
戊子
己丑與紹棠書
庚寅
辛卯
壬辰方子箴都轉来
癸巳出拜客見方都轉及恩竹樵方伯吳退樓
甲午登舟如杭州泊八尺
乙未泊烏鎮
丙申過新市登岸見鍾桂溪蔡月嶠又至兄子屐卿
所寓室飯於月嶠所而歸屐卿隨至舟小坐乃去
與謙甫書

丁酉過唐西與內子書至詁經精舍日之夕矣得彭雪琴
侍郎書
三月
戊戌朔朱星潛来何治甫来至退省庵見彭雪琴侍郎沈蘭舫
来彭侍郎来
己酉亥入城拜客見楊石泉中丞高滋園都轉何青士秦澹如梁
敬叔吳引之濮少霞江小雲六觀察富蘭生都護孫子佩
太守周縵雲前輩蘇少伊太守姚少泉許子原及許八夫人又
至書局見王眉叔黄元同諸君高宰平監院
庚戌子周琳棠江小雲兩觀察招集湖舫許子原来
辛亥丑蘇少伊太守来姚少泉来徐花農来彭雪琴侍郎来邀
招至退省庵雅集得紹棠書三月十四
壬寅入城拜客見盧五峯方伯靈尉生都轉陳伯敵太守
高滋園都轉孔檢齋同年吳康甫大令與內子書
癸丑卯蒯士薌廉訪同年來少泉来濮少霞高滋園諸君招至退三潭
印月省庵陪彭雪琴公祝雅集得張朗齋軍門書
甲辰霆尉生都轉来陳許堂同年沈澄之兩大令来吳祁
甫来王琴孝廉仁厚来彭雪琴宮保来
乙卯巳朱筠山来與彭雪琴侍郎入山至龍井歷九溪十八
澗飯於理安寺謁于少保祠墓至法相瞻長耳和尚遺
蛻同游者蔡練江沈蘭舫得王補帆同年書
丙辰午盧五峯方伯来蘇少伊来許子原子祥来丁松生来孫
子晉来與內子書與吳時山書與鄭夢廬書
丁未補二月望課高宰平朱星潛兩監院循故事觴

余於湖樓彭雪琴侍郎來黃元同王眉叔來高
海垞來沈琢香來徐花農馮孟香來孫曄先來得
吴平齋陸存齋書得周少雲書得汪芙生書
戊申王夢薇庭鼎來何子美銘彝來吴引之觀察來乘小舟
至三潭印月訪彭雪琴侍郎歸而遇楊石泉中丞來遂同至湖
心亭小坐而別沈蘭舫來與內子書與履卿書與謙甫書與
范允莊書
己酉入城拜客見蒯士香廉訪富蘭孫都護方子縠穎濮少霞觀
察許子原女婿與王補帆同年書與張朗齋軍門書與內子書
是日之午梁敬叔同年偕書局同人招飲於金衙莊其幕楊石
泉中丞招飲於節署及歸湖廬更鼓再嚴矣
庚申戌姚少泉來高丹臨來鄒君問達來乃鄒蓉閣之子兩淮
鹽經歷高寧平來沈蘭舫來鄭伯州來與上　太夫書與內
子書與馮竹儒觀察書與金眉生廉訪書得蔡駿甫書
辛酉亥樊介軒太史來許子原來陳竹川來吴康甫來與內
子書是日閱定清溪書院二月望課卷寄德清與蔡
駿甫月嶠書
壬戌子徐花農來至三潭印月訪彭雪琴侍郎未見已而
侍郎來與方子箴都轉書
癸亥丑沈蘭舫來與方子穎觀察書登舟如上海泊唐西
甲寅泊北雙橋是日閱定詁經精舍二月望課卷
何天之衢解　伊陟原命解　八卦應八風考　古文篆書一篇
八字說　西湖裏外六橋賦以春花鶯花十二橋爲韻
桃花　李花　杏花　梨花各七律一首　蒨桃墓志

馮一梅　馮惟一　黄家辰　吴承志　嚴曾銓　劉芬
孫庚揆　徐琪　俞瑞　胡元鼎　黄以恭　姜頤
汪行恭　孫以鏗　周召　周德慶　俞光組　胡謙

乙卯泊嘉善
丙辰泊楓涇
丁巳守風不行
戊午仍守風
己未帆雨行縴雨行〻復止夜雨行泊閔行析聲三
庚申日加酉至上海泊馬頭與內子書與王補帆同年書與高
謙園書與高寧平書與吳平齋書與潘季玉書得陸
雲書得張少渠書
辛酉至也是園膚樸學齋出拜客見劉庸齋前輩王竹侯同
年鍾子勤山長與內子書
壬戌出城至二馬路縵雲閣見姚靜巖偕其友朱君買
玻璃一箱歸雨雋竹儒觀察餽酒食遂招劉庸齋
前輩李小雲鄭蓮君同飲於樸學齋竹儒亦来王竹
侯来
癸亥鍾子勤孝廉来李勉林鄭玉軒兩太守来姚靜
巖来張子剛来童章兩明經兩李生来是日閱
定五湖書院課卷
甲子劉庸齋前輩来劉峴莊制府来出拜客見李雨亭
制府李勉林鄭玉軒兩太守李眉生上太夫人書與內
子書與鄭夔廬書與張少渠書與紹箕書
乙丑劉庸齋前輩招飲沈專三司馬来莫仲武来雋竹

儒觀察来
丙寅出至二馬路見姚静岩嚴李雨亭制府来張筱
峰来出拜客見馮竹儒觀察
四月
丁卯葉顧之大令来
戊辰閱精舍課馮竹儒觀察来王竹侯賈雲階来
韓小坡来與内子書其夕竹侯雲階招飲於太乙蓮
舟
己巳出拜客見劉芝田觀察劉融齋鍾子勤兩山長王
竹侯同年得許子原女壻書王濟川書劉融齋前
輩来登舟還蘇州泊老閘
庚午泊黄渡
辛未泊崑山許子原女壻来與陶柳門書
壬申還蘇寓與王補帆書高滋園書沈蘭舫書吴友樂書
癸酉出拜客見吴平齋潘和甫與鍾桂溪書與徐花農
書與復卿書
甲戌杜筱舫觀察来祝吟梅来潘季玉来
乙亥閱詁經精舍三月望課卷
連山歸藏説 矧惟若疇圻父三句解 何劭公以論語
説公羊考 大學一篇何人所作考
隄畔畫船隄上馬賦以題為韵 留春 送春 各七律一首
春色 春聲 春愁 春夢 各詞一闋 金衣公子傳
吴承志 馮一梅 胡元鼎 馮惟一 黄家宸 王壽松
陳灝 汪行恭 黄以恭 嚴書銓 鍾樾 許章燕

周元瑞 周德慶 汪行忠 屈元爔 徐鴻年 汪雨熙
得紹棠三月十三日書 附記紹棠住保定府城倉門口
丙子至甲申事尤失記
乙酉 移寓新居是屋也於去年九月興工至是始畢苟完苟
美而已得徐花農書得吳燠卿書得王夢薇書陳仲泉觀察
來任秋亭來
丙戌
丁亥閱定上海詁經精舍課卷
戊子與馮竹儒觀察書與高滋園都轉書與唐蓺農觀
察書與秦淡如觀察書與王夢薇書與徐花農書
與馮夢香書與姚訪梅書
己丑出拜客見吳平齋陸存齋陳仲泉三觀察朱璞山張任庵
任秋亭與李筱荃制府書與邵汴生中丞書與蒯子範太守
書與紹棠書
庚寅沈蘭舫來與梁敬叔書與黃質文書是日為外孫許
引之髮頭生百日矣
辛卯杜筱舫觀察來朱璞山來趙雨田來邵步梅來
壬辰與蘭舫漁笙諸君小集春在堂
癸巳[redacted]潘偉如方伯來汪小樵封君來
甲午至丙申無事不書以後有事書無事不書[redacted]
五月
丁酉閱定詁經精舍望課卷
各奏爾能解 亨頫有璋解 禮或損之而益考
巧言令色足恭亦無子曰說

號萬石者五家賦以其詳見國學紀聞為韵
金婆楊梅歌　用西洋法照象詩以紀之
劉芬　徐琪　馮一梅　黄家宸　吴承志　馮惟一
錢超　屈元爔　黄以恭　汪行忠　胡謙　林樹芬
王壽松　鍾樾　胡元彭　孫庚揆　許郊　孫以鑅
戊戌張子青前輩来馮少渠来與王補帆同年書康侯女婿書与
胡竺青大令書與潘芝臺太守書與高滋園都轉書与王夢
薇書與高幸平書與兄子黼臺復卿書
己亥董際庭觀察来
庚子陳仲泉觀察来李薇生太守来
辛丑得王補帆同年書
壬寅出拜客見潘偉如方伯沈仲復廉訪沈書森部曹并弔
倪載軒之喪
癸卯潘季玉觀察来雷君彥来與沈蘭舫書周少雲書
與復卿書與吕定子同年書出拜客見吴子健中丞恩竹樵
方伯應敏齋廉訪李薇生太守衛峯和尚
甲辰陳仲泉同年来沈書森来菖瑞卿来
乙巳閱定清溪書院四月望課卷李眉生廉訪来沈羲
民同年来治內子疾
丙午應敏齋廉訪同年来與勒少仲同年書
丁未顧子山觀察来湯伯述来楊葉航庶常欽琦来
戊申吴子健中丞来萬小庭大令来張子中来
己酉出拜客見顧子山觀察馮竹儒觀察来得王眉叔書
庚戌與高滋園都轉書與王補帆中丞書與王眉叔書

辛亥　李眉生廉訪書
壬子　邵步梅来
癸丑　得黼堂書
甲寅　潘順之前輩来　得王康侯女婿書
乙卯　與康侯書
丙辰　得徐花農書　與呂定子書
丁巳　與紹箕書
戊午　張通甫来
己未　陳仲泉觀察来
庚申　得紹箕四月廿四日書　閲定五湖書院課卷
辛酉　汪荃青来　孫佶侯来　得康侯十四日書　與徐花農書　沈蘭舫書
壬戌　出拜客　見潘順之前輩　沈仲復廉訪　邵步梅
癸亥
甲子　方蘭坨来　王芑孫来
乙丑
六月
丙寅　得李筱荃制府書　許子衡来　顧子山觀察来
丁卯　沈仲復觀察廉訪来　閲定詁經精舍課卷
夏般六卿考　周礼七名儀礼五名考　五齊三酒用法考
八音次第考　夏獵爲苗賦以孫炎郭璞注義不同爲韻
竹醉日分龍日二題不限體韻　擬閩人祭始影星祝詞
黄家宸　馮一梅　徐琪　嚴曾銓　孫礼煜　吴承志
汪行恭　黄以恭　劉芬　胡元鼎　鍾樾　陳灝

周德慶　周邑　林樹芬　俞光組　戚起　邢庚揆

戊辰得富蘭蓀都護書許子原女壻還杭州

己巳與劉峴莊制府書

庚午朱小舫來治太夫人疾是日閱宓之龍湖書院三月朔課卷

辛未閱宓之清溪書院卷與方子箴都轉書

壬申

癸酉出拜客見杜小舫朱璞山方蘭坨

甲戌邵步梅來

乙亥得徐花農書得子原書

丙子與楊石泉中丞書與王眉叔書

丁丑吳平齋來杜小舫來

戊寅與姚少泉書

己卯出拜客見恩竹樵方伯李薇生太守與子原書與陶柳門書

庚辰得王補帆中丞書得高滋園都轉書

辛巳朱修庭來

壬午閱宓之龍湖書院三四月望課卷與呂庭芷書

癸未得呂庭芷同年書張少渟廉訪常初𡈼來

甲申出拜客見邵步梅潘濟之

乙酉與康侯書

丙戌與高滋園書潘芝岑來詹布伯廉訪時蓬仙比部來

丁亥出拜客未見一人

戊子曾瑞卿來馮聽濤來

己丑得盧午岑方伯書

庚寅得徐花農書
辛卯得蒯士香廉訪同年書謝芹香来
壬辰與盧午峯方伯書與蒯士香廉訪書
癸巳
甲午沈蘭舫来
七月
乙未陳仲泉来姚少鐸来
丙申出拜客見劉蔚卿
丁酉得紹莱六月十五日書邵步梅来
戊戌葛瑞卿来
己亥馮巳亭来
庚子得吴引之觀察書
辛丑至乙巳事旋失記
丙午恭逢
慈安皇太后萬壽臣工咸蟒服是歲（八月十日）太夫人九十正壽因值
國恤衣服不能從吉乃移前一月於是日稱觴自吴子健中丞恩
方伯應廉訪以下諸君咸集而兄子黼堂履卿又皆来會
於春在堂第一次吉祥善事也
丁未出謝客
戊申諸同人咸集為太夫人益壽
己酉出謝客
庚戌蔣香生太守来得張少渠書得紹莱六月十九日書并[illegible]一斤
辛亥沈蘭舫許子原兄子黼堂履卿均去
壬子閲定清溪書院課卷

癸丑張芝田来治内子疾 金立甫来
甲寅閲定龍湖書院課卷
乙卯張芝田来治太夫人疾兼治内子疾閲定上海詁
經精舍課卷
丙辰得高滋園都轉書
丁巳趙幼卿来陸博泉来得劉峴莊制府書復之書得王康
侯女壻七月十日書是日閲定杭州詁經精舍卷
物與无妄解　騶虞北風之歌南風解　社祭句龍稷祭后稷説
建旗（建旟）建旐圖考　瓜牛廬賦以退藏只合臥蝸廬爲韻
風亭月榭回廊曲室鑿池疊石栽花種樹各七律一首
馮一梅　孫以鏷　汪行恭　楊振鎬（第五）　蔣學溥　黄以恭
許章燕　徐琪　嚴曾詮　胡元鼎　吳承志　周德慶
章脩黼　周官礼　周元瑞　龔启衛　黄家辰　孫庚揆（第四）
戊午與高滋園都轉書
己未得王康侯女壻楊州来書
庚申兄子黼堂来與許子原女壻書與孫漁笙書與
靈蔚生都轉書與鍾桂溪書與孫歡伯書
辛酉邵步梅来偕金立甫来
壬戌㬎李璞存来治太夫人疾
癸亥得高滋園都轉書
甲子與李子和制府書與盧藝園觀察書與高滋園都
轉書與李黼堂方伯書與徐花農書 金立甫来
八月
乙丑兄子黼堂如京師與曾樞元中丞書

丙寅得王補帆同年六月二十四日書，即復之。書盧實甫明府来治 太夫人疾

丁卯出弔倪載軒觀察之喪，遂拜客，見陸存齋，得唐蓺農觀察書，得紹葉七月二十日書，陳仲泉同年来

戊辰與許子原書

己巳葛瑞卿来，得馮竹儒觀察書

庚午得蔣香生太守書

辛未陸子如来，汪芙青来

壬申與方子蔵都轉書，與孫省齋觀察書，與紹葉書

癸酉

甲戌是日為 太夫人正生辰，家庭小宴

乙亥出拜客，見顧子山觀察、楊見山太守，張少渠来

丙子治作浮梅檻，招張少渠、金立甫小飲，少渠之父来，紹葉書并上 太夫人壽禮，又得姚詠梅書，即復之

丁丑潘順之前輩来

戊寅與紹葉書，與唐蓺農觀察書，與高滋園都轉書

己卯得馮竹儒觀察書，與錢子密書，得勤少仲同年書

庚辰出拜客，見潘順之前輩、李薇生太守，與馮竹儒觀察書，雷甘杞来

辛巳得姚春伯書（住河南省城行宮角十字街路西呂宅齋），楊葆光古云以紹葉書来，朱璞山来

壬午與劉峴莊制府書，與勤少仲同年書，嚴緇生庶常来

癸未得寶應及杭州来書，知王親母、劉夫人、許親母處秦均卒，吴彤雲觀察来，姚少鐸太守来，與康侯書

甲申繡女歸杭州與王補帆同年書與高滋園書潘季玉
来又與補帆書文其差官齎回與子原書
乙酉與屐卿書[redacted]
丙申（戌）與康侯書陳仲泉来金立甫来
丁酉（亥）應敏齋同年来
戊戌（子）吴國又樂来與孫琴西同年書得魏稼孫書及其子性之
書得汪芙青書告知奉檄赴廣信弋貴分局
己丑與王眉叔書
庚寅王夢薇来朱璞山来
辛卯周縵雲前輩来葛瑞卿来得王補帆七月廿七日書得紹棠
八月十日書
壬辰盧寅夫来
癸巳邵步梅招飲張公祠
九月
甲午
乙未楊峴山招飲金眉生廉訪来與楊石泉中丞書
丙申出拜客見恩竹樵方伯姚少讀太守與屐卿書與紹棠書
丁酉恩方伯来汪惟卿来吴仲美来
戊戌王樸人来
己亥沈書森来盧寅夫来治太夫人疾
庚子朱璞山来
辛丑
壬寅
癸卯與馮竹儒觀察書

甲辰吳子健中丞來
乙巳出拜客見吳子健中丞王樸臣與勒少仲廉訪書
丙午與方子穎都轉書得劉峴莊制府書謝芷香來
陸博泉來
丁未馮少渠使人來告知其子聽濤茂才舉于鄉
戊申徐花農書來告知舉于鄉出拜客見馮少渠汪小樵沈書
紳與花農書
己酉馮聽濤來顧竹人來李薇生太守來
庚戌登舟如杭州泊八尺
辛亥泊嘉興
壬子泊石門
癸丑至德清泊南埭
甲寅展先曾祖先祖之墓移舟入城易小舟至金鵝山展
先通奉君之墓　仍泊南埭
乙卯展先兄福備君之墓而行及杭州大關而泊
丙辰至西湖精舍上　太夫人書與內子書沈蘭舫來
丁巳入城拜客見楊石泉中丞盧午峯方伯蒯士香廉訪如
冠九何青士方子穎秦淡如吳引之五觀察富蘭孫都護
孫子佩太守吳煥卿梁簡臣兩大令姚少泉高宰平黃賡
文王眉叔黃元同沈組齋又吊許八夫人之喪見子原昆仲
於其苫次
戊午入城拜客見靈蔚生如都轉吳時山王葆齋來姚少泉來
吳祁甫來陳竹川陳藹卿來王夢薇來朱星潛來
己未張翼伯觀察來陳訏堂吳煥卿大令來章輪香來高

孚来陳桂舟富遜仙来[redacted]馮夢香来　王夢薇来汪子喬徐花農来
庚申奎心齋主考来蒯士香廉訪来丁松生来徐花農汪少甫
来汪班生来宫田蘭生都統来靈蔚生都轉来是日
盧五峯方伯招陪奎心齋讌於湖舫是日閱定詁經精
舍九月望課卷是日得二十一二十三日蘇厲来書
天球解　厲厲用屬解　帝告以下五篇蕭四解是夏書
說　冕副考　夕餐秋菊之落英賦以題爲韻
晚桂　早菊不限體韻　擬未登鯤張敞辭書
擬王宏送陶潛酒書
孫以鏘　黄以恭　吴承志　嚴曾銓　孫庚揆　翁瑞琛
黄家辰　馮一梅　孫禮煜　龔啟芝　馮惟一　蔣幽濤
陳灝　章脩瀚　胡元鼎　褚成煒　劉芬　俞光組
辛酉如冠九前輩来高滋園都轉来飯於湖樓賀敬吉来吴
康甫来蔣澤山来
壬戌入城拜客見楊石泉中丞蒯士香廉訪高滋園都轉
高宰平及子原壻飯於滋園所與内子書與硯卿書
癸亥楊石泉中丞来秦澹如觀察来王眉叔黄盾文来
高君治源来王夢薇来丁脩甫来得周少雲書
十月
甲子何青耜吴引之兩觀察来汪班生来沈肖嵒啟来張冠
臣太守来黄元同黄竹齋来龔厚田来
乙丑楊理庵太史来濮少霞来吴煥卿梁寶臣来馮
聽濤来與内子書與馮竹儒觀察書與汪小樵封
翁柳門少司成書與王以保齋書

丙寅與蔡駿甫月嶠書與江稼軒書與吳平齋書
是日閱定清溪書院課卷
丁卯王清如前輩来吳煥卿来留飯於湖樓而去延小舫来
戊辰入城拜客見蘭士香廉訪王清如觀察江小雲觀察
書局諸君吳煥卿徐花農姚少泉許子原與內子書
己巳[redacted]江菉生来
庚午孫子佩太守来許子原女壻偕綉女来飯於湖樓高白叔来
辛未登舟回蘇州泊王家莊
壬申泊石門灣是日過唐栖與沈肖岩書與謙甫書
癸酉泊平望
甲戌至蘇寓得方子箴都轉書
乙亥出拜客見吳子健中丞恩竹樵方伯勒少仲廉訪李薇生太
守朱樸山司馬
丙子吳子健中丞来與方子箴高滋園兩都轉書與履卿書
丁丑顧子山觀察来孫渭百来馮竹儒觀察来是日
沈仲復觀察招飯
戊寅勒少仲同年廉訪来與紹葉書
己卯潘偉如方伯来陳仲泉同年来朱璞山来陸博泉
来聶子驅来
庚辰恩竹樵方伯来
辛巳與鍾桂溪書與高滋園都轉書
壬午與許子原書
癸未汪小樵封翁来楊敏齋来
甲申登舟如上海泊唯亭

乙酉帆風行泊張家涇

丙戌日加巳至上海廬也是園之樸學齋拜客見馮竹儒劉芝田兩觀察劉融齋鍾子勤兩山長王竹僕同年與楊石泉中丞書與沈葆舫書與內子書

丁亥馮竹儒觀察来王竹僕同年来劉融齋前輩来鍾子勤孝廉来賈雲階来與內子書與甘雨亭明府書是夕竹儒觀察招飲於其四署齋

戊子出拜客見方蘭坨太守姚靜岩張子祥

己丑馮竹儒觀察来招同劉融齋鍾子勤兩山長王竹僕同年郁正卿同飲於樸學齋得王夢薇書徐花農書

庚寅至鐵廠拜客見李勉林太守與王補帆同年書與應敏齋沈仲復兩廉訪書與高滋園都轉書與高仲英書與周少雲書與內子書

辛卯劉融齋前輩招集於龍門書院馮竹儒觀察言閩撫王補帆同年親家卒於官未知其日得陸雲書得張少渠書與高滋園都轉書與徐花農書與雲蔚生都轉書與朱璞山書與內子書

壬辰馮竹儒觀察来述其祖子皋先生諱賡颺者先君丙子同年也姚靜岩来與何青士觀察書與王康侯書

癸巳馮竹翁招飲於其署齋

十一月

甲午馮竹儒[redacted]觀察来劉融齋前輩来其冀王竹僕郁正卿招飲於郁氏并游其宜園酒闌至新閘登舟還蘇以小輪船曳之行亥正發卯初泊黄渡

乙未戌正至蘇州婁門而泊
丙申還蘇寓閱定上海詁經精舍卷
丁酉朱璞山來與馮竹儒觀察書
戊戌釋衡峯來是日閱定浙江詁經精舍卷得徐花農書
得高滋園都轉書得李黼堂同年書
離爲乾卦解　大車之謌爲息夫人作說　春秋賢遊子嬰
兒說　晝夜百刻考　正擬身全未應中賦以題爲韵
殘菊　早梅　鼻煙
吳承志　孫庚揆　馮一梅　翁瑞琛　胡元鼎　張大昌
孫以鑅　褚成煒　陳灝　馮惟一　嚴曾銓　孫礼煜
周德慶　孫以錕　林樹芬
己亥與高滋園都轉書與李黼堂同年書與高宰
平書與黃質文書與履卿書張少渠來丁月湖來
庚[redacted]子汪子喬孝廉來是日閱定清溪書院卷
辛丑恩竹樵方伯來蔣澤山孝廉來葛瑞卿大令來與高滋
園都轉書與蔡駿甫書與陸存齋觀察書與沈蘭舫書
得蘭舫書得楊石泉中丞書得高滋園書得陝撫邵汴
生同年書得黼堂書與李黼堂中丞書與呂定子書
壬寅閱定龍湖書院卷
癸卯與楊石泉中丞書與高滋園都轉書與何青耜廉訪
書與唐蓺農觀察書與高宰平沈蘭舫書與王補齋書
甲辰出拜客見朱璞山書得趙君潤産書得徐君琨書
乙巳杜筱舫觀察來邵文伯來雷甘杞來
丙午張少渠來

丁未出拜客見張子青前輩并弔其姊之喪又見英茂文觀察楊斂齋邵步梅是日吴子健中丞招飲

戊申鈕觀唐鄭麗堂孝廉来姚少讀来與王康侯書得唐蓺農書得高滋園書

己酉張少渠来

庚戌與張冠目書得紹棠十月十二日書

辛亥出拜客見顧子山觀察邵文伯沈筠山得紹棠十一月初六日書

壬子出拜客見吴退樓李薇生衡峯和尚勒少仲同年来

癸丑朱叔和来

甲寅馮聽濤来邵文伯来

乙卯與楊石泉中丞書與高滋園書與秦澹如觀察書與履卿書得汪芙青書回信寄玉山縣生字官鹽棧馮華甫轉寄貴溪分局

丙辰至虞記来失記

庚申林錫三學使来

辛酉張少渠来

壬戌陳蓉齋来俞勁未来出弔劉張空人之喪遂拜客見沈仲復廉訪游其耦園得康侯女壻二十日書又得十七日書知錦女於十三日舉一男

癸亥趙幼卿来與康侯書與高滋園書

十二月

甲子與徑卿書與周少雲書

乙丑張少渠来得高滋園書得子原書

丙寅與高滋園書與唐蓺農書與蔡駿甫書呂庭芷同年来

童繁庭觀察来謝芹香来

丁卯與子原書是日閱定詁經精舍十一月望課卷
論語解十六條　人不知而不慍　傳不習乎　賢賢易色　為力不同科
無所取材　而有宋朝之美　吾以學易　必有寢衣　居必遷坐　先進
後進　皆不及門也　誠不以富句　必也正名乎　果哉末之難矣
有馬者借人乘之　吾豈匏瓜也哉
滕六降雪賦以天上長留滕六住為韻　銷寒四詠　風帽　氈鞋
手爐　煖鍋　各七律一首　却寒香　却寒犀　各七古一首
翁瑞琛　馮惟一　胡光鼎　馮一梅　孫以鑅　孫庚揆
吳承志　汪行恭　戴果恆　張大昌　倪茹　嚴曾銓
鍾樾　龔啟芝　俞光組　許章燕　褚成煒　孫禮煜
戊辰閱定龍湖書院卷馮聽濤來李薇生太守來
己巳馮少渠來俞敬甫來與靈蔚生都轉書得吳煥卿書
庚午出拜客見童際庭觀察
辛未大雨雪
壬申雪止而雨
癸酉與履卿書
甲戌與吳煥卿書與鄭西平書蔣澤山來得徐花農書
乙亥與楊石泉中丞書與唐藝農觀察書孫漁笙去杭州
丙子
丁丑與孫歡伯書與蔡月嶠書是日雨止
戊寅[redacted]閱定清溪書院卷林蔦甫太史來
己卯
庚辰張少渠來得李少荃相國書知紹棻擢北運河同知
辛巳

壬午與李少荃爵相書與何青耜廉訪書
癸未出拜客見恩竹樵方伯劉荀孫張朗齋得紹棠十二月十五日
書告知署務關廳作書復之待明日發
甲申邵步梅來潘霞客來王濟川自上虞來得王綬堂書
乙酉與高滋園都轉書與馮竹儒觀察書與陳許堂書與沈
蘭卿書與張少渠書與謝敏齋芹吾書與王康侯許子
原兩女婿書葉小庭明府來邵文伯來
丙戌與張子中書得顧竹城書朱璞山來
丁亥得高滋園都轉書富蘭生都護書即復之書得康侯十
七日書得孫歡伯書
戊子出弔恩竹樵方伯夫人之喪
己丑得楊石泉中丞書徐花農孝廉來得子原書與靈蔚
生都轉書與秦澹如馮竹儒兩觀察書
庚寅得楊性農同年書并其文詩集是日祀神
辛卯勒少仲廉訪同年來
壬辰杜小舫觀察來與孫琴西方伯同年書[illegible]與高讓之汪班
生書是日懸先高祖以下畫像設祭行禮是歲余行年五
十有五矣中卜築初成自號曲園居士　老母年登九十神明
不衰兒子紹棠攝務關司馬可望即真亦不得謂非幸
民矣

光緒二年

正月大　癸巳
二月大　癸亥
三月小　癸巳
四月小　壬戌
五月大　辛卯
閏月小　辛酉
六月小　庚寅
七月大　己未
八月小　己丑
九月大　戊午
十月大　戊子
十一月小　戊午
十二月大　丁亥

正月
癸巳雪
甲午風
乙未靈蔡芸庭来其餘不見不書
丙申出拜客見吴子健中丞勒少仲廉訪吴平齋朱璞山邵步
梅其餘不見不書是夕中丞招飲於其署齋
丁酉祀神與高滋園都轉書與許子原書與沈蘭舫書與
屐卿書邵步梅来
戊戌出弔英茂文觀察那拉氏之喪
己亥徐花農来吴退樓来陳仲泉来
庚子出拜客未見一人與靈蔚生都轉書
辛丑李質堂軍門来邵文伯来蔣澤山来鄭玉軒觀察来
與陳六笙太守書與沈蘭舫書得錦孫長女書
壬寅陸博泉来劉培夫来出拜客得李子和制軍書得唐
藝農觀察書與郁君鍾經書與王夢薇書勒少仲
廉訪来邵文伯来得子原書得何青耜廉訪書
癸卯祖仁婦歸甯于唐西姚氏得丁雨生中丞書得馮竹儒書
甲辰與翁玉甫中丞書首昌瑞卿来朱梧岡来孫漁笙香杭
乙巳許季容来得屐卿書得汪蓮府駕部書
丙午邵文伯来飯於春在堂孫漁笙王濟川俱
丁未張少渠来得金梅生書[redacted]與沈蘭舫書與康侯書
戊申與楊石泉中丞書與沈蘭舫書朱小舫来治太夫人疾
得孫琴西楊性農兩同年書得高滋園書得姚彥卿書
己酉陸存齋觀察来出拜客見勒少仲同年

庚戌厩省三馮竹儒兩觀察来朱小舫来治太夫人疾
辛亥顧棣園前輩来許英甫来治太夫人疾
壬子得紹棠正月五日書[redacted]告知顯署景山同知與祖
仁婦書
癸丑得祖仁婦書
甲寅姚少鏞来陳仙海来宗姪敬生来與顧竹城書
乙卯邵文伯来張少渠来呂庭芷来與姚訪梅書得富蘭
生都護書高滋園都轉書
丙辰與高滋園書與馮竹儒書與沈蘭舫書與許子原
書與紹棠書
丁巳[redacted]嚴緇生庶常来兄子鍾卿来即去之無錫
戊午與高滋園書與馮孟香書與二兒婦書
己未張少渠来
庚申邵步梅来馮申之来趙又卿来惲君桂孫来嚴緇生来
得正月二十日王康侯書與子原書子雲書内有與伯蘭姊書
辛酉金眉生来得紹棠正月十三日書信局来告昨寄杭州
書為沈四劫去補与之
壬戌出拜客見恩竹樵方伯顧棣園前輩劉茀孫昆
日張少渠招集滄浪亭
二月
癸亥朱璞山来張少渠来蔡蓉卿来蔡芸庭来
甲子與高滋園書與許子原書與鍾桂浮書
乙丑李敬生太守来潘順之前輩来樊仲和来與嚴淄生
書劉茀生来

丙寅陳仲泉同年来

丁卯金眉生来出拜客見陳仲泉朱璞山

戊辰邵步梅来蔡芸庭来

己巳朱君明道来姚少讀来

庚午與方子箴都轉書

辛未恩竹樵方伯来

壬申得謝芹香書回信寄上新北門内輪記輒互行孫漁笙去杭州

癸酉與楊石泉中丞書與馮夢香書

甲戌劉松南前輩来

乙亥

丙子二兒婦至自唐西姚魯卿晉卿来

丁丑出拜客見李薇生太守

戊寅趙雨亭來陸子如来招同姚魯卿晉卿蔡芸庭飲於

春在堂

己卯張少渠来

庚辰登舟如上海泊崑山

辛巳守風不行

壬午行泊四江口

癸未風不順未至周太僕廟八里而泊其夜丑時又行

甲申日加未至上海拜客見王竹使同年遂寓於也是園之

樸學齋馮竹儒觀察来

乙酉王亭薇来出拜客見馮竹儒劉芝田如冠九三觀察

沈書森太守鍾子勤山長其夕李春生太守招飲於也是園

丙戌出拜客見李小雲遂至城外緩雲閣見姚靜山石適

謝芹香来遂同至市樓招邵文伯来共飲而歸張經甫
来如冠九前輩来朱雲甫觀察来
丁亥沈敦三司馬来姚静岩来李小雲晉雲階来郁正卿来
得徐花農書得王濟川書上　太夫人書與内子書
戊子王竹侯来沈味臒来是日邑中諸君子招同馮竹儒觀察
讌於也是園得沈蘭舫書得楊石泉中丞書
己丑出城至浦東游徐氏花園觀西人火輪車路　邵文
伯招飲於市樓其莫吳彤雲觀察招飲
庚寅葉顧之觀察来得陛雲書
辛卯出拜客見馮竹儒觀察遂至浦東觀西人火輪車
馮竹儒觀察来與内子書與杜小舫觀察書與高滋園
都轉書與吳煥卿書與陶柳門書得紹棠二月十一日書得
朱伯華書
壬辰沈書森余吉香兩太守来韓小坡廣文来楊振甫同
年来楊濱石大常来其暮竹儒觀察招飲
三月
癸巳晉雲上来馮啟撰殿臣啟勛建侯来姚静岩嚴来
出拜客見王竹侯同年
甲午拜客見馮竹儒觀察遂登舟如杭州與内子書與邵
步楳書與朱伯華徐花農書竹儒觀察至舟相送命
小輪船曳之行一百二十里泊德勝
乙未至嘉興遣輪船還與馮竹儒觀察書遂行泊陡門
丙申泊南雙橋
丁酉過唐西與内子書至詁經精舍日加酉矣
戊戌高宰平来沈蘭舫来

己亥入城拜客見張翼伯都轉高陶園都轉陳伯敵觀
察秦澹如王清如吳引之惲杏耘四觀察濮少霞觀察
應敏齋同年富蔭蘭生都護丁松生沈蔭蘭舫吳康甫又
至書局見余莘皋王眉叔孫漁笙黃質文飯於許氏
絲女見々周少雲子雲得徐花農書二
庚子江小雲觀察來招至湖舫雅集得馮聽濤書得蔡
駿甫書得周少雲書另陛雲書
辛丑王清如惲杏耘兩觀察來汪班生來馮夢香來黃州
和來梁寶臣來周少雲來謝敏齋來
壬寅高讓之來秦淡如觀察招飲於其廣園遂拜客見楊
石泉中丞是日至富蘭生都護行館弔其夫人薩克達
氏之喪孫漁笙來黃元同來
癸卯劉君啟翰來楊石泉中丞來遂與之乘舟至退省
庵三潭印月徘徊良久送至湧金門而歸沈祖香來方
家穀偕六來周[illegible]來鍾眉生來得陛雲書得少羽
玉甫中丞書得徐君錕書得潘儀父書得王廉泉
書是日閱安清溪書院二月課
甲辰靈蔚生方伯來何青士廉訪來陳伯敵觀察來龔其灼母
太守來應敏齋同年來金少伯樞部來丁松生來何治甫
來孫漁笙來是日高宰平沈蔭蘭舫兩監院觴余於
湖樓與丙子書與蔡駿甫書
乙巳入城拜客見希贊臣將軍靈蔚生方伯何青士廉訪見
日濮少霞招飲
丙午希贊臣將軍來高陶園都轉來陳六笙觀察來郭

意城京卿来金眉生廉訪是日應敵齋招飲湖舫
丁未劉吉園鎮軍来沈肖巖廉来陳君爾康来馮夢
香来是日楊石泉中丞招集湖舫
戊申入城拜客見高滋園都轉秦澹如廉訪郭意城京
卿是日陳六笙太守招飲於皋園
己酉劉君啟翰来章輪香来是日周季英甥女及綿
女俱来
庚戌陳許堂同年来吳祁甫来王眉叔棨濮少霞来是日
閱詁經精舍二月課與內子書
同人曰鮮　曲禮曰鮮　王若曰猷解　周公曰豈不可解
偶因冷節會嘉賓賦以題爲韵　小寒食不限體韵
清明六咏　鑽火　淘井　打球　鬥鷄　插柳　澆山
孫以鑅　馮廷穌　許慶騏　劉芬　黄鉞　馮一梅
孫庚揆　沈辰標　吳承志　許翊　沈文元　王訪
胡元鼎　汪行忠　周德慶　胡謙　嚴曾銓　周善溥
辛亥入城拜客見希贊臣將軍楊石泉中丞王清如觀察
偕高滋園都轉觀胡雪巖觀察之芝園飯於滋園所
與翁玉甫制府書
壬子希贊臣將軍来馮夢香来胡梅臣来族子福昌
来
癸丑得徐花農書二
甲寅登舟還蘇州泊大關待子原婿綿孫女與俱
乙卯泊南雙橋
丙辰泊永興其地過北雙橋七里

丁巳泊平望
戊午還蘇寓得邵汴生同年書
己未閱定五湖書院二月望課卷
庚申潘玉泉觀察來齋之舍人來與馮竹儒觀察書與高
淞園書與姚靜岩書與鄭夢廬書得謝芳香書即復之
與李少荃相國書與駱葉書
辛酉步至杜筱舫處遂與俱至平齋處小飲而回
四月
壬戌陳仲泉觀察來朱璞山來
癸亥朱鏡香同年來是日閱定詁經精舍三月望課
賁卦之賁古音考　姤卦之姤古字考　鄭風鷄鳴膠膠或作嘐嘐說
小雅狐裘黄黄或作黄裳說
花賦玉腰奴賦以蜜官金翼花賊玉腰為韻　桃花水　杏花雨
擬唐時三月三日賜侍臣細柳圈謝表　擬宋時三月十五日詔群臣賞花
後苑謝表
馮一梅　錢家楨　孫禮煜　孫庚揆　黃家辰　孫瑛
黃儆　孫以鑅　吳承志　胡元鼎　倪茹　沈文元
陳灝　劉芬　胡謙　潘鈉　王仁元　沈辰標
甲子葛少君來
乙丑
丙寅沈書森來出拜客見恩竹樵方伯陳仲泉童際庭兩觀
察李眉生廉訪李薇生太守朱璞山葛瑞卿
丁卯是日事誤書丙寅
戊辰與陳小舫太守書

己卯（巳）與鼎子颺書
庚辰（午）恩竹樵方伯来勒少仲廉訪来是日遣女僕安嫗
至寶應視康侯病與錦女書
辛未吴子健中丞来姚少讀来姚少泉至自杭
壬申[redacted]王星泉光来
癸酉閱清溪課卷
甲戌出拜客見張任庵邵步梅許季芸来
乙亥馮竹儒觀察来與富蘭孫都護書與陸存齋觀
一察書與蔡駿甫書與高寀平書
丙子邵文伯来吴煥卿来
丁丑童際庭觀察来
戊寅彭芍亭京兆来吴彤雲觀察来與紹葉書
己卯顧子山觀察招飲遂游其怡園
庚辰姜君恩普来
辛巳陳仲泉同年来吴仲耆来釋衡峰来與黄元同書與
黄履文書與鍾桂溪書
壬午出拜客見勒少仲同年得紹葉三月十六書又一書
癸未恩竹樵方伯来潘玉泉丈来
甲申張少渠来閱定龍湖書院課卷
乙酉陸存齋来與王眉叔書
丙戌得彭雪琴侍郎書
丁亥得鍾桂溪書得謝敏齋書回信寄上上海北門内新街口
戊子鍾梅生比部来得履卿書回信寄與錫西水關丁宅同居與楊石泉
中丞書與馮竹儒李勉林鄭玉軒三觀察書與梁

寶卿書與沈蘭舫書與馮夢香書與鍾桂溪
書與鄭憂廬書是日閱定五湖書院課卷
己丑　子原至自新陽
庚寅　出拜客見金眉生邵步梅
五月
辛卯　趙幼青來與彭雪琴侍郎書與高滋園都轉書
與鍾桂溪書與姚靜岩書與顧竹城書與屐卿書
壬辰　許英甫來治　太夫人疾與紹棠書與姚訪樵書
癸巳　閱定詁經精舍四月望課卷
朱白蒼朱白蒼解　赤白其馬解　金縢釋疑　生民釋疑
喜雨賦以忽聞金榜叩紫荊爲韻　課唐時新進士故
事各七絕一首　綠肥　紅瘦　各小詞一闋
孫以鏶　黃岱　馮一梅　孫禮煜　錢家楨　吳承志　汪滿熙
胡元鼎　嚴曾銓　薛受采　黃承辰　孫瑛　劉芬　張宗延
甲午　閱定清溪書院課　癸巳朱璞齋來　徐花曲辰來
乙未　楊花農來同飯於春在堂得紹棠四月廿日書
丙申　花農來飯而去　如杭州與楊石泉中丞書得高滋園書
丁酉　勒少仲廉訪郭意城京卿兩同年來
戊戌　吳煥卿來杜筱舫來　寄煥卿書由悅來
信局寄休寧石嶺
己亥　出拜客見恩竹樵方伯勒少仲廉訪飯於平齋處
庚子　出吊費幼亭夫人之喪遂拜客見方蘭坨太守衡峯
和尚與沈蘭舫書
辛丑
壬寅

癸卯姚少鐸来

甲辰沈仲復贈竹與楊振甫方伯同年書與興紫垣廉訪書

乙巳方蘭坨来汪心言来

丙午

丁未子原去新陽閲定上海求志書院卷

經義正取　朱逢甲　鄭興義　備取王念珣　李經瑩

王祖齡　郁震培　額外備取　韓柳文

詞章　朱逢甲　顧麟　朱昌鼎　許壽衡　王保奭　朱士祺

朱逢甲年六十王保奭年十三

戊申

己酉閲定龍湖書院課卷

庚戌出拜客見杜小舫觀察李薇生太守

辛亥盛旭人觀察来與馮少渠大令聽濤庶常書

壬子與汪柳門少司成書與朱伯華比部書沈蘭舫来

是日大雨

癸丑至寶積寺

甲寅爲太夫人治椑

乙卯閲定龍湖書院五月課卷得翁玉甫制府書得

紉葉五月十三日書

丙辰

丁巳與紉葉書

戊午出拜客見朱璞山

己未汪槐堂来李薇生太守来

庚申與楊石泉中丞書

閏月
辛酉閱定清溪書院課卷
壬戌梁寵庭来勒少仲同年来胡樗園来
癸亥出弔金太夫人之喪邵步梅来金亦亭觀察来
甲子出拜客見恩竹樵方伯杜小舫觀察吴平齋朱璞山
乙丑吕庭芷同年来閱詁經精舍五月課得丁雨生
中丞書趙雨田来
左旋右抽解　生霸死霸考　樂書樂記文字異同箋
説涑涑　屈原婦作𣓨䅘賦以異苑云然御覽引之為韵
鍾馗硯歌　四時行樂詞　百年行樂詞俱限歌頭調
錢家楨　汪行忠　俞苑　馮一梅　吴承志　黄家辰
嚴曾銓　胡謙　徐琪　崔適　孫以鏻　盧元爔
黄岱　孫禮煋　孫瑛　沈文元　胡元鼎　陳灝
丙寅請朱叔和上舍来課陛雲讀與謙於春在堂沈
蘭舫姚晋卿均辭回浙江得鎮海于印波明府書
丁卯與于印波書孫漁笙書閱定龍湖書院課卷
戊辰汪鏡汀明府来汪班生来
己巳
庚午趙雨田来與丁雨生中丞書得楊石泉中丞書
辛未潘季玉觀察来吕庭芷同年来
壬申與李筱荃制府書
癸酉出拜客見勒少仲同年朱鏡香同年
甲戌謝芹香来許子原女壻至自新陽與應敏齋同年書
乙亥得李少荃節相書與李少雲太守書

丙子曹瑞卿来馮少韓来
丁丑得丁雨生中丞書
戊寅衛靜瀾方伯来
己卯出拜客見衛靜瀾恩竹樵兩方伯
庚辰張少渠来得馮竹儒書
辛巳萬小庭大令来得紹棠閏月七日書
壬午
癸未嚴淄生庶常来
甲申顧竹城大令来閱定五湖書院課卷與楊石泉中
丞書與應敏齋陸存齋書與王廉泉書與馮竹儒書
與馮夢香書與黄質文書與王夢薇書
乙酉
丙戌得吴廣庵書
丁亥與廣庵書
戊子得丁雨生中丞書林錫三學使来得馮竹儒觀察書
己丑吴子健中丞来
六月
庚寅曹燮卿大令来
辛卯出拜客見吴子健中丞陳仲泉同年張少渠楊墉
壬辰周伯英甥女来閱定詁經精舍閏五月行六月課
與應敏齋書
於是閏三月非禮説　閏月告朔爲門五日説　漢隸閏或作
閠説　廣雅閏使也説　閏者陽之餘賦以明陰不足
陽有餘也爲韻　閏五月四詠地臘日端陽日竹醉日分龍日

馮一梅　吳承志　沈辰標　劉芬　徐琪　孫以鏶
胡謙　章脩黼　嚴曾銓　胡元鼎　姚炳奎　屈元爔
許郊　黃家辰　黃岱　劉桂芬　章乃錫　孫禮煜
癸巳閱定清溪書院課卷
甲午
乙未
丙申
丁酉馮巳亭來
戊戌
己亥
庚子
辛丑步行至金女甫處小坐
壬寅閱定龍湖書院課卷
癸卯出拜客見祝韵梅朱璞山戚勵堂來
甲辰
乙巳與唐藝農觀察書
丙午出拜客見杜小舫李莜微生吳平齋金立甫汪
韵和來陶柳門來
丁未與孫琴西同年書
戊申至甲寅失記
乙卯與李筱荃制府書
丙辰與馮竹儒觀察書
丁巳
戊午徐觀通來為祖仁治疾徐乃湖州長興之瀾河平人也得紹菜
六月十四日書

七月

己未吳偁卿應常來王昱之來

庚申許子原女壻及次女繡孫還杭州

辛酉與唐蓺農廉訪書與高滋園都轉書

壬戌盧豐寶甫大令來

癸亥杜筱舫觀察來出拜客見顧子山觀察曾瑞卿大令

王昱之

甲子曾瑞卿來馮已亭來是日閱定詁經精舍課卷

卦主六日七分說　粉若粟冰解　說鼓鼓　史記五帝

本紀無少昊說　七月六日食水旗賦以君成名必在高

等爲韻　秋蘭襟詠　岳王女銀瓶考

馮一梅　鍾樾　沈辰標　黃家辰　孫以鑅　徐琪

吳承志　孫瑛　胡元鼎　黃岱　胡謙　許寶傳

劉芬　王廷鼎　章偉瀚　許郊　孫庚揆　許章燾

乙丑閱定清谿書院課卷李薇生太守來得馮竹

儒觀察書　趙雨田來

丙寅章次柯來來

丁卯楊諴齋來曾瑞卿來

戊辰與銘菜書

己巳劉芝田都轉來

庚午

辛未出拜客見楊諴齋

壬申

癸酉

甲戌
乙亥與楊石泉中丞書
丙子
丁丑恩竹樵方伯来是日閱定上海求志書院夏季
課卷
史學
朱逢甲　許壽衡　趙引修　艾承禧　郁晉培　周桂
詩賦
徐琪　章耒　朱逢甲
王先熊　馮熙成　顧麟　方調元　許壽衡
戊寅朱鼎甫庶常来
己卯出拜客見恩竹樵方伯朱璞山并其孫阿統
庚辰與王廉泉書與馮竹儒觀察書
辛巳得孫歡伯大令書得王吉人孝廉書
壬午出弔童觀察夫人之喪遂拜客見馮少渠金立
南来邵步梅来
癸未驟涼與朱伯華書與英薌巖相國書
甲申與馮竹儒觀察書
乙酉與紹葉書
丙戌
丁亥得紹葉七月十五日書勒少仲廉訪同年来馮少渠来
朱璞山来
戊子
八月

己丑王少懷来
庚寅汪小樵封少羽来
辛卯
壬辰
癸巳出弔方祝夫人之喪
甲午
乙未有賊破窗入予書室獲之送于縣
丙申
丁酉
戊戌為太夫人生日稱觴
己亥出謝客與李少荃相國書
庚子
辛丑與楊石泉中丞書
壬寅彭雪琴侍郎来
癸卯雷甘杞来
甲辰游李顧氏之園
乙巳彭雪汪子少羽来
丙午至[illegible]田失記
癸丑出拜客見溫明叔顧棣園兩前輩童際庭觀
祭林錫三學使
甲寅顧棣園前輩来
乙卯童際庭觀察来潘順之前輩来
丙辰林錫三學使来
丁巳溫明叔前輩来

九月

戊午偕内子至吉由巷觀新築室遂拜客見恩竹樵方伯勤少仲廉訪李芍徽[?]太守朱璞山司馬得紹莱兮月壁書

己未

庚申恩竹樵方伯來潘順之前輩來

辛酉勤少仲廉訪來朱璞山來金立甫來吴方子来

壬戌李眉生廉訪來與紹莱書

癸亥登舟如杭州泊吴江陳仲泉觀察來舟亦過其舟小坐而歸

甲子泊震澤鎮朱修庭招飲於絲捐局

乙丑至徐氏局爲徐君寅階題栗主歸舟已日夕矣

從者余德還蘇與内子書

丙寅泊雙福橋

丁卯至德清泊南埭知兒子祖綬中式十一名舉人

戊辰展先曾祖先祖之墓易小舟至金鵞山展先通奉君之墓仍泊南埭[redacted]上太夫人書與内子書與履卿書

己巳日加未至詁經精舍

庚午坐舟至退省庵訪彭雪琴侍郎徐花農馮夢香周子雲三孝廉來潘蓮舫王益湖兩主試來與内子書彭雪琴侍郎來

辛未入城拜客見楊石泉中丞衛静瀾方伯潘蓮舫主試富蘭蓀都護高滋園都轉王清如吴引之梁敬

十九

叔觀察陳鹿笙張冠白太守江小雲濮少霞高宰
平王眉叔飯於許氏孫漁笙来
壬申富蘭生都統来張翼伯觀察来江小雲觀察
来陳鹿笙太守来王夢薇来胡楨亭来張小雲来
彭雪琴侍郎来
癸酉入城拜客見[redacted]胡小泉學使商輩靈蔚生都轉秦澹
如觀察龔幼安太守金眉生濮少霞應敏齋諸君徐花
農孝廉
甲戌梁敬叔觀察来濮少霞應敏齋来黄叔和来周少
雲来馮夢香吳祁甫徐花農来王夢薇来王眉
叔董　来孫漁笙来得李筱荃制府書馮竹儒觀察
書盧竇甫嵩瑞卿兩明府書得姚春伯書
乙亥唐蓺農觀察来仁和邢錢唐沈兩明府来孫熠仙孝
廉来與内子書
丙子秦澹如觀察来許康甫来姚少泉来許君慶
麒来
丁丑胡筱荃學使来衛静瀾方伯来靈蔚生都轉来江
子平孝廉来以夢香漁笙所餽肴核招花農子平
蘭舫共飲周琳棠觀察来
戊寅偕彭雪琴侍郎至學海堂訪同年杜蓮衢
侍郎遂至湧金門赴雪琴侍郎及唐蓺農
[redacted]使湖舫之約與者潘蓮舫王遜吾兩主試
胡筱荃學使
己卯杜蓮衢同年来丁松生来孟蘭艇来

庚辰入城拜客見唐藝農廉訪遂赴張翼伯江小雲兩君之招
辛巳鄒鑑湖来黄質文来吴畫卿来兄子履卿来
壬午[redacted]偕彭雪琴杜蓮衢兩侍郎至湧金門赴樗石
泉中丞湖舫之約與者潘王兩主試
癸未入城拜客見高滋園都轉高仲雲廉訪同年
招飲
甲申潘蓮舫王益吾兩主試来彭雪琴杜蓮衢
兩侍郎来馮夢香周少雲兩孝廉来吴廣文
来王夢薇来黄仲和来兄子履卿来是日綉女来
與内子書得李少荃相國書張少渠書
乙酉兩周子雲来與内子書是日閲定詁經精舍九月課
卷彭雪琴侍郎招飲退省庵
剝牀以辨以膚解　君曰卜爾解　夏殷六卿考　井田壞而戎馬
遂入中國論　不向春風怨来開賦以題為韵　菊壽客芙蓉合
醉客歌　唐人迎冬四日進千層饊詞　重建楊清祠記
吴承志　汪恭壽　胡元鼎　沈辰櫄　嚴曾銓　孫以鑅
張大昌　許慶騏　胡謙　徐琪　陳灝　鍾樾
孫庚揆　許章燕　呂鈞濱　孫仁興　汪行忠　蔣受棻
丙戌與内子書
丁亥[redacted]彭雪琴来
十月
戊子馮夢香来
己丑彭雪琴侍郎来戴少鏞来
庚寅胡小泉學使招飲湖舫

辛卯至學海堂見蓮衢同年遂登舟還蘇寓泊唐西
壬辰泊小村聚不知名逾北新關雙橋距斗門各十里
癸巳泊平望
甲午還蘇寓
乙未黃勉甫學使來朱璞山來盧實甫來與緯女書
與彭雪琴侍郎書與孫琴西同年書與孫耀仙孝
廉書
丙申出拜客見費又亭陳仲泉兩觀察接紹莱九月三十書
章知題補北運河同知紹莱自客冬即署斯缺而
所補之石景山缺格於吏議至是乃即補斯缺云
丁酉趙兩田來與紹莱書閱定五湖書院九月課是日
上賀於 太夫人
戊戌勤少仲同年來與馮竹儒泰潛如兩觀察書與應敏齋
同年書與鍾子勤書與沈蘭舫書與孟蘭艇書與王眉叔
書與高滋園都轉書與徐花農書與許子原書與緯女書
己亥潘季玉觀察來潘濟之祖謙來
庚子出拜客見張子青制府前輩吳子健中丞楊敏齋
蔡仲然與馮竹儒觀察書祝韵梅來趙幼青來吳子健
中丞來
辛丑李薇生太守來徐孝廉澤之來與高宰平書
李恩竹樵方伯來
壬寅
癸卯出拜客見杜筱舫觀察顧棣園前輩
甲辰與紹莱書與錦孫書與李少荃相國書

乙巳與王廉泉書與錦繡兩女書與馮竹儒觀察書
丙午
丁未與張少渠書
戊申與楊石泉中丞書與沈蘭舫書與胡梅臣書
己酉得馮竹儒觀察書與方子箴廉訪書
庚戌得富蘭生都統書　姚春伯外兄至自河南
辛亥費幼亭觀察來
壬子與黃恕皆學使書
癸丑出拜客見恩竹樵方伯李薇生太守
甲寅徐花農來
乙卯得金眉生書復之書與子原壻書得闓祖綸書
丙辰宗姪振基來
丁巳得紹萊十五日書
十二月
戊午
己未馮竹儒觀察來
庚申春伯外兄還于海紅坊巷勤少仲廉訪來得彭雪琴侍郎書是日閱定詁經精舍十月課
三事就緒解　王人子突解　蚩尤九黎考　堯建丑舜建子考
呦呦鹿鳴以林和靖所養鹿名爲韻　冬筍四律　郭孝童墓記
孫以鑅　倪茹　黃家辰　張大昌　吳承志　徐琪　胡謙
嚴曾銓　何光海　黃岱　胡元鼎　劉桂芬　沈文元　王家治
孫庚揆　武家駿　鍾樾　汪荼壽
辛酉胡筱泉侍郎來

壬戌出拜客見胡筱泉侍郎得高明府彤書 高寓杭州上洋市街

癸亥至己巳失記

庚午金眉生来沈書森来

辛未至眉生處小坐

壬申閱用餘恩浩以汪蓮府孝廉書来

癸酉恩竹樵方伯来是日閱定上海求志書院秋季課

經學

朱逢甲　鄭興森　汪晉德　王國棟　周桂　趙引修

詞章

徐琪　沈祥龍　楊象濟　胡元鼎　朱逢甲　章耒

甲戌閱定龍湖書院課卷

乙亥出拜客見李眉生沈仲復兩廉訪嚴淄生庶常

丙子得紹棠初二日書

丁丑金眉生廉訪招飲

戊寅與子原女婿書●

己卯薛世香廉訪来邵步梅来史花樓来

庚辰陸鳳石殿撰来許星叔同鄉来

辛巳出拜客見陸鳳石

壬午得紹棠十一日書

癸未費芸舫太史来與如冠九都轉書

甲申顧子山觀察来金庶常星桂来是日閱定詁經精

舍望課卷及五湖書院課卷

鴟鴞刺邠君說　齊師遷紀郱鄑郚解　使乎使乎解　褐髦韡

十一月十六日至正月十五日為藏寒賦以佛經一歲分為六時為韵

蠟梅四律　擬東坡用過韻冬至與諸生飲酒詩即次原韻

吴承志　黄家辰　張以鑅　陳灝　王慶霖　戴瑞麟

武家駿　張大昌　劉芬　周元瑞　嚴曾銓　周德慶

徐琪　孫瑛　章廷楨　沈文元　孫庚揆　胡謙

乙酉出拜客見李薇生觀察

丙戌

十二月

丁亥吴子健中丞來朱璞山來兄子履卿至自浙

戊子

己丑潘偉如方伯來

庚寅杜小舫觀察來閲定清溪書院卷

辛卯

壬辰

癸巳

甲午

乙未履卿去無錫

丙申閲定龍湖書院課卷徐花農來

丁酉至丁未失記

戊申章黼卿刑部來

己酉與許星叔閣卿書與沈蘭舫書

庚戌周子雲來

辛酉（亥）馮笠尉來

壬戌（子）萬小庭大令來是夕祀神

癸丑

甲寅得彭雪琴宫保書

乙卯李薇生太守来

丙辰與彭雪琴宫保書是日懸先高祖以下畫像設祭行禮是歲余行年五十有六兒子紹萊補北運河同居余奉母庽呉仍事著述有曲園襍纂之作

戊辰元旦謁　外舅賀歲拜
曲園公影堂獲觀此日記三冊距今適甲子一周矣國家盛衰
之故曷可僂指惟世德相承書香勿替者可永保於無
窮不隨時代治亂而變也　門下壻許寶蘅謹題

# 春在堂日记·附录

# 儒林文苑各千秋

## 影印杭州岳庙管理处所藏《春在堂日记》的价值和意义

◎徐立望

清朝经术昌明，巨儒辈出。然太平天国兵燹之后，学术式微，俞樾毅然重振乾嘉之学，声名溢于海内，为世所重，俨然一代儒宗。

俞樾，字荫甫，号曲园，浙江湖州德清人。道光三十年（1850）成进士，咸丰二年（1852）散馆授翰林院编修，咸丰五年（1855）简放河南学政，以御史奏劾试题割裂遭罢职，往返江苏、天津、浙江，后侨居苏州。主讲苏州紫阳、上海求志、上海诂经、德清清溪、归安龙湖等书院，而主杭州诂经精舍有三十一年，造就江浙人才无数。其学以高邮王氏为宗，大要在正句读，审字义，通古文假借，由经以及诸子；承袭高邮之学，而不盲从，析疑振滞，折衷于求是本旨。弟子章太炎称之：『为学无常师，左右采获，深疾守家法违实录者。』曾国藩称其『拼命著书』。曲园先生所撰《群经平议》《诸子平议》《第一楼丛书》《曲园杂纂》《俞楼杂纂》《宾萌集》《春在堂杂文》等，凡五百余卷，汇称《春在堂全书》。

此次影印《春在堂日记》，自同治六年（1867）正月初一至光绪二年（1876）年底，十年日记首尾完整，为目前所见唯一的俞樾日记原稿。俞樾生前两处引用所撰日记，皆本于此。《闽行日记》一卷，刊刻列入《曲园杂纂》卷四十，取裁自同治十一年（1872）正月二十六日至三月二十八日日记。晚年所撰《曲园自述诗》『记得舟窗看列子，一天微雨泊唯亭』，下注『丁卯正月二十一日，余如上海，微雨泊唯亭，于舟中成《列子平议》一卷。盖是年日记簿犹存，故可考也』。所参考也是此稿。

其日记手稿，价值和意义有以下几点：

## 见字如面：手稿真迹与后学题识蔚为大观

中国传统书法，唯积学大儒之字，最不可及，以其全从书卷得来，不由外造。俞樾日记字迹在楷隶之间，精谨端严，字里行间贯注朴学精神。其书篆隶古劲，导源籀、颉，古香溢于毫素，银钩铁画，书味盎然。时人每得寸纸，必什袭珍藏。弟子吴大澂言：『吾师篆法，得经籍气为多。』他向俞樾乞书，『渴想已久，往时总未得一墨宝。校经有暇，求为书七言联句。其纸，托韵初购呈也』。时人或寄纸求书，或送呈羊毫，甚至有福建友人以闽地无佳纸，遣子购纸江浙，敬求挥翰。

此次影印手稿为俞樾真迹，亦包括后学历次题识。

十年日记分装两册。册一封面为其孙俞陛云所题『先王父日记 二册自同治六年迄光绪二年 孙陛云谨藏』，册末为顾颉刚所记：『《曲园先生日记》二册，为平伯兄历世珍藏，计自同治丁卯（六，一八六七）迄光绪丙子（二，一八七六），迄今已及百年。兹同人集会于圣陶寓所，平伯携示，同声赞叹。因各署名，并志年岁，以志纪念。王伯祥，时年八十五；章元善，时年八十三；顾颉刚，时年八十二；叶圣陶，时年八十一。一九七五年四月十九日，颉刚执笔。』姑苏四老汇聚观摩，亦是一段佳话。册二封面为其学生章钰所题『曲园先生日记　自同治壬申至光绪丙子　受业章钰』。册前题识依次为赵宽、宋文蔚、郑言、奭良，册末则有许宝蘅题识。诸家所题字数不一，然敬慕之情则同，以字识人，蔚为大观，迥非刻本、点校整理本所能比拟。

## 笔墨可贵：鉴于刻印本、点校本和手稿本的比对

此次影印的十年日记，少部分曾在俞樾生前刊刻，近几年则有两家国内出版社完整点校。

俞樾夙有日记习惯，然遗失甚多。光绪三年（1877），他将同治十一年（1872）部分日记收入《曲园杂纂》，编为《闽行日记》一卷刊刻流布。前言曰：『余旧时所作记，都已遗失，偶于敝簏中检得一册，则同治十二年春间，自杭至闽省视太夫人起居事，颇完具，因录存之。』刻本提及行程为同治十二年（1873），而日记稿本所载为同治十一年，当是刊刻所误。

刻本《闽行日记》所载自正月壬子（二十六日），终三月壬子（二十八日），两月有余的内容，与此次影印日记比对，大体一致，亦有差别如下：

一、删减文字。删除者大多为书信往来、自身病状等。如原本二月庚申日，记为『庚申，至永康，宿于应广裕行。与高滋园都转书，与内子书，与吴焕卿书，与汪符卿书，又与内子书』。刻本仅记『庚申，至永康』。二月在福宁府，癸酉日『黄少虞明经来为余灼艾治风疾』，乙亥日『黄明经来为治风疾』，刻本均删去。

二、增加内容。如在温州时，当地官员宴请俞樾于曾氏之怡园。原本记载『园有泉石花木之胜，颇足观览』。刻本为『园有泉石花木之胜，以丛桂蟠曲为杝，亦颇有致』。在福州，与孙毓汶见面，原文『孙莱山学使来，出拜客，见学使』。刻本为『孙莱山学使来，学使适按临福宁，是日试事毕也。余即报谒至试院小坐而还』。三月乙未，是日原文记载只有一句：『得王补帆同年书。』刻本则在此句后，增加『知湘乡薨逝，其说确矣』。

三、处理行文，无涉增删。如原本记载，二月壬戌在缙云县登桃花岭，此岭极高，舆丁颇以『登涉为劳』。刻本将『登涉』改为『登陟』。二月丁卯日记，原本为『自平阳以南，山色甚佳，层峦叠嶂，盖即所谓南雁荡矣。自温州至萧家渡四易舟，忽水忽陆，行颇不易』。刻本倒换句式，改定为『是日四易舟，忽水忽陆，行颇不易，然自平阳以南，山色甚佳，层峦叠嶂，盖即所谓南雁荡矣』。又或者出于刊印考虑，原文以字称呼侄子，『至福宁府，兄子黼堂、履堂来迎』；而在刻本中，则改以名相称，『至福宁府，兄子祖福、祖绥来迎』。

四、改动原文。如原本三月『辛亥，晴，至杭州，夜深矣，仍宿于舟』。而刻本则为『辛亥，至杭州，泊江干』。

浙江古籍出版社、江苏凤凰出版社分别于2019年、2021年出版《俞樾全集》，将杭州岳庙管理处所藏的1867—1876俞樾日记原稿点校出版，甚便读者，造福多多。然千虑一失，或字迹误辨，或句读不明，不无可斟酌之处。于此愈见原稿本之可贵。

仅以同治六年（1867）日记为例。

一、辨识讹误之处。如同治六年正月辛酉，原稿『微雨』，某点校本则误为『激雨』；二月庚子，原稿『其《肉谱》体例与王、李《蒙求》相类』。某点校本为『其《肉谱》体例，与王李蒙亦相类』。之所以令读者难以理解，原因在于点校者将原稿『求』字误认为『亦』；三月己卯，原稿『张宪章主注疏《说文》』，某点校本为『张宪章主生注疏《说文》』，其『生』为衍字，原稿实无。三月辛巳，原稿『得姚访梅文梠书』，某点校本为『得姚访梅女梠书』，误『文』为『女』。十二月丁酉，原稿『先茔面金鹅山，地名汪家兜（十七区二庄，地保朱老二，名大昌）』。点校者将『保』字误为『徐』，勉强成句，于是乎变成『先茔面金鹅山，地名汪家兜十七区二庄地。徐、朱老二名大昌』。十二月丙午，原稿『吴江雪港有沈翠岭司马茂德（嗣闻其子字飏生，且藏有活字版），家多藏版，有《昭代丛书补》及《国朝文徵》《国朝古文汇编》，卷袠烦重』。某点校本，因把俞樾篆书变体『湉（活）』误认『湉』，于是『活字版』就变成了『湉字版』，而且因原稿夹注，点校本未能辨析，沈翠岭司马茂德变成了两人，一为沈翠岭，一为司马茂德，于是点校为『吴江雪港有沈翠岭，嗣闻其子字飏生，且藏有湉字版，司马茂德家多藏版，有《昭代丛书补》及《国朝文征》、《国朝家古文汇编》，卷袠烦重』。

二、句读不清者。如同治六年正月辛未『恽仲清颂孙、叔来俟孙来』，某点校本为『恽仲清颂孙叔来，俟孙来』。三月壬申『杨鹿岑广文寿孙来』，实为一人，某点校本为『杨鹿岑广文、寿孙来』。六月癸巳『同行者尚有钱元之瑭，子密从兄子，衡之同年梠之弟也』。某点校本误为『同行者尚有钱元之瑭、子密从兄子衡之同年梠之弟也』。九月壬戌『在鶴安处见刘之美摹刻《峄山碑》，殊胜郑文宝本』。某点校本为『在鶴安处见刘之美摹刻《峄山碑》殊胜，郑文宝本』。十一月丁卯『得补帆十六日书，即作覆书与之。吴广庵来』。某点校本误为『得补帆十六日书，即作覆书。与之吴广庵来』。

诸如此类，不再枚举。

## 文献足征：个人、家庭和社会的时代印记

俞平伯称其先祖日记『学养性情往往流露，实抵得一部长篇的传记』，诚非虚言。俞樾日记，有一定义例，这也是他日记的一大特色。其自言义例，如正月丙辰载『晴，高云山清岩来。

凡客来，不见，则不书」。正月丁卯「雨霁，已而复雨。得马谷山抚部书，杜小舫观察书。不书月日，书无月日也」。正月辛未「许星叔鸿胪来，未见，往拜亦未见。未见而书，以自远来也。凡四方君子自远而来，虽未见，书焉」。二月辛卯「是日，海运局交来《群经平议》，喜之，故书」。

其义例殆依循《公羊传》之例。类如《春秋经·桓公五年》「大雩」。《公羊传》曰：「大雩者何？旱祭也。然则何以不言旱？言雩则旱见；言旱则雩不见。何以书？记灾也。」又如《春秋经·襄公七年》：「十有二月，公会晋侯、宋公、陈侯、卫侯、曹伯、莒子、邾娄子于鄬。郑伯髡原如会，未见诸侯。」《公羊传》曰：「未见诸侯，其言如会何？致其意也。」

俞樾主《春秋》公羊家说，谓：「《春秋》一经，圣人之微言大义，公羊氏所得独多。」其强调《公羊传》以例为主，视孔子为「素王」，持《春秋》王鲁之说。其日记与学术思想倾向一致，可谓学术思想之自然流露。

俞樾日记记载简约，并非学术札记，亦不臧否人物，但信息丰富，对俞樾和清代学术文化研究价值极大。

一、书信往来，迎来送往，反映晚清社会和学术网络

以同治八年正月所记载为例：「己亥，得子原伉俪书。庚子，出拜客，见潘玉泉、吴平斋。辛丑，与孟兰艇书，汪谢城书。」

金陵访曾国藩，记录下所见幕府成员，自谓：「吾师莫府聚天下英才，故详志之，俾勿谖焉。」

作为晚清东南学术中心人物，同时期的政治人物和学术群体，在俞樾笔下，皆一一呈现。无论是考订相关人物，或是编撰年谱，都裨益后人。

日记所起止之期，正值俞樾掌教苏州紫阳书院、杭州诂经精舍之时。此期俞樾生活从颠簸转为安定。另，他负责编撰《上海县志》，参与苏州书局、浙江书局诸项事务，主讲菱湖龙湖书院、德清清溪书院、上海诂经精舍、上海求志书院等。

日记内容最丰富的当为杭州诂经精舍时期，不仅详细记下历次望课题目，而且还有望课后中额名单。东南学子承闻训迪，蔚为通才者不可胜数，俞樾日记为我们留下了珍贵的文献史料。

二、著述及刊刻情况，丰富著述信息

俞樾著述等身，为一生用力所在。日记对其十年之间著写、刊刻情况记载极为详尽，远超刻本序言。如《群子平议》刻本序提到『诸君子闻有此书，乃谋醵钱而刻之。经始于强圉单阏（即1867）之岁，至上章敦群（即1870）而始观厥成』。而日记则详载各卷写定情况：同治六年，正月丙辰，始草《墨子平议》；辛酉，《墨子平议》第一卷成；丙寅，《墨子平议》第二卷成；庚午，《墨子平议》第三卷成；丙子，登舟赴上海，舟中始草《列子平议》。三月丁巳，始草《淮南子平议》；辛酉，《淮南子平议》第一卷成；丙寅，是日《淮南子平议》第二卷成。壬卯，《淮南子平议》第三卷成。诸如此类甚多。

日记亦裨益后人考订其著述。俞樾文集《宾萌集》在同治九年（1870）由同年好友兼儿女亲家王凯泰出资刊刻，刻本序曰：『集凡五卷，曰《论篇》，曰《说篇》，曰《释篇》，曰《议篇》，曰《杂篇》。』同治六年（1867）五月庚申日记载：『是日编定《宾萌集》六卷，曰《论篇一》，曰《说篇二》，曰《释篇三》，曰《议篇四》，曰《杂篇五》，曰《图篇六》。』可见此集在1867年即已定本，但不知何种原因，《图篇》并未刻入。如无日记流传，后人已不详另有《图篇》一卷。

日记对《群经平议》《诸子平议》《春在堂诗编》《宾萌集》《宾萌集外集》《第一楼丛书》《曲园杂纂》诸种刊刻情况多有记载，如同治六年（1867）七月丁未，『女婿王康侯来，得补帆亲家书，并《群经平议》版』，附记：『《群经平议》版凡木箱四，共版五百九十七片，群字号版一百五十五片，平字号版一百七十四片，经字号版一百五十五片，议字号版一百一十三片。内有数卷尾页附刻他卷之末，刷时须检点。』同治八年（1869）十月丙戌日记载：『赵桐生铭来，述杨石泉方伯之意，为余刻诗并以写定样本见示。』日记甚至记载了刻工名姓，如同治八年（1869）二月丙午记，『以《庄子平议》三卷付刻工吴长禄开雕』，癸丑日记『以《商子平议》一卷付刺工陶升甫开雕』。这些都极大地丰富了后人对俞樾著述的立体感知。

三、家庭生活和日常所遇，见证士人世俗百态

同治六年（1867），俞樾确定掌教杭州诂经精舍，次年正月赴杭。日记记录了他一年内在

杭州各处看房的经历，他对名园金衙庄颇有好感，最终未能购得。同治八年（1869）三月，重赴金衙庄，周览其泉石花木之胜，感叹道：『余去岁欲得之，已有成说，而卒不果，惜哉！』最后俞樾定居苏州，成为曲园主人。他以苏州为家，然基本每年数次去往杭州开课，亦常去上海。日记所记各处场景，颇可管窥晚清江南风土人情。

同治六年十二月戊戌日记载，他因年将五十而未有孙，在为父母重修墓事后，特开船绕道至蔺村百子堂，祷告求孙，『循庙中故事，携一泥孩而回』。次年三月乙丑日记载，『是日二儿妇举一子，余始抱孙焉』。后人读者，当为之莞尔。

俞樾以经学名家，但不乏生活情趣。如某日从苏州回杭州，『过平望，有卖饼家甚美。附记：平望卖饼家在后溪街姚家巷内，名曰「会丰」，凡一饼值泉三』。又如，某日『彭雪琴侍郎招吃莼菜。侍郎从南山泛舟归，适见采莼菜者，遂命从者撷取之，此真西湖莼菜也，若城中所卖者，皆自越中来耳』。

日记对自身和亲人病疾描述颇多，人世之苦，亦不可免。请医之外，或用民间秘方，如『余有疾，不夕食，食釜底焦饭』；或沿袭风俗，孙子『阿龙久病不愈，从此吴俗，为之宣卷』。日记中也有对儿子升迁的关注和自豪，对兄长的友爱之情，以及兄长病逝时的悲痛。其他如迁墓、祭祖、赴福建省亲，等等，都有详细的记载。

民国时期，燕京大学拟影印日记原稿，惜未成。杭州岳庙管理处出于社会责任，秉承先志，慨然影印，秘籍遗珍化身千百，洵为曲园先生之一大功臣。实为快事！

# 钱唐山水接苏台　春在俞楼岁月缘

## 读俞樾《春在堂日记》手稿

◎洪尚之

二十世纪八十年代以来，晚清到民国初年这一时期的名人日记，其整理出版工作格外引人注目。中华书局在1987年推出了《中国近代人物日记丛书》；2015年起，上海人民出版社又推出《中国近现代日记丛刊》，共九种；另如精选中国社会科学院近代史研究所档案文献，编纂而成的《近代史研究所藏稿钞本日记》，共三十一种，由王建朗、马忠文主编，国家图书馆出版社2020年3月出版。

这些日记的撰写者，既有晚清督抚重臣，也有北洋政府高官；既有名士学者，也有世家子弟。每种日记篇幅长短不同，却都是反映近代社会剧烈动荡和历史变迁的珍贵文献。透过这些日记主人的笔触，可以窥见近代中国政治、经济、文化和社会生活的多重面相，日记作者主要活动地域的方方面面，亦都被一一记录，留下了真实、丰富且生动的事例与史迹。

晚清大儒俞樾（曲园）的《春在堂日记》，尽管在传播时间上不无姗姗来迟之憾，但终以相对完整的面貌与世人见面。其留存于世，九十年前即已为世人所知晓。1933年2月，俞樾的曾孙俞平伯，写有题为《春在堂日记记概》的专文，向世人郑重介绍和推介了这部日记手稿，并对《春在堂日记》手稿的将来，表达了他的愿望：『（曲园先生）中间以修志事赴上海，又兼有书院月课，而孳孳矻矻惟日不足，为学之勤至矣。苟能以原稿刊布，则于来学宁无观感。前者，燕京大学拟影印此书，后又不果。以今之异说多纷，抱残守缺固非其时，会当期诸他年耳。』

《春在堂日记记概》发表六十多年后的1999年11月24日，俞平伯的长女、俞樾的玄孙女俞成，从北京来到杭州。俞成此来湖上，携有历四代俞氏后人珍藏而传存于世的《春在堂日记》手稿，以及她祖父俞陛云的诗稿两册。她要向由西湖俞楼辟建的俞曲园纪念馆（时辖属杭州岳庙管理处）无偿捐赠这些手稿。

1999年11月25日上午，孤山俞楼举行了简约而郑重的《春在堂日记》手稿捐赠、入藏仪式。

《春在堂日记》手稿分装两册。册一，为俞曲园在清同治六年（丁卯，1867）到十年（辛未，1871）凡五年的日记；册二，则起于同治十一年（壬申，1872），止于光绪二年（丙子，1876），跨时也是五年。

日记手稿记写时间长达十年。当此期间，曲园先生掌教杭州西湖孤山诂经精舍，并兼职浙江官书局总办。日记手稿终止的时日，距光绪四年（1878）西湖孤山俞楼的建造尚差两年。故此前，俞樾每年春秋两季来湖上讲学，多寓居在诂经精舍『第一楼』。

日记手稿记录了俞樾在寓居苏州、杭州『前十年』中，学术撰著、教人育才等主要社会实践活动，重要学术成就，以及在此期间他的社会交往、家庭生活、山水游历，等等。其中，保存有大量俞樾同当时重要历史人物，如曾国藩、李鸿章、李瀚章、应宝时、彭玉麟、杨昌浚、吴大澂等交往的丰富信息。同时，也记录了其与共事同人、各地官场和学界人士交往的一些经历，为世人真切、全面地了解和认知俞樾的生平阅历、生活感受与心路历程，提供了无可替代的第一手详实材料。这对于如今考察这段历史，和与这些人物相关的许多重大事件、活动、著述、游历等，极富稽检和参证价值。

试读俞樾同治六年（丁卯，1868）五六月间前往金陵（今江苏南京）拜谒恩师曾国藩，在六月癸巳（十一日）所写日记：

> 奉陪湘乡师暨幕府诸君及彭丽崧同登太平门楼，观沅浦中丞由地道攻克金陵故迹。其缺口已修补，而湘乡公纪事碑亦甚简略，末有铭曰：『穷天下力，复此金汤。苦哉将士，来者无忘。』可见当时力战之难。

根据上引这篇日记首句的明确记载，坊间某些俞樾传记中所谓曾国藩『不愿再去回忆那场残酷的战争』，因而未同俞樾等人一起去观看『官军收复金陵时的入城旧址』的说法，便有必要重新加以审视和商榷。此外，我们在俞曲园《春在堂诗编・六》『壬戌编』，可以读到题为《登太平门楼观曾沅浦中丞从龙脖子地道攻克金陵处并读湘乡相公纪功碑》的长诗。将曲园先生当日的日记与这首长诗相结合来看，当年湘军攻破太平军大营的激战场景，恍若重现眼前。

日记手稿主人作为一名著述宏富的优秀学者，此十年间亲历、亲见、亲闻、亲感的事件亦十分丰富，信息量相当可观。

比如，日记手稿同治六年正月辛酉初六日（1867年2月10日）所记：

> 微雨旋霁，终日阴。是日，于先高祖以下画像前设祭行礼，礼毕，敬吾家故事，于除夕县（悬）先世画像，至正月十有八日而撤之。余以流寓四方，不能如故事，故县六日而撤，示不备礼也。是日《墨子平议》第一卷成。

类似这样的生活场景，在手稿中每有读到。

又比如，若我们试将日记手稿中写于前三年（即清同治六年、七年和八年，1867—1869）除夕日的文字，合在一起加以阅读和解析，对于曲园先生彼时的生活状态和个人心态便能获得相当真切的感受。

日记手稿同治六年十二月三十日除夕日（1868年1月24日）所记云：

> 晴。悬先高祖明远公以下画像设祭行礼。是岁余行年四十有七，距先朝议君弃养二十二年，始克营宅窆于金鹅山之原，一大事也。《群经平议》剞劂告成，而《诸子平议》亦于是年脱稿，刻成者三卷。酒后检阅，亦颇自喜。然明年又移浙江之诂经精舍，未定寄孥之所。新正即拟回浙，不胜劳薪之感矣。（按：『明远公』为俞曲园高祖）

日记手稿同治七年十二月廿九除夕日（1869年2月10日）所记云：

悬先高祖明远公以下画像设祭行礼。是岁余行年四十有八，始抱孙焉。《诸子平议》刻成者六卷。然以故里无家，故虽主讲浙中，而仍寄孥吴下。初拟觅屋武林，为移居之计，而迄无所就。余其遂为『吴下阿蒙』乎？太恭人春秋高，余久旷定省，而为家室之累，不克至闽省视。中夜思之，不胜转展矣。

日记手稿同治八年十二月廿九除夕日（1870年1月30日）所记云：

悬先高祖明远公以下画像，设祭行礼。是岁余行年四十有九，《宾盟集》刻成于粤东，《春在堂诗编》刻成于武林，而吴中刻《诸子平议》，亦止余二卷未成。区区撰述，略备于此矣。

作为官员，俞曲园先生在河南学政任上因所谓『截搭题』案遭弹劾而罢职，宦途从此中断；但作为学者，曲园先生却取得了巨大的学术成就——似乎俞樾老夫子命中注定就是一个做学问的人。这从上引日记中前三年的『除夕篇』，不难得窥一斑。

不唯如此，我们从上文所引录的三篇日记中还可以读到：俞曲园在咸丰八年（戊午，1858）自北方南还后，虽然选择苏州赁屋暂居，但作为原籍浙江德清、幼年入塾发蒙于杭州临平、科场中式亦始于浙的读书人，他起先的想法却是『拟觅屋武林，为移居之计』，然迄无所就。为此，他不无遗憾地在日记中发出『余其遂为「吴下阿蒙」乎』的感慨。

再细检日记手稿，我们可以读到关于曲园先生在杭州和苏州两地看房、择租的具体情况。同治七年（庚戌，1868）正月的日记中，记有俞曲园为了从『寄孥』的苏州举家『还浙』，曾经与亲友先后多次前往杭州城中察看适合安顿一家老小的住所。如正月壬戌（十三日，1868年2月7日）条下记：『至岳官巷偕潘少梅看沈氏屋，不当意。』癸亥（十四日，1868年2月8日）条下记：『至宿舟河下看胡氏屋，不当意。』甲子（十五日，1868年2月9日）条下记：『又偕少梅及曹葛民至皇诰巷内看朱氏屋。』时当正月新春，曲园先生连着三天都在看房觅居，可见当时他打算在杭州落户的决心是十分坚定的。

而在同年九月甲午（二十日，1868年11月4日）的日记中，曲园先生又这样写道：『……至珠宝巷、诸投巷、小吟（小营）巷看屋三所。』接下来在十月丁未（初四，1868年11月17日）条下又记：『入城拜客，见杨见山、陆存斋、王清如前辈，兼看金衙庄之屋，甚佳。』然后，在同治七年十月戊申（初五，1868年11月18日）则写道：『雨，使人于陆存斋得其复书，言有同乡倪博山，住运司河颜司马钟俊所。其人意中有佳屋数区，当往访之也。』又在十一月壬戌（初九，1868年12月22日）的日记中再写道：『遂至小粉墙看屋。』

另在记本年四月（时曲园先生在苏州）的甲申（初六，1868年4月28日）条下，可见如下记载：『阅定望课卷，寄杭州。与监院周慕陶孟兰艇书，少云书。是日，程燕谋广文告知大仓口之屋为人赁去。余时谋还浙，亦听之也。』日记中提到的苏州『大仓口之屋』，是俞曲园当年春深季节在苏州预先『看过』的住房之一，由于他『时谋还浙』，因而起初并不太在意此屋『为人赁去』。

但是到同治七年年底的十二月壬午除夕廿九（1868年2月11日），他却在日记中喟然叹息道：『初拟觅屋武林为移居之计，而迄无所就。余其遂为吴下阿蒙乎？』

关于『拟迁居杭州』之事，俞樾《曲园自述诗》第一一四首也有纪实诗句：

一廛未许卜杭州，鹤市鸡陂理旧游。
租得潘文恭旧第，马医长巷巷西头。

原注：『余拟迁居杭州，而看屋数处，皆不当意。乃于吴下赁马医科巷潘文恭旧第，四月七日迁入居之。』

上面引录的这类出自日记手稿的个人和家庭生活原始记录材料，有相当一部分后来为俞曲园在创作《春在堂诗编》《曲园自述诗》，或撰写《春在堂随笔》等著作时所利用。但仍有许多细节可亲的信息，在日记手稿内容披露之前，并不曾为世人所知。唯一的例外，是1872年（清同治十一年）正月，曲园先生再次赴闽北省亲往返途中所记，光绪初年被他编辑为《闽行日记》一卷，作为《春在堂全书》中《曲园杂纂》卷四十，刊印流播于世。据作者在该卷序言中称，这些日记原稿，原以为遗失，却偶然在翻检书簏时寻获，于是编录付梓印行，遂得以成为日记手稿中最早流播于世的部分内容，只是篇幅和所受关注都有限。

清同治七年（1868），俞曲园正式掌教杭州诂经精舍。此后，每年春秋两季他往返于苏杭之间，基本上都是坐客船行经江南运河段，其时行旅所见、所历情景，每每见于日记记载。这些记载，足可视为近代史上出自名家手笔，详尽、细致记录和反映大运河与杭州西湖之间内在联系的生动范例。

例如，我们从同治七年（1868）正月到三月的日记中，可以读到许多与上述命题相关的记录：

癸丑（正月初四，1868年1月28日）出拜客，见丁雨生中丞。遂登舟赴杭州，泊吴江。

甲寅（正月初五，1868年1月29日）阴。帆而行，泊嘉兴。

乙卯（正月初六，1868年1月30日）晴。泊石门。

丙辰（正月初七，1868年2月1日）泊唐西。姚鲁卿来。鲁卿家于东小河，而余至北小河，则其卖药处也。距其家稍远，故余不往而鲁卿来。寄家书，一托鲁卿，一交信局。又与家晚林三兄书，附去八珍糕。托范月樵。附记：姚致和堂见在北小河。

附记：月樵住长桥堍恒盛布店，其子名培生，字佩荪。

丁巳（正月初八，1868年2月2日）至杭州，进福星桥。因水浅不能行，回泊得胜坝。易小舟至横河桥。先见许子原婿及八太夫人与绣孙女，又见信臣抚部、星叔、季蓉、子衡、子祥。是日，宿其花厅之西屋。

同治七年二月（1868年2至3月），俞曲园再次启程从苏州前往杭州，日记中记载其行程如下：

辛卯（二月十三，1868年3月5日）晴仍阴。登舟如杭州，过吴江小泊。沈问梅大令锡华来。已而泊平望。

壬辰（二月十四，1868年3月6日）泊新市。钟桂溪丙熙来。忆自壬戌之春，与别于上海，至今七年矣。附记：桂溪所开酱园曰新泰，即在南栅。若至其家，须进西栅，大船可到关首也。钟所居曰『修省堂』。

癸巳（二月十五，1868年3月7日）薄暮至杭州，泊松毛场。因微雨，仍宿舟中。

甲午（二月十六，1868年3月8日）雨。至诂经精舍，见周慕陶、孟兰艇。遂下榻于其楼。与内子书。

检看日记手稿，曲园先生所记录的，主要是他在苏州和杭州这两座江南文化名城与各界人士的交往经历，以及家庭生活等。尽管所记的大多数人士，手稿中仅见姓名、相见时日等要素，但是倘若能够联系那些保存有直接相关信息的史籍和笔记等材料，便足以给认知俞曲园与他的朋友圈交往和具体作为的详情，补充可靠的实证信息。以下试举丁丙和陈其元这两位比较有代表性的人物为例。

俞樾与丁丙：

俞曲园与晚清杭州藏书大家丁丙（松生）在同、光之间交往频繁。丁丙私家书楼嘉惠堂，其时正编纂《武林掌故丛编》。这部卷帙浩繁的丛书，在最大范围内全方位地选汇了与杭州直接相关的历代文献专著，内容涉及政治、历史、宗教、名胜、风土、人物，等等。其中，收录有俞樾撰著的《琼英小录》《银瓶徵》，另有多种专著由曲园先生作序。

俞樾后来在《丁松生大令挽联》的题序中写道：『松生藏书甚富，善搜辑杭州掌故，刻《武林丛书》数百卷。往年浙中钞补文澜阁书，松生力也，余与交最久。余著《琼英小录》，君刻入《武林丛书》中。又尝以娑罗树一小株赠余，今种吴寓。』曲园先生还撰写有《丁松生家传》一篇长文（收录在《春在堂杂文编》六），对其给予盛赞，文中还保存了丁丙及其家族的重要历史信息。

日记手稿中，俞曲园多次言及他同丁丙的会面及书函往来，同治六年到光绪二年间，独条记录多达十二次。这为进一步探究俞、丁交往和当时杭州历史文献的汇编出版传承，提供了重要的线索和史证。

俞曲园与陈其元：

陈其元（1812—1882），字子庄，号庸闲，浙江海宁人。咸丰时期，起家詹事府主簿，累迁泉州知州。后为江苏候补道员，又受到江苏巡抚丁日昌青睐，先后治理南汇、青浦、上海诸县。年老辞官后侨居杭州，光绪八年（1882）去世。著有《庸闲斋笔记》十二卷。

日记手稿仅同治十年（1871）的记述中，就先后九次提到俞樾与陈其元（子庄）面谈及书信往来的情况。其中，在当年的五月乙卯（廿六日，1871年7月13日）和九月戊戌（十一日，1871年10月24日）的日记中，分别提到有『陈子庄来』。可见陈其元与俞曲园交往密切。

今检陈其元《庸闲斋笔记》卷七『姚菩萨』条，其文有云：

余师仁和姚平泉先生，讳光晋，道光乙酉举人，以勾股算术受知仪徵阮文达相国。八试礼部不第，与纂《一统志》，得知县。先生不乐吏职，改授教谕归，年七十余。始每言及，不称其官，辄曰『姚菩萨』云。先生于咸丰甲寅正月，选上虞县教谕，训诸生以经义。每岁科试，他广文于新进诸生龂龂如也，先生独否。故虞人虽妇人孺子，无不知先生之贤者。

又云：

先生博学，工诗文，所著述甚富。惟《瓶山草堂诗》曾刻以行世，此外尚有《古文捃逸》《周易贞字质疑》《四裔年表》皆藏于家。庚、辛之乱，付之劫灰，而诗板亦成煨烬。越十年，辛未夏，先生甥俞荫甫太史樾出所辑《瓶山草堂集》见示，文二卷，诗二卷，琐谈二卷，盖止六卷，视原刻诗钞十之五六耳。因捐俸刻之，而以板仍归之太史焉。

上引文中的『辛未夏』云云，经考，所指与日记手稿『同治十年五月乙卯』所记正相吻合。这日，俞曲园将他所辑录的舅父姚光晋（号平泉）的遗著——诗稿《瓶山草堂集》，向陈其元展示。陈其元『因捐俸刻之，而以板仍归之太史焉』。如今我们将日记手稿和陈氏本条笔记参读，陈其元与俞曲园专注学问、传承文化，二人情谊之深挚、切磋之精邃，栩栩如睹目前。

日记中，有相当一部分是俞曲园客居西湖孤山诂经精舍『第一楼』时所写下的。那些记录日常起居、交往的文字——他所遇的各色人等，他所游观、盘桓和感受过的名胜古迹，他那发自其纯朴秉性、丰厚学识与审美情怀的真知灼见与真诚欢乐，每每令后人在捧读的同时，兴致盎然地想见老夫子当时在湖光山色间所经历的岁月日夕与喜怒哀乐。

例如，曲园先生为诂经精舍生员所拟定春秋两季的课卷试题，既有助于让我们具体了解和认知这所当时浙江最高学府在课授生员时教学的重点内容，也从某些侧面，反映出曲园先生对湖山胜景的见识与欣赏重点所在。

试以同治七年四月辛卯（十三日，1868年5月5日）『附记四月望课题』为例：

如其仁如其仁解

诗有五情六际说

伏生书有无《大誓》考

董仲舒以《论语》说《春秋》考

河内女子以坏老屋得《大誓》三篇

赋以在汉宣帝本始元年为韵

赋得风吹柳花满店香得『花』字

湖上两浮屠歌　雷峰如老衲，宝石如美人，各赋一章或合赋一章均可，不限韵

汉大司农高密郑公像赞

重建诂经精舍记

按：当今有学者认为：『诂经精舍的文学教学在俞樾主讲期间呈现出与前不同的面貌，或多或少地摆脱了经学的束缚，实现了向文学本体的回归。究其缘由则不能不归因于俞樾本人对文学、对才情的一贯喜好与重视。』上引俞樾日记中的『四月望课题』，一定程度上为此说加证。日记手稿中，还留下了主人在十年中游赏、探寻西湖风景名胜古迹的实录与观感，信息量大，时代特色浓重，内涵十分丰富，以下试举颇为典型的几例：

同治七年（1868）二月戊申（三十日，1868年3月23日）

子原来，与步至圣因寺故址，观石刻贯休罗汉。其暮雨。

按：由此可知其时孤山圣因寺（今孤山清帝行宫）建筑，为六七年前的太平天国战乱所毁，尚未全部修复。曲园先生在这里用的是『故址』的提法，而石刻物件等一些留存仍然可以见到——『石刻贯休罗汉』即是。

同治九年五月甲戌（初九日，1870年6月9日）

沈祖香、琢香招同孟兰艇、周子云，由松木场泛舟游于西溪。西溪之胜在春初梅花、秋末芦花，兹游两非其时。然溪水自古荡以西曲折通幽，小桥流水亦自有致。至茭芦庵，庵已毁于兵燹。其旁水阁数椽，榜曰『舫斋』。

按：对此番西溪之游，俞樾后来在其《曲园自述诗》第一二一首中记述：『西溪最好是春秋，梅子黄时未足游。因爱小桥流水好，且从古荡一探幽。』原注：『西溪之胜在春初梅花、秋末芦花，余于五月往游，非其时也。然小桥流水，亦自有致。集中无诗，然则此不宜遗矣。』

同治十一年正月壬子（廿七日，1872年3月6日）

坐小舟至涌金门，易舆而至江干登舟。途经敷文书院，驻舆游焉。登存诚阁。其地在万松岭，表里江湖一览在目。望诂经精舍寓楼，如在咫尺焉。

**按：敷文书院即今万松书院，始创于明朝中期，曲园先生行经其地时，敷文建构多半已毁于太平军攻打杭州之役。**

同治十二年三月壬寅（二十四日，1873年4月22日）

沈兰舫、陈竹川两广文招作山中之游，自精舍乘篮舆先至龙井。寺已久废，但有土神祠，亦无可观。其旁有山农戚姓者，延入小坐，瀹茗待客，绝佳。遂买茶叶少许而行。过九溪十八涧，清流一线，曲折下注，虢虢作琴筑声。四山环抱，苍翠万丈，余与沈、陈两君下舆步行，履石渡水者十余次。《说文》所谓『砅』是也。遂至理安，有精舍三楹。老僧具伊蒲馔饭客。饭已，别僧行，游烟霞、水乐、石室三洞。烟霞洞颇深邃，前洞奉佛像，后洞逼仄殊甚，有纯阳真人像。水乐洞不甚宽，且地湿不能久立，但水声可听耳。石屋洞轩广如大屋，洞后有穴，上宽下窄，如螺形，署曰『沧海一螺』。两旁拾级而升，右曰『石楼』，左曰『石别院』。石楼之前，有一穴日光穿漏，可容二筵。刘玉坡制府题曰『瓮云』。徘徊久之，始去。至虎跑泉，啜茗而归。

按：俞樾《春在堂诗编》收录有题为《谷雨日陈竹川沈兰舫两广文招作龙井虎跑之游遍历九溪十八涧及烟霞水乐石屋之胜得诗五章》的组诗，详述作者自龙井经九溪到虎跑的游览经历、观感和心情，其中的第二章，是专讲在龙井寺旁品饮龙井新茶的：

龙井寺久废，但存土神祠。

翁媪相偶坐，不知所祀谁。
其旁有山家，楚楚新茅茨。
山农颇好客，饮我茶一卮。
青琼与绿髓，清入人心脾。
是日逢谷雨，正值新茶时。
乞取数片归，珍惜如琼芝。

总之，《春在堂日记》手稿，极有助于今人进一步深入解读俞曲园《春在堂诗编》《春在堂随笔》等文史名著中的相关内容，从而帮助我们发掘出更多、更细的历史文化信息。广而言之，上至晚清时期政界、学界人物的活动，下到俞氏个人交游、家庭生活，乃至他所到之处一时的社会习尚、地方风物，包括杭州西湖山水名胜的变迁、西湖龙井茶乡的风情，日记手稿均有细微精彩的独家记录，其文献史料价值与阅读审美意趣，至今为人们所激赏和借鉴。1999年深秋，笔者幸运地目睹这部珍贵手稿后，即夜以继日将全文录入保存，其后多年时时拜读、检考、翻阅，屡作札录、随感和点评，并一再引用其信息入文于自己的写作，真可谓受益良多！

本文结束之前，笔者很乐意再与读者朋友重温《春在堂日记》手稿存世与传布过程中堪称『别见情缘在其中』的几段佳话。

1933年，俞曲园的曾孙俞平伯，撰《春在堂日记记概》向世人报道了这部手稿的基本情况。1940年，当时的『江苏省立苏州图书馆』，刊行《俞曲园先生日记残稿》（排印本）一种，此『残稿』记写所关联的时间为清光绪十八年（1892）二月初十至四月初二，全书仅二十四页。

值得一提的还有一个『故事』。

1999年深秋，笔者初次见识由俞成先生专程赴湖上捐赠的两册日记手稿，看到上册末页另附有一纸题跋，是顾颉刚先生的手迹。这一纸题跋中说，1975年4月19日，俞平伯（时年76岁）携此两册日记手稿，与几位老友王伯祥、章元善、顾颉刚，相约集会于叶圣陶在北京的寓所，大家欣欣然、悄悄然一同观赏这部手稿。事毕，由顾颉刚执笔留跋，欣赏完这部珍品的四位八旬老人，分别在题跋的末尾签名志念。该篇带有签名的题跋全文抄录如下：

> 曲园先生日记二册，为平伯兄历世珍藏，计自同治丁卯（六，一八六七）迄光绪丙子（二，一八七六），迄今已及百年。兹同人集会于圣陶寓所，平伯携示，同声赞叹。因各署名，并志年岁，以志纪念。王伯祥，时年八十五；章元善，时年八十三；顾颉刚，时年八十二；叶圣陶，时年八十一。
>
> 一九七五年四月十九日　颉刚执笔。

拜读日记手稿，又不啻为亲眼观赏诂经精舍最后一任山长独擅胜场的书法艺术真迹。

曲园先生的书法，锤炼纯熟，造诣精深，他以篆、隶为日常书体，寻常书札更率以隶体书之，加之他对古文字学及金石、碑帖均颇有研究，又受到清乾隆间书法家江声专习篆书古风的影响，形成自己用笔圆转，结体匀称，古朴稚拙，凝重简洁的独特风格，尤以汉隶著称于世。这部日记手稿即以隶书小字书写，工整端丽，一派秀气，间有所抹改，也是慎重、细致，一笔不苟。细细翻读，久久品味，目不能移，心为之赏，实读书人莫大的享受。如今得以按原貌影印出版，堪称功德无量矣。

日记手稿中，还夹存有曲园独孙俞陛云追思先祖，而在『后丁卯年』（1928）十二月二十六日题写的一纸跋语。其中有云：『吾子孙能以文学绳武于后之丁卯岁，更加题识，绵世泽于无穷，余所欣愿也。』六十年后，俞陛云的独子俞平伯，在该纸左侧空白处，又加题『后丁卯十二月二日平伯俞铭衡敬记年八十有九』。其时，已经是 1988 年了。

今天，《春在堂日记》全本影印出版。俞氏几代人的夙愿，终得毕偿焉！

# 编辑后记

俞樾先生《春在堂日记》手稿，原写于类似老式帐册的方形竹纸线装本上。1928年，先生独孙俞陛云对其进行重新装裱。每页均裱于衬纸之上，整体呈二十三厘米见方，因而上露天头，下连地脚，两册前后均加黄纸封皮，四孔穿线装订。

重新装裱的日记，一些页面中缝处钤盖有收藏印。因古籍文物无法拆解，书叶未能完全展开，收藏印显得残缺不全。为突显先生手迹原貌，本次影印本谨慎剔除了书叶中缝处的后人收藏印迹。

为补缺失收藏印之憾，特附若干手稿原始面貌图版，以便有关学者在考察版本流传、文本变迁时有所参考。

编　者

二〇二四年一月

附記寄粤東信託杭城珠寶巷回昇昌（在蘇則庽皋橋東包衙前其管事者侯拜詩字聯芳）

戊寅石芾南来治大兒及次女疾得子原朔日書杜筱舫方伯使人以書来即復之

己卯與子原書何子永內閣来

庚辰得鍾桂溪書鄭蓮君德鍾王子原恩溥来潘玉泉觀察招飲與者楊禮南陳達南蒯子範吳廣盦陳名壽圖辛田庶常前輩

辛巳得勞道生篤誣書吳輔卿来勒少仲廉訪招飲與者楊禮南吳平齋潘季玉昰日拜客見湯敬齋太常

壬午張少渠来

癸未得周慕陶初四日書

甲申吳平齋招飲與者楊礼南勒少仲潘玉泉陶卅甫来

乙酉朱竹石之榛来得鍾桂溪書與周慕陶書與高滋園都轉書使人致書于杜小舫方伯旋得其復書

丙戌楊禮南學士来告行與鍾桂溪書

丁亥出拜客見蒯子範太守與潘伯寅侍郎書與孟蘭艇監院書與楊子芳書

戊子陳小舫来[redacted]得子原書鍾桂溪来止之宿

己丑桂溪去與譚文卿太守書楊見山書使人致書于勒少仲同年即得其復書汪小樵封翁来告行

庚寅與鍾桂溪書子原書

辛卯湯敬齋太常来與馮少渠書

壬辰出拜客見杜小舫方伯汪小樵封翁

廿九

癸巳與汪蓮府書李眉生廉訪来
甲午吕本南来戴列卿来得高雲[illegible]書
乙未邵步梅来汪子和来其莫雨
丙申倪載軒觀察寶璜来汪槐堂来侯峡山来得慕陶書
丁酉許子衡来出拜客見李眉生勒少仲兩廉訪吴平齋
得楊子考書
戊戌惲次山撫部来石帯南来為大兒治疾李眉生勒少仲
兩廉訪俱贈墨汪[redacted]泚荷来
己亥石帯南来治大兒疾吴輔卿光祖来周仙甫葆昌来
仁甫言高鶴亭壽昌在上海製西洋活字版未
成謀其成則就之印書籍極便也
庚子譚君克仁来石帯南来治大兒及二女疾吴廣庵来得
彭復丞書
辛丑管心梅慶祺来治次女疾得子原書
壬寅與李少荃伯相崇地山侍郎書與應敏齋觀察書與
汪子和書與子原書得子原十九日書與沈問梅大令書陶
升甫来使人于勒少仲李眉生兩廉訪吴平齋觀察得眉生
平齋復書
附記汪子和住上海大東門内中唐家衖
癸卯管心梅来治大兒疾
甲辰阮梅孫来治大兒疾得王康侯六月廿八日書得馮少渠
書吴平齋使人以書来
八月
乙巳阮梅孫嘉澍来治大兒疾徐誠庵来

廿至得王濟川書言黃孺人之柩不可遷遂議收其骨以
附葬舅氏之墓復命田升至槎浦
戊辰大風雨使人于長者山葬墳王友山大令來且餽酒食
己巳田升奉黃孺人之骨匣而盛之以歸遂祔葬于長者山
舅氏之塋先是吾舅母卒于同治之元時其家避兵槎
浦屾屾棺歛之舁置于野歲久朽壞有虞振世者上虞
老諸生也用越中法以石五片蓋之而築土焉至是命
田升往視則在叢葬之所且地窪下易積水故決計
議遷而舅氏之墳亦久矣未敢輕動遂于其旁別葬
小墳并各立石識之余遂致祭而還有王濟川者名福
田余舊與善此役與有力焉并與偕來遂留之宿

附記
舅氏墳在上虞西南門内長者山地名一蘭亭坤山艮向
立石云上虞教諭平泉姚公之墓舅母墳即在其側立石云
教諭姚公之配黃孺人墓如姚氏子孫欲往祭掃則至山下
問陳天貴（其子一桂）即知之其人所居曰狀元府不知何以得斯名也

庚午與沈祖香廣文登舟渡曹娥江即周觀于曹娥廟正殿
祀曹娥後殿祀其父母旁則土穀祠焉漢碑久無存
明人以真書錄其文刻石我朝嘉慶間阮文達撫吾
浙[redacted]錢泳又以隸書書之文達為刻石粵賊之亂以礟火
毀其祠而不得[redacted]祖香并言三月廿六日相傳孝
女生日海中必有一異物涌出或魚或鰕鰕或有大數尺者人取
以祀神祀畢仍投之江中然則孝女之靈至今猶未泯矣
游覽後易舟至紹興祖香辭去余登岸見沈尚品嚴

小坐而歸
辛未晴乘舟至大禹陵觀岣嶁碑及窆石周覽廟宇其旁有
禹寺=有唐開成五年往生碑其文云唐開成五年歲次庚申
皇帝昇極是歲夏五月會稽禹寺請玄英法師講金剛
經于餘姚平原精舍會次募一千二百五十人結九品往生社
英公學我真教揭其遺蹤施有等差階陳九品旁求貞
石書其姓字云云其下列第一品至第九品人姓名男女均有
之此碑道光二十年寺僧鉏地所得紹興府徐鐵孫太守
榮命其子同善置趺承之移樹殿中并為之考云唐文宗
以開成五年崩是月武宗即位所云皇帝昇極謂武宗
也武宗會昌五年詔毀佛寺此碑以禹故當不毀或社中九
品人懼禍埋之云余觀此碑字體完好而筆意古茂遇唐
諱皆缺筆自來言金石家多未著錄故誌其大略于此行
當為詩以張之也游畢乘竹兜至南鎮直登其山巔至所謂
香鑪峯者地極危峻而所望空闊無際上奉觀音題曰
南天竺之前有兩巨石中通一綫天然三門亦奇景也又登舟至
蘭亭[redacted]甫修葺未竟
五月
壬申渡江還杭州精舍得秘又任三書得壬甫兄四月九
日書
癸酉與内子書與秘又任書使人子子原與之書得紹棻
十八日二十四日書得馬穀山制府書使人子高滋園都
轉與之書
甲戌雨子原來孟蘭艇來
乙亥雨旋霽是日閱定望課卷發監院校官榜示于

**图书在版编目（C I P）数据**

春在堂日记：手稿本 /（清）俞樾著；杭州西湖风景名胜区岳庙管理处（连横纪念馆）主编 . -- 杭州：浙江摄影出版社，2024.4

ISBN 978-7-5514-4808-6

Ⅰ . ①春… Ⅱ . ①俞…②杭… Ⅲ . ①俞樾（1821-1907）—日记 Ⅳ . ① K825.4

中国国家版本馆 CIP 数据核字（2023）第 242596 号

CHUNZAITANG RIJI(SHOUGAOBEN)

# 春在堂日记【手稿本】

〔清〕俞樾 著

杭州西湖风景名胜区岳庙管理处（连横纪念馆） 主编

策划统筹 景迪云 张婷
责任编辑 张磊
特约编辑 叶盛 金欣园 江海燕
装帧设计 巢倩慧
责任校对 高余朵
责任印制 汪立峰

出版发行 浙江摄影出版社
杭州市拱墅区环城北路 177 号
邮编：310005
0571-85151082
www.photo.zjcb.com

制版 杭州舒卷文化创意有限公司
印刷 浙江海虹彩色印务有限公司
开本 787mm×1092mm 1/12
印张 31
字数 300 千
版次 2024 年 4 月第 1 版
印次 2024 年 4 月第 1 次印刷
书号 ISBN 978-7-5514-4808-6
定价 380.00 元